中国主流文化的战略导向

——明代个案研究

李晓燕 著

世界知识出版社

序

秦亚青

战略文化是国际关系研究的一个重要方面。无论在国际上还是在国内,对战略文化的系统研究依然是一个学术的前沿课题和亟待深入的领域。李晓燕博士的专著在战略文化框架之中提出了一个重要的研究问题:一个国家的战略文化与这个国家的主流文化是否具有高度的一致性? 在国内外战略文化研究领域中,这是一个新的问题,因此也就引出了新的研究。从这个意义上讲,这本书是填补研究现状空白的一次有益尝试。

该书有三个突出的特点。其一,融合中西。这是一次融合中国和西方学术思想的大胆探索。战略文化的实践是人类的重要活动,战略文化的概念是西方学者提出来的,在过去30年里,不少西方学者也使用这一概念进行了多维度的研究,包括对中国战略文化的研究。一方面,他山之石可以攻玉;另一方面,中国学者如何解读西方学者的战略文化理论,如何思考自己的战略文化,如何深入发掘国际关系领域里中国文化积淀和传统所产生的文化力,同样会触动中外学者的学术神经,激发他们的学术兴趣。当今世界已经不是19世纪、20世纪之世界,当今中国也不是20世纪20年代、30年代的中国,"人类之体、天下之用"更应当是学者从事学术研究的胸怀与气度。

其二,史论结合。该书是以历史文本为实证数据和资料,运用历史与实证相结合的研究方法,做出认真细致的论证。作者既采用了提出理论假设和进行实证检验的方法,也大量使用历史文献作为支撑论证过程的第一手资料。文献分析选取了儒家经典《论语》《孟子》《荀子》和明史原始资料《明实录》中的《皇明宝训》。对这些原始文献的认真研读和细致分析,不仅反映了作者向传统文化汲取营养的意识和实践,也反映了一种不猖急、戒浮躁的为学态度。但凡真正的研究,总是以求真的精神去真实地探索。学术的志趣和学者的志趣大概体现在这份本真之中。

其三,力求创新。学术的动力在于创新,学术的生命也在于创新。诚然,战略文化的概念是西方学者提出的,但是,将战略文化的概念在中国语境中进行再定义、再诠释,将战略文化的分析框架在中国文化中再建构、再生成,使之产生新的意义、为之开拓新的研究空间,这本身包含了积极的创新。它不是对战略文化研究的机械效仿,而是对战略文化思想的重构。学术的乐趣和学者的乐趣大概也就在这种创新的求索过程之中吧。

该书的作者李晓燕是我曾经指导的博士生,现在已经是中国政法大学的一名教师。从攻读博士学位到毕业从事教学科研工作,她一直专注于战略文化理论和中国的战略文化研究,相关论文已经在《世界经济与政治》等刊物上陆续发表,其研究成果也颇具新意。目前,国内在战略文化领域重学理的系统研究还不多见,所以,我期望该书的出版能够推动国内战略文化研究的深化,促进中国学者与其他国家的学者就中国战略文化展开积极的对话。

是为序。

目　　录

导论　为什么研究中国的战略文化

　　战略文化研究属于国际关系与军事战略两学科的交叉课题，在推动基础理论发展和实际指导国家外交与安全战略方面都具有非常重要的意义。战略文化，简单说就是一个国家对如何确保国家安全的基本途径所进行的系统思考。一个国家是倾向于以温和友好的方式，还是强硬扩张的方式与别国打交道，不仅反映该国的国家安全观念，也反映该国的对外交往理念，进而影响该国的国际形象。

　　自20世纪70年代美国学者在分析苏联的战略行为时首次使用"战略文化"这个概念以来，西方学者的战略文化研究已经有三十多年的历史，就理论研究而言，他们构建了比较完整的框架和概念体系，并且表现出日益成熟的代际发展特征，当然，这也在很大程度上决定了他们对该研究领域的话语主流地位。但是，就实证和案例研究而言，西方学者的研究并没有形成十分集中的方向，美国、中国、日本、利比亚、西班牙、欧盟等，很多国家和地区都成为学者们探讨的个案，研究方向的不集中造成目前被广泛认可的研究成果也不多，这不能不说是战略文化研究的一个遗憾。与此同时，值得注意的是，在这种整体研究方向不集中的现状里，中国的战略文化特点却受到了几乎是最高程度的关注，对中国战略文化特征的探讨自20世纪90年代中期以来保持了持续升温的态势。

　　1995年美国学者江忆恩（Alastair Iain Johnston）出版的《文化现实主义：中国历史中的战略文化与大战略》① 一书甚至成为

---

　　① Alastair Iain Johnston, *Cultural Realism: Strategic Culture and Grand Strategy in Chinese History* (Princeton: Princeton University Press, 1995).

西方战略文化研究的划时代作品，不仅标志着研究方法的重大突破，而且成为此后所有从事战略文化研究的学者们不能忽略的必读参考书。该书之所以能够产生如此深刻的影响，很大程度上与作者对中国战略文化传统的分析定性有关。作者立足于冷战结束初期的国际背景，观察实力日益增长的中国，尽管研究方法的创新值得肯定，但是其结论仍然没有摆脱冷战思维的偏见，把中国定性为进攻性战略文化的国家吸引了众多读者的眼球，也迎合了当时主流国际体系的西方国家的观点，反映了西方世界对中国崛起的担忧。《文化现实主义》的影响之深，是迄今在它之后出现的任何战略文化作品都没能超越的，这就使得它对中国战略文化的定性也一直没有受到根本的挑战。尽管在江忆恩之后仍然有其他学者研究中国的战略文化问题①，并且随着中国国际影响力的提升和改革开放事业不断取得重大成就，越来越多的西方学者对中国的战略文化特征给予了更为客观积极的评价，但是这些评价的影响力都无法匹及当年的《文化现实主义》。以至于目前的战略文化研究在西方学界已经略显沉寂，虽不乏新人新作，但是尚未出现引起广泛关注和热烈争论的著述。特别是，美国学者已经很难把持由他们开辟的这块学术阵地的话语主流权。

　　中国学者的战略文化研究起步相对美国学者整整晚了二十年，并且从 20 世纪 90 年代中期开始探索战略文化课题以来，中国学者同时面临着一个重要的时代课题就是中国综合国力的迅速增强和国际影响力的大幅提升，这种情况决定了，中国学者在思考战略文化的基本概念和理论问题的同时，常常还需要思考中国作为一个发展中大国的战略文化传统溯源、当前战略文化定位，

---

　　① 其中有两位学者的研究也非常系统，其代表作分别是：Huiyun Feng, *Chinese Strategic Culture and Foreign Policy Decision – making*（Routledge 2007）. Andrew Scobell, *China's Use of Military Force：Beyond the Great Wall and the Long March*（Cambridge University Press, 2003）.

以及未来战略文化形象展示的问题。这些问题不仅是学术研究需要思考的问题，也是国际社会所关注的问题，需要我们去解释和回答。

作者从梳理和分析三十年来国内外战略文化研究的已有著述入手，发现其中一个被忽略的重要问题，即一个国家的战略文化特征与该国的主流文化特征是否必然表现一致？该研究认为，中国学者对这个问题的肯定回答过于简单，西方学者对这个问题的否定回答又过于武断。双方都没有对这个问题进行充分的研究和论证。唯一一部有影响的作品是美国战略文化研究领军人物江忆恩的代表作《文化现实主义》，其研究结论又颇受争议。

《文化现实主义》以中国明代为个案，断言中国的战略文化特征具有双重性，表面宣称与中国儒家文化一致的温和倾向，实际是进攻型的强现实政治（realpolitik）战略文化。《文化现实主义》奠定了江忆恩在战略文化研究领域的显赫地位，其影响力在过去的十五年间一直无人能及。但是，这种影响力很大程度上是由他对中国战略文化的定性带来的。十多年来，中外学者们也有很多的文章和评论质疑和反驳江忆恩的论证，但是能够与《文化现实主义》展开有效的对话，得出与"中国好武"不同结论的成熟作品却极为少见。① 于是，在战略文化研究领域，每当有西方学者质疑中国的和平发展战略时，《文化现实主义》就成为他们重要的引证资料。作者认为，打破这种局面理应成为中国学者的时代责任，这也是本书创作的现实意义所在。

---

① 2007年美国犹他州立大学政治学系讲师冯惠云出版了她的博士论文，也是用实证的方法，借助计算机数据模型，通过对新中国几代领导人战略观点的分析，对江忆恩的研究进行了回应与反驳，认为不能对中国领导人的战略文化倾向一概而论，不同的时空条件下，几位领导人的战略文化表现也有不同。详见：Huiyun Feng, Chinese Strategic Culture and Foreign Policy Decision - making：Confucianism，leadership and war（New York：Routledge 2007）.

理论上，本书借鉴江忆恩对战略文化做实证研究的模式，用文献分析支持对一国战略文化特征的定性，以中国明代为个案展开研究，最终得出结论认为，中国战略文化的和平倾向与中国儒家文化的战略主张是高度一致的。论证方式一样，结论完全不同，这正是科学实证主义主张的研究方法。所以，本书在理论上能够更好地与推崇实证研究的西方国际关系学者展开对话，结论上能够反驳西方学者对中国战略文化的定性，学术价值由此凸显。而且，本书的研究设计还修正了《文化现实主义》存在的偏差，理论模式上增加了新的研究变量——文化的内化程度，从而使逻辑推理更加严密。方法上完善了分析框架，使复杂的文献分析得以更加清楚地呈现观点主张，同时也让读者能够比较容易地了解文章的论证过程。更值得肯定的是，作者选择了儒家经典文献和明史原始文献支持自己的研究，是中国学者向传统文化汲取营养，将中西文化融会贯通的积极尝试。

全书的理论设计遵循科学实证主义的原则，通过三步骤验证一个基本假设：一国的战略文化表现是否与其主流文化特征相一致取决于国家决策者是否内化了该国的主流文化。为了对"文化"进行实证研究，必须确定可观察的文化载体作为分析对象，该书选择的是集中反映一个国家战略文化和主流文化的重要文献，确定其核心观点主张，从而判断该国的主流文化和战略文化特征。

具体说来，各章的主要内容观点分别是：

第一章，通过归纳分析中外学者的战略文化研究历程和现状，在肯定其成果的基础上，指出双方都存在的问题，即，对文化—战略文化—国家行为三个核心变量之间关系的研究有失偏狭，特别是对文化与战略文化两者之间的关系研究不够充分。该书的研究目标即是希望考察，对一个民族国家而言，其主流文化特征与战略文化表现是否必然一致或者不一致？作者认为，两者之间是否一致可能取决于一个重要的干预变量——文化的内化程度。也就是说，一个国家的战略文化表现是否与其主流文化特征相符合，取决于国家的决策者是否内化了该国的主流文化，内化程度高，战略文化表现与主流文化特征的一致性也就高。该研究即是对这个基本假设进行的系统验证。

第二章说明了该书的核心概念与研究方法。作者的研究重点不是基础理论，所以都是借鉴相关学科优秀成果对研究的核心概念——文化、主流文化、战略文化——进行的界定。其中，界定"文化"采用了学界广为认可的概念内涵。"主流文化"是基于本研究的需要，以民族国家为单位对"文化"概念外延的缩小。"战略文化"概念也是吸取了前人成果中最受肯定的内容：一国长期积累下来的关于使用武力对于获取国家安全的效用的基本认知。接下来，说明了该研究验证基本假设的三个步骤，使用文献分析方法的原因，以及选择分析的文献、分析的具体方法、论证框架。最后，解释了以中国明代作为研究个案的原因。

第三章确定中国主流文化的战略倾向。该研究认为儒家文化即中国主流文化，并且选取了作者认为最集中体现儒家文化核心思想的《论语》《孟子》《荀子》三部文献进行分析。首先，列举了三部文献中有关"王道""仁政"、国家安全、战争、华夷关系的内容。然后，运用直观反映文献观点主张的综合认知图清楚呈现这些儒家经典的战略倾向。最后得出结论认为，中国主流文化在战略问题上总是主张优先、并且尽可能用和平方式获得国家安全，明确反对穷兵黩武。这是验证该研究基本假设的第一步。

第四章分析明代决策者对中国主流文化的内化程度。选取了明史原始资料《明实录》附录中的《皇明宝训》这些记载明朝历代君主思想言论和重大决策的文献进行分析，考察历代明朝皇帝对儒家文化的内化程度。通过逐一列举和分析其相关记载，该研究发现，历代明朝皇帝对中国儒家文化都是思想上高度认可，并且切实贯彻到他们执政期间的各项决策中去的，也就是说他们对中国主流文化的内化程度非常高。这是验证该研究基本假设的第二步。

第五章确定明代决策者的战略文化倾向。通过分析《皇明宝训》中关于历代明朝皇帝对国家安全、战争、华夷关系的观点和决策记载，逐一列举和分析其相关内容，并且用综合认知图呈现其观点主张。该研究发现，历代明朝皇帝都高度倾向于用"王道""仁政"的和平方式获取国家安全，对周边少数民族政权坚持"怀柔远人""来不拒、去不追"的原则，对使用武力非常谨慎，更加明确反对穷兵黩武。也就是说，历代明朝皇帝的战略文化倾向与中国主流文化的战略倾向是高度一致的。这是验证该研究基本假设的最后一步。

第六章结论。首先简要总结了该研究的理论设计，并且根据验证基本假设的三步骤得出结论，认为该研究的基本假设在中国明代的个案研究中得到了证实，明代决策者高度内化了中国儒家文化，因而也表现出与儒家文化的和平战略倾向高度一致的战略文化特征。这就是说，一国的战略文化表现是否与其主流文化特征相符合，取决于国家决策者对该国主流文化的内化程度，内化程度越高，两者的一致性也就越高。受到该研究的启发，作者最后又简单归纳了中国的战略文化传统，以及中国处理问题的独特方式，借以说明为什么中国会形成不一样的战略文化传统。作者认为，中国的独特方式和战略文化传统能够为当前的国际秩序改革和国家间交往提供有益的思想借鉴，从而促进和谐世界的建立。

需要指出的是，战略文化研究是一个系统的课题，特别是对当代中国战略文化的研究，很多问题并不是仅仅在书斋里冥思苦想就能够找到答案的，它与中国的改革开放事业息息相关，与中国的和平发展事业息息相关。一方面，中国的战略文化定位和形象展示要随着中国国家实力的增强和国际地位的提升逐步明朗化；另一方面，中国的国力增强和国际影响力提高又有赖于恰当的战略文化定位和良好的战略文化形象展示，两者相互促进，密不可分。也就是说，对中国战略文化的研究既是一个学术课题，也是一个时代课题，需要经过理论研究而指导实践，反过来又从实践中总结经验而促进理论研究。

过去的十多年，中国学者刚刚经过熟悉战略文化研究的阶段，完成了对西方理论的引介和消化工作，但是能够突出中国视角和研究特色的成果还非常少。同时也因为就这个课题与西方学者的交流和对话没有充分展开，使得其中有一些优秀的作品并没有产生广泛的国际影响。可以说，由于研究起步晚，中国学者错过了西方学界积极争论中国战略文化特性的第一轮对话。

幸运的是，时代给了我们主流第二轮对话的机遇。当前，正是中国综合国力迅速增强和国际影响力空前提高的时期，中国的"和谐世界"理念受到世界关注，中国在应对国际金融危机中的积极贡献受到国际社会的广泛好评，越来越多的外国政府和人民希望了解中国，关心中国对诸多国际事务的看法。这无疑是我们展示中国战略文化、国家安全观念和对外交往理念的好机会。中国学者应当抓住机遇，系统介绍中国战略文化的优秀传统及其对当代中国战略文化定位的影响，改革开放三十多年来中国战略文化变迁的过程，以及未来中国战略文化发展的趋势。这些课题关系到中国国家安全战略和对外交往战略的定位，关系到中国国际形象的树立，对于赢得宽松友好的国际环境，保障和平发展事业的顺利进行都将产生重要的积极影响。

第一章
战略文化研究的历史与现状

　　战略文化研究出现于 20 世纪 70 年代的美国，当时的学者主要用该视角分析苏联的战略行为。1977 年杰克·斯奈德在研究苏联的有限核战争主义时首次使用了"战略文化"一词。他把战略文化定义为"一个国家战略共同体的成员通过教育或模仿所获得并且彼此共享的关于核战略的观念、有条件的情感反应以及习惯性行为模式的总和"①。斯奈德认为，将苏联人的战略思维方式视为一种独特的"战略文化"可以解释苏联为什么倾向于单边而不是合作式的摧毁限制战略，正是美苏两国战略文化的差异导致了他们对待有限核战争的不同态度。相对西方而言，中国学者对战略文化的研究起步比较晚，以 1997 年李际均在《中国军事科学》杂志上发表《论战略文化》一文为标志，中国学者的战略文化研究迄今刚刚经过十多年。

---

　　① Jack L. Snyder, *The Soviet Strategic Culture*: *Implications for Limited Nuclear Operations* (The Rand Corporation, September 1977), p. 8.

通过总结中外学者的战略文化研究，可以发现，双方关注的问题都集中在文化—战略文化—国家行为三者的关系上，但是研究的侧重和观点存在很大差异。从杰克·斯奈德开始的30多年来，西方学者[①]战略文化研究关注的核心问题主要是战略文化对国家行为的解释力。中国学者大多倾向于探寻不同国家战略文化传统的历史文化渊源、主要内容和行为表现是什么，而很少有人关注于解释这些现象形成的原因。对于文化—战略文化—国家行为三者的关系，西方学者基本持一种工具论观点，中国学者则在实际研究中坚持了决定论的假定。

一、西方学者的工具论观点

自美国学者江忆恩在其1995年出版的著作《文化现实主义》中提出对西方战略文化研究的三代划分[②]以来，这种划分一直受到中外学者的广泛认可。江忆恩认为：从20世纪70年代后期到80年代早期是西方战略文化研究的第一代，主要观点是认为战略文化是国家行为的决定性原因。这一代的研究者主要是安全政策分析家和苏联问题专家，他们试图解释美苏两国对核时代的战略之所以有完全不同的想法，原因就在于其历史经验、政治文化、地理以及其他变量的差异。第二代研究出现于20世纪80年代中期，主要观点是认为战略文化只是一种工具，与实际的行为选择

---

① 与国际关系研究中很多其他课题一样，战略文化研究也存在美国学者在研究者人数和已有成果上占据绝对优势的局面，但是美国学者也并非绝对垄断西方的战略文化研究，比如欧洲学者的研究：Michael J. Williams, *On Mars and Venus: Strategic Culture as an Intervening Variable in US and European Foreign Policy* (LIT VERLAG 2005)。澳大利亚国立大学战略与防御中心的研究：Pauline Kerr, *Researching Security in East Asia: From "Strategic Culture" to "Security Culture"*, 1998, 也都非常有影响。鉴于他们在研究方法和观点主张方面更接近美国学者的研究，可以将其统称为"西方学者"的研究。

② Alastair Iain Johnston, *Cultural Realism: Strategic Culture and Grand Strategy in Chinese History* (Princeton: Princeton University Press, 1995), pp. 5 – 22.

没有必然联系。这一代研究者意识到象征性战略文化话语与实际原则有可能不同，前者被用来强化战略决策者的霸权以及加强后者的权威性与合法性。第三代研究出现于 20 世纪 90 年代，在战略文化是原因还是工具的问题上，他们基本上承认战略文化对战略选择具有重要影响。这一代研究往往把特定的战略决策作为因变量，以求为战略文化的解释力提供更为可靠和有效的经验验证，并且大都试图解释占主流地位的结构现实主义理论无法解释的战略选择。

可以看出，西方学者的研究主要集中在战略文化与国家行为的关系上，他们对文化与战略文化的关系不是特别关注，但是在验证和争论战略文化对国家行为的解释力的过程中，西方学者普遍认为战略文化与一国的文化之间的不一致是可能的，甚至是必然的。有些学者明确指出战略文化并不反映一国的文化，后者只是一种象征性话语，只是起到工具的作用。这种观点与他们关于战略文化对国家行为的影响这个问题的认识有着密切的联系。

在西方三代战略文化研究中，第一代的决定论者认为战略文化的概念应该包括思想和行为模式两部分，因此一种战略文化往往必然与一种国家行为相联系。但是，这显然不能解释一国国家行为中与其所谓单一的战略文化不相符的现象。于是这些学者就进一步提出了一国的战略文化中可以包括多种不同的战略次文化，并且这些次文化可能与该国的文化是不一致的，甚至是对立的。这样，一个国家的多种不同的实际战略行为就可以与不同的战略次文化相符合，从而得到相应的解释。

例如，杰克·斯奈德在研究苏联战略文化时指出，苏联战略思想中存在两种倾向，一种强调威慑，另一种强调诉诸战争。前者相信核战争中没有胜利者，后者认为核战争有胜负之分。[1] 苏

---

[1]　Snyder, *The Soviet Strategic Culture: Implications for Limited Nuclear Operations*, p. 10.

联军事文献普遍认为核战争应当与打击敌人的军事力量、政治军事指挥设施和经济管理中心同时进行。苏联人对战争中的谈判没有兴趣，他们认为那是和平时期或者危机前应当做的，一旦战争的门槛被跨过，结束战争的任务就将由核打击来完成，只能通过大规模摧毁性打击来取得军事胜利。① 但是，苏联战略文化也并非铁板一块，除了正统的军事观点以外，还存在一种相反的战略次文化。这种次文化挑战主流正统的假定，质疑核战争胜利的可能性以及日益增大的战略力量的效用。② 有时候苏联的大战略文化可能也不起作用，而只是"昏暗的死水"（obscure water）。③

科林·格雷的解释比杰克·斯奈德更进了一步，他认为，战略文化只是提供理解国家行为的背景，并不是解释行为的原因。④格雷指出，战略可以包括很多方面，其中有一个方面就是文化的。文化是指有着一定独特历史经历的某一特定安全共同体所具有的，持续存在和社会传播的观念、态度、传统、思维习惯和优先的行为方式。某一特定的共同体可能具有不止一种战略文化，就像针对特定的任务或地理环境会有多种军事文化一样。⑤ 例如，美国战略文化中就包含着一些明显对立的倾向，它们是两种极端，但是都属于美国的风格。⑥ 战略文化与国家行为之间并不是一对一的关系。文化只是塑造战略制定的过程和影响战略的实施，并不一定实际选择与某些抽象的或理想化的文化偏好之间的

---

① Snyder, *The Soviet Strategic Culture: Implications for Limited Nuclear Operations*, p. 20.

② Ibid., p. 38.

③ Ibid., p. 12.

④ Colin S. Gray, "Strategic culture as context: the first generation of theory strikes back", *Review of International Studies*, Vol. 25, 1999, p. 49.

⑤ Ibid., p. 51.

⑥ Colin S. Gray, "National Style in Strategy: The American Example", *International Security*, Vol. 6, No. 2, 1981, p. 44.

关系有多么密切。[①] 一个安全共同体的实际行为可能与其主流战略文化暗示的战略偏好完全相反。比如，在一战中，英国作为一个海上战略文化国家，却被迫发挥了一个陆上大国的作用。再比如，根据美国的战略文化，本来是不允许发动像越南战争那样一场不能取胜的战争的，但是，越南战争却成为美国在二战后卷入时间最长的一次战争。

卡恩斯·洛德的研究明确指出了政治文化是战略文化的主要决定因素之一。专制国家往往把战争视为自然规律，认为战争是政治的简单延伸。相反，自由民主国家通常相信战争是不正常的和非法的。[②] 大部分国家的军事行为在很大程度上都反映该国的政治文化。因为，战争作为一个政治议题，作为政治阶级以及国家的政治领导者集中关注的一个事务，具有与众不同的特点。军事责任在历史上通常都被认为是一国政治阶级应当履行的义务。[③] 但是也有例外，根据洛德的研究，美国盎格鲁—撒克逊文化的"公平竞争"观念和古典自由主义的自然法传统决定了美国人往往把战争视为对合法规范的违背。美国的战略文化在根本上是防御性的。[④] 但是美国实际的战略原则却具有进攻性。这是因为除独立战争外，美国在历史上都比其对手具有明显的军事优势，所以美国偏好"摧毁"战略。美国人认为战争不是政治的延续而是政治的失败。战争的目的是尽快恢复和平，这就要求完全的社会动员和压倒性的进攻。[⑤] 洛德的观点显然已经比较接近工具论者对战略文化与国家行为关系的认识。

---

① Gray, "Strategic culture as context: the first generation of theory strikes back", p. 55.

② Carnes Lord, "American Strategic Culture", *Comparative Strategy*, Vol. 5, No. 3, p. 272.

③ Ibid., pp. 270 – 271.

④ Ibid., p. 276.

⑤ Ibid., p. 278.

在第二代的工具论者看来，战略文化本来就是象征性话语，与实际的国家行为没有必然联系，甚至是工具性地被用来掩饰与文化相悖的实际行为的。战略文化作为一种神话，与实际国家行为之间的脱节是正常的、甚至是必然的。战略文化与一国的文化即使是一致的，它们对实际的国家行为也不起什么作用。

例如，雷金纳德·斯图尔特对美国战略文化的研究表明，美国人总是以自由民主的眼光看待战争，认为战争是偏离常规的，只能用来保卫领土或者重大原则。然而很大程度上这是建立在美国战争神话和民族主义辞令上的一种幻觉。① 事实上，美国历史上断断续续总是有武装冲突，尽管美国人相信自己在历史上一直是和平主义的。所有的美国战争都被宣称是为了自卫，并且只有在无故受到侵犯时才会发动战争。但是历史记载表明，美国既打过防御战也打过进攻战，而且很多战争只能定义为侵略性甚至是扩张性的。这些冲突都是由那些自以为是维护美国国家利益的政治家的野心和政策导致的。② 从偏好和经验上看，至少直到原子时代之前，美国人是反对克劳塞维茨（Clausewitz）的，自由民主的意识形态拒绝将战争作为一种国家政策工具。但是这并不适用于革命的一代。③ 美国革命的一代受"有限战争思想"的指导，他们认为战争是正常的，甚至是人类事务中不可避免的。当然，战争只能以建立和平和纠正不公正为目的，征服战争在道德上是被禁止的。④ 当美国领导者在对外事务中面临难题时，有限战争思想的主要原则就会塑造他们的观点和反应。⑤ 在这里，与美国文化相符合的战略文化对其实际的国家行为就没有发挥作用，而

---

① Reginald C. Stuart, *War and American Thought：From the Revolution to the Monroe Doctrine*（Kent：The Kent State University Press, 1982）, p. 188.

② Ibid., p. xi.

③ Ibid., p. xv.

④ Ibid., p. xiv.

⑤ Ibid., p. 43.

只是一种象征性话语。

再比如布拉德利·克莱因的研究，他把战略文化定义为一种思维定式，内容主要是关于武力以及国家可以合法地使用武力对付假定的敌人的方式。他的定义中没有隐含任何关于战略文化对于战略选择本身的影响的假定。在他看来，战略文化是工具性的。由于战略文化与国家行为之间有一个明显的脱节，而且由于国家行为是国家利益或者某一霸权集团的组织利益的反映，因此有可能各国虽然使用不同的战略文化语言，但是它们的实际战略和行为在本质上都是相似的。比如，在"声明的政策"这一层面上，美国核战略普遍被认为是防御、报复和威慑。但是其实际的核战略却是积极的反击式诉诸战争。[1]

到了 20 世纪 90 年代，西方战略文化研究最典型的代表就是江忆恩。[2] 他把战略文化定义为，"一个完整的符号系统，它通过形成关于军事力量在国家间政治事务中的作用和效率的概念，从而建立起普遍和持久的战略偏好"[3]。作为一个"符号系统"，战略文化包括两部分内涵：一是关于战略环境的规律性的一组假定，即战略文化的核心范式；二是与核心范式有着密切逻辑联系的可操作层次上的一组假定，即关于如何应对上述战略环境的经

---

① Bradley S. Klein, "Hegemony and Strategic Culture: American power projection and alliance defense politics," *Review of International Studies*, Vol. 14, 1988, pp. 133 – 148.

② 作者在这里没有沿用江忆恩划分的西方"第三代战略文化研究"的说法，主要原因是：从时间断代上看，江忆恩本人的战略文化研究也应该属于第三代，中国学者周丕启就持这种观点（详见周丕启：《西方的"战略文化"研究》，载《国际政治研究》，2002 年第 4 期，第 143 页）。但是江忆恩本人并不认为自己属于第三代研究，而是以局外人的身份对西方三代研究进行了评价，并且指出自己的战略文化研究是对它们的改进和超越（详见 Johnston, *Cultural Realism*, p. 22.）。本书回避了这一争议，认为，从时间上看，江忆恩所谓西方第三代战略文化研究就是从 20 世纪 90 年代开始的，而且这一时期学者的研究重点就是关注于解释和验证战略文化对国家行为的影响。因此，我认为，无论从概念界定还是从理论设计和经验验证方面来看，江忆恩的战略文化研究无疑都是这一时期的典型代表。

③ Johnston, *Cultural Realism*, p. 36.

过等级排序的一组战略偏好。① 江忆恩战略文化理论的核心观点是，不同的战略文化决定了不同国家对于战争与和平、冲突与合作等国际关系主题的认识，塑造了不同国家的身份认同和战略偏好，进而决定了国家之间不同的战略选择，也就是国家的战略行为。为了验证战略文化对国家行为的影响，江忆恩设计了严格的三步骤检验方式：第一步通过文献分析绘制综合认知图来判断一国是否存在某种类型的战略文化；第二步验证该国某一具体历史时期的决策者是否具有与上述战略文化相符合的一致的战略偏好；第三步通过考察该国在这一具体历史时期中处理国家安全问题的实际行为表现，判断这些决策者的战略偏好是否对其实际战略选择产生了影响。江忆恩选择明代中国作为他的研究个案对其理论设计进行了经验验证，并得出结论认为在中国存在不是一种而是两种不同的战略文化。一种是象征性或理想化的战略文化，即与中国主流文化一致的孔孟儒家文化；另一种是中国实际的战略文化，即与儒家文化完全相悖的强现实政治文化。两者在传统的中国战略思想中的地位是不平等的，强现实政治战略文化大部分情况下占据主流。② 江忆恩认为，中国对外战略中的强现实政治行为与国际体系结构因素无关，而只能由其强现实政治战略文化传统来解释。③

江忆恩以后的西方战略文化研究在核心概念和基础理论方面并没有太大的突破，只是在个案研究和经验验证领域取得了一定的进展，研究多是希望发现国家安全政策的连续性和变化，或者是回答为什么某些政策选择而不是其他的选择被采用。选择的个

---

① Alastair Iain Johnston, "Thinking about Strategic Culture," *International Security*, Vol. 19, No. 4, Spring 1995, pp. 46 – 48.

② Johnston, *Cultural Realism*, p. 249.

③ 关于对江忆恩研究的评价，可参见本书作者收录在《文化与国际社会》（秦亚青主编，世界知识出版社 2006 年版）一书中的文章，即该书第六章《江忆恩与战略文化理论》。

案倒是与以前的研究有所不同，不是局限于某些大国，地区（如亚太）和国际组织（如欧盟、北约）的战略文化也成为分析的对象。①

这一时期值得注意的是克里·朗赫斯特对德国和福里斯特·摩根对日本战略文化的研究。虽然没有核心概念上的突破，但是在对战略文化与国家行为关系的解释方面表现出了一定的新意。朗赫斯特把战略文化定义为"某一团体所持有的，经过一个独特的漫长历史过程而逐渐产生的，关于武力的使用的信仰、态度和实践的，与众不同的一个整体"。战略文化包括三个成分：基础成分、安全政策观点和常规实践（regulatory practices）。基础成分是指某一战略文化形成时期就已经存在的，赋予战略文化核心特征的，关于武力的使用的基本信仰，是战略文化中最不容易改变的成分。安全政策观点是目前广为接受的，关于战略文化的核心价值观如何才能通过政策渠道得到最好的发扬的说明，它们规定了对政策选择的偏好。常规实践是战略文化可观察的表现形式，是将战略文化的核心的实质与外界环境有效联系和适用的，长期存在的政策和实践。②

战略文化是一个难以证伪的概念，战略文化与行为之间的联系不能被割断，因为行为是依赖于文化的，战略文化是全方位包围着行为的一种环境。即使政策行为看上去与一种战略文化的价值观和规范不一致，也不需要贬低那种战略文化；而且关于新政策的争论和反对的存在也不一定意味着对战略文化的削弱或者证

① 参见：Ken Booth and Russell Trood, *Strategic Cultures in the Asia Pacific Region* (Basingstoke：Macmillan, 1999). Paul Cornish and Edwards Geofferey, "Beyond the EU/NATO dichotomy：the beginnings of a European strategic culture", *International Affairs*, Vol. 77, No. 3, 2001, pp. 587–603. Sten Rynning, "The European Union：Towards a Strategic Culture?", *Security Dialogue*, Vol. 34, No. 4, 2003, pp. 479–496.

② Kerry Longhurst, *Germany and the Use of Force* (Manchester and New York：Manchester University Press, 2004), p. 17.

伪。要理解战略文化与行为的关系，关键是认识战略文化的基础成分、安全政策观点和常规实践的关系。构成一种战略文化的三种成分之间是一种动态的关系，这就意味着战略文化能够而且也会改变。①

战略文化的变化通常有两种形式：微调和根本改变。微调是战略文化变化的常见形式。当国内或国际因素引发的问题与某种战略文化的已有基础成分发生矛盾或不一致时，微调形式的变化就会发生，目的是使现有的核心价值适应新的形势。与微调的多种类和高频率不同，一种战略文化的根本改变则是极其罕见的现象。它的出现实际上非常突然，当创伤严重到足以使现有的战略文化失去价值时，根本改变才会发生，从而建立起新的核心信仰，进而产生新的政策和实践。② 事实上，一种战略文化的基础成分设定了一国可能的行动领域的最外围界限以及合法性的范围，也就是说决定了什么是一国可以做的"正常"行为。这就为政策行动者提供了一个参考框架，最终塑造他们对形势的认识，为他们提供一套固定的目标和手段。如果想要使他们实行的政策获得成功，政策制定者就必须在战略文化限制的范围内行动。然而，政策行动者并非战略文化的工具或者囚徒，他们完全清楚自己的战略文化背景。他们不能与战略文化的基础成分相抵触，但是却可以修改常规实践以适应他们在新的背景中解释或理解基础成分的方式。所以，战略文化不仅通过排除某些选择而限制行为，而且程度不同地促成了那些乍一看与现有战略文化似乎不一致的行为。③

摩根在研究日本战略文化时指出，江忆恩及其以前的学者在

---

① Kerry Longhurst, *Germany and the Use of Force* (Manchester and New York: Manchester University Press, 2004), pp. 19 – 20.

② Longhurst, *Germany and the Use of Force*, p. 18.

③ Longhurst, *Germany and the Use of Force*, pp. 20 – 21.

努力确定战略文化对战略行为的影响的过程中，把战略文化作为一个自变量，这种方法是有缺陷的。因为文化不能独立地起作用，文化影响行为，但是不能直接构成行为的原因。所以，尽管在科学研究中把给定现象作为自变量来研究是通常的做法，但是在研究文化对行为的影响时，这样做就不能产生可靠的结果。任何作为一个自变量来测量战略文化的影响的努力都设定了一个方法论陷阱，其结果不是决定论（比如大量的早期研究），就是出现二元现象（比如江忆恩的研究发现）。决策制定者不是对他们的战略文化做出反应，而是对来自战略环境的刺激做出反应。文化符号和价值观通过为决策制定者提供解释背景来影响这些反应，但是它们并不直接决定这些反应。因此，任何研究想要发现文化对战略决策制定的影响，必须确定当政治决策者对他们周围的世界做出反应时，符号、价值观、甚至文化派生的行为是如何干预决策制定过程的。[①]

"战略文化是通过认知、偏好和政治程序（governmental process）对政策制定者理解和应对战略环境的方式施加一定程度的影响的，共享符号、价值观和惯例的一个完整系统。"[②] 摩根在研究中把战略文化视为一个干预变量，只能影响主体对外界刺激的反应，而不是独立地起作用。他认为，把战略文化作为一个干预变量：第一，可以避免以前的研究中存在的两种困惑：要么把文化作为一个自变量，从而以决定论的方式派生出战略行为；要么把文化作为战略行为模式，从而混淆了自变量和因变量。第二，可以检验文化的行为因素对决策结果的影响，而不会使决策制定惯例和最终决策这两类行为陷入同义反复的陷阱。第三，可

---

① Forrest E. Morgan, *Compellence and the Strategic Culture of Imperial Japan: Implications for Coercive Diplomacy in the Twenty – First Century* (Praeger Publishers, Westport, 2003), p. 8.

② Morgan, *Compellence and the Strategic Culture of Imperial Japan*, p. 28.

以检验多种自变量（来自战略环境的刺激）对因变量（国家对这些刺激的反应）的可能影响。[①]

文化与战略行为之间的连接因素有三个：认知、战略偏好和政治程序。具体作用机制是：首先，文化决定个人和集团如何认识外界环境。其次，文化界定战略偏好。当决策制定者认识战略环境中的机遇或威胁时，文化为他们提供了排列各种选择的评价体系。最后，文化塑造了影响政治程序的社会互动模式。一国内个人或集团之间互动的方式大多是由文化决定的，通过分析他们互动的特点可以合理地判断行为体可能对某些刺激做出何种反应。当然，连接文化与战略行为的机制并不是简单直接的，没有一个国家是由一种单一、同质的文化组成的，每个国家都是不断变化和相互重叠的多种次文化的一种混合物。但是，即使次文化发生冲突，作为次文化的来源的大文化也会通过限制一国考虑的战略选择的范围，协调有争议的领导者对各种选项的评价，以及建构领导者用来从这些选项中做选择的社会互动的方式，从而影响战略行为。[②]

综上可见，西方学者的战略文化研究都有着明确的方法论意识，围绕战略文化对国家行为的影响这一核心问题展开的研究设计和理论论争也比较成熟。尽管没有把文化与战略文化的关系问题作为研究的重点，但是在论证战略文化对国家行为的解释力究竟有多大的过程中，西方学者的研究大都涉及一国的战略文化与文化的关系问题，并且普遍认为二者的不一致是正常的。一国的文化并不必然决定其战略文化的性质和特点，更不一定能解释其实际的国家行为，很大程度上，文化只是起到象征性话语的作用。这种观点与中国学者的研究存在很大分歧。

---

① Morgan, *Compellence and the Strategic Culture of Imperial Japan*, p. 31.
② Ibid., pp. 26 – 27.

二、中国学者的决定论假定

十多年来，中国学者对战略文化的研究表现出以下特点：对"战略文化"概念的界定尚无统一意见；在军事战略和国际关系两个不同的学术领域展开研究，并且呈现出不同的特色；对西方战略文化研究的引介相对较多，对战略文化本身的基础性理论研究很少。

在文化与战略文化的关系、战略文化对国家行为的影响，这两个核心问题上，中国学者的观点几乎是完全一致的。他们普遍认为，战略文化与一国文化的一致是必然的、毋庸置疑的；战略文化对国家行为具有至关重要甚至是决定性的影响。简言之，有什么样的文化，就会有什么样的战略文化；有什么样的战略文化，必然有与之相符合的国家行为。基于这样的认知，中国学者的研究相对狭窄地集中在分析各国战略文化的具体内容和特点上，对战略文化概念本身的基础性理论研究目前还不是很多。国内学者更注重从传统文化角度研究战略文化，而由于各国传统文化上的不同，势必导致他们只能从国别的角度探讨战略文化的内容，即对不同国家的战略文化内容论述较详细，而不太重视从普遍意义上研究和概括战略文化的内容。① 这种研究现状，中国学者已经有所意识，并且开始扩展研究的角度②。可以说，中国学者的战略文化研究虽然起步晚，但是发展势头比较强，现有研究成果的学术水平丝毫不亚于西方学者。

大体上，中国学者对战略文化的研究是在军事战略和国际关系两个不同的学术领域展开的，两个领域呈现出不同的研究

---

① 周丕启：《略论战略文化》，载《现代国际关系》，2001 年第 10 期，第 58 页。
② 目前已经有中国学者专门研究战略文化基础理论的文章公开发表。例如，赵景芳：《战略文化的再思考》，载《世界经济与政治》，2008 年第 1 期，第 14—24 页。

特色。

军事战略研究者在中国最早引入了战略文化概念，并且研究成果相对较多，公开发表的文章集中于最近十年的《中国军事科学》杂志。他们大多侧重于战略文化的国别研究，对不同国家、不同民族的战略文化传统进行了深入的探讨，其中对中国、美国、日本等国的研究最多，有些也涉及不同国家之间战略文化特征的比较研究。根据对战略文化概念的使用角度差异，可以把他们的研究大体分为三类：

第一类研究主要是在宏观层面展开，没有对战略文化、战略思想、战略思维这些相近概念做十分严格的区分，但是对战略文化的独特属性和作用机制进行了非常经典的概括。最具代表性的观点是："战略文化是在一定的历史和民族文化传统的基础上所形成的战略思想和战略理论，并以这种思想和理论指导战略行动和影响社会文化与思潮。""它是制定现实战略的潜在意识和历史文化情结。因为战略家只能在特定的历史文化环境中进行认识和实践创造活动。""每一个国家和民族的战略文化都有其传统文化的烙印。也就是说，战略的底蕴和根基是思想文化，而且战略思想最终要汇入到一个国家和民族的思想文化的发展历史中去。"①这一精辟分析在中国学界得到了广泛认同，对研究的拓展和深化产生了重要影响。

基于这种观点，对中国战略文化的研究也无一例外地认为，中国战略文化与中国的文化表现出完全一致的性质和特征。"中国的战略文化植根于中国古典文化，深受传统哲学思想与战略思维的影响，是中国传统哲学思想与战略思维相结合的产物。"②"中华民族是一个战略思维十分活跃而成熟的民族。在源远流长、

---

① 李际均：《论战略文化》，载《中国军事科学》，1997年第1期，第8—9页。
② 张露、王迎晖：《论当代中国大战略选择的和平性——一种基于战略文化的考量》，载《太平洋学报》，2005年第6期，第25页。

博大精深的中国传统文化中，蕴涵着丰富的战略思想的宝藏。战略文化作为一种亚文化，构成了中国传统文化的一条重要的支脉、一个重要的源头，并且是其极具华彩和魅力的组成部分。……中国传统文化的特色决定了中华民族战略文化的特色。中国发达的战略文化又对中国思想文化的发展，乃至整个中国历史的发展，产生了深刻的影响。"[①]

第二类研究明显受到西方学者的影响，他们对战略文化概念的界定比较抽象，在观点上也与西方学者的研究有相似之处。比较典型的观点是把战略文化定义为"国家在运用战略手段实现国家战略目标的过程中所表现出来的持久性的、相对稳定的价值取向与习惯性的行为模式"，[②] 或者定义为"以稳定战略价值观为基础的战略思维模式和优先排序的战略行为偏向模式组成的复合体"[③]。并且认为，"文化的核心是价值观念，作为文化传统的组成部分，战略文化传统的基本性格必然要受到所属文化传统的主流性价值观念的渗透与影响。战略文化传统的价值体系的核心，也往往是由其文化传统的主流性价值观念构成的"。[④] "文化不是行为，但文化可以影响行为，……人类永远在创造文化，也永远处于文化传统的长河之中。无论是哪个国家、哪个民族的战略行为，都离不开战略文化的孕育。只有揭示出民族、国家与文明的战略文化的特性，才能准确把握其战略行为的走向。"[⑤]

第三类研究主要从文化的含义入手界定战略文化，并且融会

---

① 王幸生：《中华民族的战略文化传统及其特色》，载《中国军事科学》，1998年第3期，第58页。

② 宫玉振：《中国战略文化解析》，北京：军事科学出版社，2002年版，第10—11页。

③ 赵景芳：《美国战略文化研究》，北京：时事出版社，2009年版，第43页。

④ 宫玉振：《试论战略文化传统及其对战略行为的影响》，载《中国军事科学》，2001年第6期，第32页。

⑤ 宫玉振：《中国战略文化解析》，第17页。

了中西学者的观点，认为战略文化"是指由战略符号系统载荷的社会信息"。包括两个组成部分："一部分是与冲突性质、暴力使用、安全内涵、敌人和威胁性质相关的对抗性符号系统载荷的不断生成的社会信息；另一部分是与优先次序、理性选择、结果判断相关的对抗性符号系统载荷的不断生成的社会信息。""战略文化从属于一国'大文化'，并受一国的精神文化、科技文化、制度文化和物质文化的影响。'大文化'的不同会导致决策者在战略的优先次序、方案制定、原则及目标选择上，表现出一定程度或本质的差异。……中美两国属于不同社会制度的国家。由于文化渊源不同，在继承人类共同文明的基础上，两国的战略文化呈现出较大差异。而这种差异直接影响并体现在两国政府的战略思维和决策中。"①

与军事战略领域相比，中国国际关系学界对战略文化的研究起步较晚，成果也相对较少。部分原因可能在于战略研究在军事科学中是一个重要组成部分，而在国际关系学科中仅仅是一个小的分支课题。就目前的研究成果而言，除了比较优秀的引介类文章，也有一些学者的研究特点非常突出。

例如，把战略文化定义为"一个民族或政治共同体贯穿于其世界观、战争观与和平观的带有长期性和根本性的理念"。并且认为，"只要这个世界上还主要是由民族或国家构成，这个世界的大部分现象的本质就必须要到民族文化中去寻找"。"文化在一个民族的对外战争实践中起着基础性的作用。"② "研究中国的战略文化，最基本的着眼点就是中国传统文化理念中的世界观、战争观以及和平观。……作为一种不同于西方的文明发展模式，中

---

① 张晓军、许嘉：《中美战略文化传统特征之比较》，载《中国军事科学》，2004 年第 2 期，第 113 页。

② 郭树勇主编：《战略演讲录》，北京：北京大学出版社，2006 年版，第 9、10 页。

国的文明传统决定了中国人在思考对外关系，特别是思考战争与
和平问题时的特有观念。这种特有的传统，与世界范围内源于西
方的战略文化是迥然不同的。它们的不同属性导致了不同的国家
对外关系理念与战略行为模式。"①

再比如，提出对中国战略文化的基本假设，即"中国的主流
战略文化经历着再建构的过程，从一种较多地属于冲突型的战略
文化向较多地属于合作型的战略文化的方向转化"②，并对其做出
了初步验证。这是目前国内国际关系学界所见不多的对战略文化
进行实证研究的尝试，也是推动研究方法多元化的一个非常有价
值的尝试。

总体看来，十多年来，中国学者的战略文化研究刚刚完成对
西方理论的引介和消化工作，能够突出方法论特征和实证研究特
点的创新性成果还有待积累。对文化—战略文化—国家行为三个
核心变量的关系，中国学者在研究中基本持一种决定论的假定，
对一国的战略文化与其文化的一致性以及战略文化对国家行为的
决定作用是不予置疑的。关于西方研究中提出的一国的战略文化
与其文化存在不一致，以及战略文化无法解释某些国家行为的问
题，个别中国学者也作了简单的说明，但是并没有对这些问题进
行认真系统的研究。他们认为，"任何战略文化的内部都存在着
各种分歧与对立，变动与发展，都存在着不同的亚文化传统，这
是引发战略争论的起因之一，也是战略文化能够得以向前发展的
内在动力之一。但是内在的丰富多样性并不会否定文化的主体倾
向，也并不否定主流性战略文化的存在。……我们说西方有扩张
的战略文化传统，中国有非扩张的战略文化传统，历史上中国的

---

① 李少军主编：《国际战略报告：理论体系、现实挑战与中国的选择》，北京：
中国社会科学出版社，2005 年版，第 519、520 页。
② 秦亚青：《国家身份、战略文化和安全利益》，载《世界经济与政治》，2003
年第 1 期，第 12 页。

统治者也不是没有对外侵略，这毋庸加以维护；历史上的西方也不是总在扩张，……但中国确实没有一个王朝将对外征服作为自己的基本国策，作为自己文明发展的基础。而在西方，尽管文化中不乏康德式的世界主义和和平主义的追求，但从一开始，对外征服与扩张便在其文明中扮演了至关重要的甚至是关键性的角色，这就是中西战略文化的不同。所以，要想把握一种战略文化，就必须抓住其主体倾向，抓住其主流性文化特征。"[①] 另外，"战略文化传统只是影响国家战略行为的因素之一。它没有也不可能取代战略环境、战略利益以及战略实力本身等现实要素对战略行为的影响。"[②]

三、需要进一步研究的问题

通过比较可以发现，中外学者的战略文化研究都有值得肯定的地方，同时也都存在一定的不足。西方学者从事战略文化研究已经有三十多年的时间，在基础理论方面关注较多，相对充分地解释了战略文化的概念及其对国家行为的影响程度。但是，他们对文化与战略文化之间的不一致以及两种文化的象征性话语作用存在夸大的倾向。

中国学者目前的研究相对集中地考察了不同国家的战略文化传统及其内涵，深入揭示了这些国家在战略思维方面的独特性。相关理论成果对于研究和解释这些国家的战略选择无疑是一个很有价值的贡献。尽管没有过多地探讨战略文化概念本身，但是在短短十多年的时间内，中国学者对战略文化国别研究的实际贡献要超过西方学者。

当然，对于战略文化与国家行为表现之间的一致性问题，中

---

① 宫玉振：《中国战略文化解析》，第24—25页。
② 宫玉振：《试论战略文化传统及其对战略行为的影响》，第34页。

国学者目前的研究还存在一定的欠缺,还没有进行系统的研究和论证。但是这种欠缺出现的原因不是由于观点的差异,而是研究方法的不同侧重导致的。不是说中国学者无视或者否认战略文化与国家行为表现之间的不一致,而是中国学者在研究偏好上不太关注这个问题。这种研究方向上的差异与中外学者在社会科学研究中的不同方法论偏好有很大关系。在社会科学研究领域,中国学者更多地使用归纳演绎的方法,比较注重思辨。而西方学者在社会科学研究中大量地运用实证主义的研究方法,这种实证的思维对西方学者的研究兴趣和偏好都产生了很深的影响,所以他们非常热衷于验证反例。具体到战略文化研究领域,这种方法上的差异就造成了中西学者各自偏重于研究不同的问题。特别是对于一个国家的战略文化与其国家行为表现之间的不一致这个问题,中国学者认为这是一种很正常的现象,完全符合客观世界发展的规律,所以不需要做太多的论证和解释。而西方学者认为这种不一致是一个很重要的反例,需要认真验证,从而揭示出现这种现象的原因。

显然,在目前的战略文化研究领域,特别是在对文化、战略文化、国家行为这三个核心变量之间的关系进行解释时,中外学者的研究方向出现了一定的偏差,因此还无法进行有效的对话和交锋。这种偏差出现在战略文化研究目前只有三十多年的历史,特别是中国战略文化研究仅仅发展了十多年的情况下,应该说完全正常。随着战略文化研究的不断深入,中外学者的研究视野都在拓宽,有意识的交流和借鉴也在增多,必然会形成有效的对话和争论。

可以肯定的是,在中国学者看来,文化、战略文化、国家行为之间当然不是简单的线性因果关系。一个国家的战略文化表现是否与其文化相一致,战略文化又在多大程度上影响和决定国家行为,这两个问题的确值得做细致的研究。文化涉及的领域比战略文化宽,两者之间不可能是完全对等的关系。决定国家战略行为选择的因素也不只有战略文化一个，国家行为表现与战略文化传统的不一致几乎在所有国家的历史和现实中都存在。但是我们并不因此就否定这个国家存在一种战略文化。这其中的原因可能就在于战略文化的特性本身，战略文化是历史积淀的产物，它渗透在一个国家和民族的思维方式中，对于国家行为的影响是潜移默化的。所以我们对其作用的考察应该放在一个比较长的时间段内，否则就无法得到比较可靠的结论。文化和战略文化可能都有工具性作用，然而单纯的工具论观点恐怕也不能有效解释复杂的文化现象，否则文化研究本身就失去了意义。

至于究竟是什么因素影响着战略文化与文化的一致性，以及国家行为与战略文化的符合度，应该说是一个庞大的研究课题。我认为，其中有一个因素非常值得考察，那就是行为体对文化的内化（internalization）程度[①]。文化本身是不可观察的，它需要借助一定的载体才能得到体现。文化本身也不能对客观世界产生影响，它要发挥作用就必须借助行为体，必须经过行为体的认知和行为阶段才能够考察文化的实际影响，因此，行为体对文化的内化程度，或者说接受水平，是衡量文化的作用程度的中间变量。温特曾经提出"行为体可能遵循文化规范的三个理由：被迫遵守，利益驱使，承认规范的合法性"[②]，并且由此确定了文化内化的三个等级。三个等级之间是一种层次递进的关系，我认为，也就是一种内化程度的递进。在低水平的内化阶段，文化对行为体的影响程度最小，行为与文化不一致的现象就比较多。随着文化内化水平的提高，行为体完全认同了文化规范以后，其行为与文化的一致性也会相应得到提高。

---

① 关于"内化"这个概念还可参见：【美】亚历山大·温特：《国际政治的社会理论》（秦亚青译），上海人民出版社，2001 年版，书中第六章的详细论述。以及：Alastair Iain Johnston, *Social States: China in International Institutions, 1980 – 2000* (Princeton and Oxford: Princeton University Press, 2008), pp. 20 – 22.

② 【美】亚历山大·温特：《国际政治的社会理论》，第 317 页。

　　具体到战略文化领域，也就是说，战略文化与一国文化的一致性是由国家决策者对该国文化的内化程度决定的，决策者对该国文化的内化程度高，其战略文化表现与该国文化的一致性就高，反之，决策者对该国文化的内化程度低，其战略文化表现与该国文化的一致性就低。同样，战略文化对国家行为的影响水平也取决于国家决策者对战略文化的内化程度，决策者对战略文化的内化程度高，就会表现出与其战略文化相符合的国家行为，相反，决策者对战略文化的内化程度低，就会表现出与其战略文化不相符的国家行为。

　　根据文化的内化程度这个变量，我们可以判断：一个国家在某一历史时期的战略文化表现与其文化传统是否相符，其国家行为表现与战略文化传统是否一致。当出现不相符和不一致时，我们也不能简单地否定这个国家存在一种战略文化传统，或者认为该国的战略文化传统不起作用，而只能说它在这个被考察的历史时期可能影响不大，因为当时的国家决策者对其战略文化传统的内化程度不高。

　　文化的内化程度这个干预变量可能帮助我们找到新的研究路径，对于深化目前的战略文化研究是一个非常值得努力的方向。基于这种判断，本书将集中研究文化和战略文化之间的关系，考察文化的内化程度对这两者之间关系的影响程度。我认为，在这个问题上，西方学者夸大了文化的象征性话语作用，中国学者又过分抬高了文化的决定性影响，双方都没有把文化与战略文化的关系作为一个研究重点来认真对待。具体而言，本书将验证战略文化与主流文化的一致性，希望回答一国的战略文化是否一定反映该国的主流文化？换句话说，战略文化与一国的主流文化是不是一致？在什么条件下，两者才会表现出一致性或是不一致？

　　研究的基本假定是：战略文化是文化的一个子集，是文化的一个组成部分。如果把民族国家作为一个文化实体的话，一般意义上的该国文化也就是指该国社会思想文化中起主流作用的文化成分或流派。在这里，我们称其为主流文化。比如，虽然美国是一个多种族的移民国家，我们通常所说的美国文化就是指盎格鲁－撒克逊文化。虽然中国文化的传统中有儒学、道学、佛学的多重融合，但我们通常所说的中国传统文化主要还是指儒家文化。因此，我们相信一个国家的战略文化与主流文化之间应该有内在的逻辑联系。

本书的研究设计基于对这样一个基本假设的系统验证：战略文化是否反映一国的主流文化取决于该国决策者对其主流文化的内化程度。也就是说，主流文化是否塑造了国家决策者对于社会生活各个领域的基本认知。研究的两个变量是战略文化和主流文化。基本变量关系是：主流文化通过被国家决策者内化从而影响战略文化。

提出这个基本假设并非凭空想象，而是来自于西方战略文化研究的启发。西方学者在解释战略文化与国家行为的关系时，涉及决策者对战略文化的内化程度问题，认为，某种战略文化是否对国家行为产生作用与国家决策者是否被这种战略文化社会化（socialized）[①]，也就是说，决策者是否认同这种战略文化的基本观念密切相关。

杰克·斯奈德在研究苏联战略文化时指出，军队在寻求战略原则传播中的主流地位以及武装力量部署决策中的重大发言权的意愿深深影响了苏联的战略文化。职业军人是目前决定苏联战略文化的内容的主要力量，他们相信核战争也有胜负之分，因而反对有限核战争，支持通过大规模摧毁性打击来取得军事胜利。这种观点形成了苏联战略文化的主流。赫鲁晓夫以后的时代，政治

---

　　① 在说明文化规范对行为体的影响时，学者们通常使用"内化"和"社会化（socialization）"这两个概念，意思基本相同，只是说明的视角和方向不同。从行为体的角度看，文化规范是被行为体"内化"。从文化规范的角度看，行为体是被文化规范"社会化"。

领导者对军队观点的普遍支持以及苏共中央政治局在意见出现分歧时试图与军队取得调和与妥协，又使得这种影响得到加强。但是，苏联战略文化并非铁板一块。除了上述正统的军事观点以外，还存在一种相反的战略次文化，得到外交以及其他政府官员和一些学者的支持。这种次文化挑战主流正统的观点，怀疑核战争胜利的可能性。斯奈德认为，虽然这种次文化目前不被重视，没有充足的政治力量对政策制定产生独立的影响。赫鲁晓夫以后的政治领导人的战略政策普遍符合正统的军事观点。但是，即使假定当前的苏联领导者已经内化（internalize）了这种主要由军队决定的战略文化，仍然有理由相信，变化的条件可能促使将来的领导者采取在当前的苏联军事标准看来是非正统的战略观点。[①]比如，随着苏联承担越来越多的全球责任，领导者可能发现他们迫切需要发展某些有限核选择以克服自己的"首先使用困境"（first-use dilemma）。如果苏联的经济越来越低效，领导者可能放弃只有可靠的战略打击能力才能实现的目标，而转向寻求更合理可行的战略部署。如果武器技术的发展使军队对单边摧毁限制（unilateral damage limitation）能力的要求失去意义，政治领导者也可能意识到科学的发展已经使他们的战略原则变得过时。事实证明，到戈尔巴乔夫时期，苏联决策者开始认同有限核战争的思想和相互确保摧毁战略，于是苏联的战略文化和国家行为就表现出了相应的变化。[②]

同为第一代西方战略文化学者的戴维·琼斯也对苏联战略文化进行了研究，并且明确指出，塑造广义上的大俄罗斯文化的一些因素同样也对俄罗斯的战争风格产生了影响。比如说，在最基

---

① Snyder, *The Soviet Strategic Culture: Implications for Limited Nuclear Operations*, p. 39.

② Jack Snyder, "The Concept of Strategic Culture: Caveat Emptor", in Carl G. Jacobsen ed. *Strategic Power: US/USSR* (The Macmillan Press LTD, 1990), p. 4.

本的层次上，交通条件差导致了前沿部署（forward deployments）的政策，地域面积广形成了提倡机动性和进攻性的传统。① 琼斯对苏联战略文化的渊源进行了更为深入的揭示，她认为，斯奈德虽然承认了国家历史遗产的文化作用，但是却局限于苏联从二战中吸取的历史教训以及斯大林时期的政党—军队关系，这显然是不够的。分析苏联战略文化既要看到苏共的官方合法意识形态——马克思列宁主义的影响，也要重视俄罗斯曾经作为一个多民族的欧亚帝国的战略现实。对苏联战略文化的评估必须考虑到苏联作为俄罗斯帝国的统治者的经历及其十月革命以前的军事文化的影响。俄罗斯人相信他们总是受到威胁，他们的军事传统和政策自然往往反映这种信念。如果考察俄罗斯的军事历史，这种想法并非没有依据。根据俄罗斯帝国的学者记载，他们的国家在1055年至1465年间遭受过245次"进攻"，后来的苏联也经历了一战、1917—1925年的"外国干预"以及1942—1945年的卫国战争。在对这些战争历史的解释中，俄罗斯的地理环境（尤其是其东、南、西面缺少天然边界）无疑是一个重要原因。于是，俄罗斯帝国的扩张就可以被说成是对来自各方面威胁的一种自然反应。俄罗斯统治者一向认为在可能发生冲突的前线部署大规模的、备战的军队是必要的。② 琼斯的分析进一步证明了苏联文化对其战略文化表现的影响。

两位学者对苏联战略文化的研究表明，战略文化能够影响国家行为的重要条件之一就是决策者必须内化这种战略文化。苏联可能存在不止一种战略文化，但是哪种战略文化的观点能够发挥作用就取决于它是否被当时的战略决策者内化，是否塑造了决策者关于战略问题的认知。苏联在大部分时间内所表现出来的战略

① David Jones, "Soviet Strategic Culture", in Carl G. Jacobsen ed. *Strategic Power*: *US/USSR* (The Macmillan Press LTD, 1990), p. 45.

② Ibid., p. 38.

文化与苏联大的文化传统是一致的，并且能够解释苏联的战略行为。但是，到了戈尔巴乔夫时期，苏联的国家行为就表现出了与其主流战略文化传统的不一致。这说明，该时期的苏联决策者对业已形成的主流战略文化传统的内化程度相当低，主流战略文化没有塑造决策者对战略问题的认知，决策者认同的是非主流的战略次文化，所以就表现出了与那种战略次文化相符合的行为。进一步说，苏联实际表现出来的战略文化是否符合其主流文化，也取决于当时的决策者对苏联主流文化的内化程度。如果内化程度高，也就是说，决策者对主流文化的认同深刻而全面，其所表现出来的战略文化与主流文化的一致性也会高。反之，如果决策者对主流文化的内化程度低，其所表现出来的战略文化与主流文化的一致性也就低。

科林·格雷对美国战略文化的研究也给本文基本假设的提出带来了启示。经过研究，格雷认为，美国的战略文化和国家战略风格包括两种明显对立的趋势，它们都是美国独特历史经验的产物，美国的战略风格总是在这两个极端之间摇摆。[①] 美国是一种海岛型政治文化，岛国孤立的地理特征产生了对安全的期望。对于美国人来说，战争与和平的鲜明区分是很自然的，因为传统上，他们就没有生活在常常会担心失去生命或自由的恐惧中。在普通美国人的观念中，美国是弱势人群的天堂，是其他人类的榜样（"山巅之城"），当世界秩序发生混乱而需要时，美国应该而且能够代表"正义"予以决定性的干预。从"七年战争"到1945年二战结束，美国人的军事经验使他们产生了这样的信仰：只有代表"正义"才能取得胜利，美国只在"正义"的条件下才发动战争；美国人可以得到任何想要的东西；在对外战争中，美国总是与处于严重劣势的敌人交战，最终的胜利无疑属于美国；

---

① Colin S. Gray, "National Style in Strategy: The American Example", *International Security*, Vol. 6, No. 2, 1981, p. 44.

雄厚的工业基础和资源财富保证了美国可以调动充足的物质力量战胜任何敌人。①

在发现这种扩张主义战略文化的同时，我们也可以找到另一种完全不同的战略文化表现，它同样属于美国的战略风格。比如说，20世纪60、70年代美国对其战略部署能力持续相对下降表现出来的态度：美国认为核战争没有胜利，美国人对于胜利的传统定义似乎只认同于自身损失非常有限的情况，这反映了美国的历史经验及其对个人福利尤为重视的价值体系；美国人乐观地认为，如果受到其合作政策的鼓励，苏联的思想和行为就能朝着建设性的方向演变；美国国防智库相信其他文化会认同美国的价值观和战略思想；美国的军事建设被认为比苏联的野心对传统的美国价值观造成的威胁更大，等等。

值得注意的是，这两种不同的战略文化表现都是美国独特历史经验、地理特征和经济技术优势的产物，符合美国人崇尚自由的主流文化和价值观。具体哪种战略文化在特定的历史时期占据主流地位，也是取决于当时的决策者对其内化的程度。但是无论哪种战略文化占据主流，在证明它们确实都发挥了作用的同时，也就可以体现美国的主流文化对美国的战略文化的确产生了重要影响。正是因为美国决策者对其主流文化的内化程度高，所以才会有与其主流文化相一致的战略文化表现。另外，在江忆恩验证战略文化对国家行为是否具有决定性影响的理论设计中，一个关键的验证环节也是要证明该国某一具体历史时期中决策者是否具有与其战略文化相符合的一致的战略偏好。如果具有一致的战略偏好，就说明此种战略文化对这些决策者的行为取向认知产生了重要影响，也就是说，这种战略文化确实已经被当时的决策者内化。缺少了这一验证环节，也就无从证明战略文化对决策者实际

---

① Colin S. Gray, "National Style in Strategy: The American Example", *International Security*, Vol. 6, No. 2, 1981, p. 26.

的战略行为选择是否产生影响，或者说决策者的实际战略行为与其战略文化偏好有没有必然联系。只有决策者既具有某种类型的战略文化偏好，又表现出与其一致的实际战略行为时，才能说明是此种战略文化在影响其国家行为。

综合上述情况，给本研究基本假设带来的启示是：被行为体内化的程度是判断某种文化是否发挥作用的重要指标。一国内可能存在多种战略文化，只要决策者对某种战略文化的内化程度高，该国就会表现出与其一致的国家行为；无论何种战略文化占据主流地位，只要决策者对其主流文化的内化程度高，该国实际的战略文化表现与其主流文化的一致程度也就高。所以本书认为，战略文化是否反映一国的主流文化取决于决策者对其主流文化的内化程度，这可能是一个值得研究和验证的假设。

第二章

战略文化与主流文化

　　这一章主要界定本研究的两个基本变量——战略文化和主流文化，同时说明该研究所使用的研究方法和论证框架。本书的研究侧重于考察战略文化与主流文化之间的关系，并不打算挑战或者颠覆现有的战略文化和文化的定义，而是从目前学术界广泛认可的定义入手，界定符合自己研究需要的基本概念。在界定战略文化和主流文化这两个变量之前，首先就要明确一个核心的基本概念——文化。

一、文化

　　文化（culture）是人类学（anthropology）最基础的概念之一，也是人文社会科学中应用得最多、最广泛的术语之一。正因如此，要给"文化"下一个统一、明确的定义几乎是最困难的。由于文化概念应用者所处的时代不同、社会环境不同、民族传统不同、社会地位不同以及研究的视角不同，文化这个概念所表达的意义和内涵也千差万别。可以说，哲学家、人类学家、考古学家、社会学家、心理学家等都曾经给文化下过富有自身特征的定义，但是，对近代社会科学影响最深的还是人类学家对文化所下的定义。

人类学把"文化"作为术语使用，是从英国人类学家爱德华·泰勒（Edward B. Tylor）开始的。1871 年，他给文化下了一个至今还有深刻影响的定义："文化，或文明，就其广泛的民族学意义来说，是包括全部的知识、信仰、艺术、道德、法律、风俗以及作为社会成员的人所掌握和接受的任何其他的才能和习惯的复合体。"①泰勒的定义虽然是描述性的，但却第一次给了"文化"一个整体性的概念，并且为后来的社会学家、人类学家研究文化现象界定了一个基本的范围。此后，"文化"便成为人类学中一个极其重要的术语和研究对象。

根据美国人类学家阿尔弗雷德·克罗伯（Alfred. L. Kroeber）和克莱德·克拉克洪（Clyde Kluckhohn）的统计，从 1871 年到 1951 年的 80 年间各门学科著名学者对文化所下的定义就有 160 多种。他们把这些定义分成六类：（1）描述性定义，把文化当做包罗万象的整体，并列举文化每一方面的内容。（2）历史性定义，强调文化的社会遗留性和传统性，认为整个社会的遗传就是文化。（3）规范性定义，强调文化是一种具有特色的生活方式，或是具有动力的规范性观念以及它们的影响。（4）心理性定义，把文化说成是人调适、学习和选择的过程，认为文化基本上是人满足欲求、解决问题、调适环境及人际关系的制度。（5）结构性定义，把文化作为一个价值系统来界定，认为文化是一种抽象的、建立于概念模型之上的、用以解释行为而本身却又不属于行为的东西。（6）遗传性定义，所注重的问题大致为文化是如何来的？文化存在及延续的因素是什么？在总结这些概念的基础上，两位学者还给文化下了一个综合性定义："文化存在于各种内隐

---

① 【英】爱德华·泰勒：《原始文化》（连树声译），上海文艺出版社，1992 年版，第 1 页。

的和外显的模式之中，借助符号的运用得以学习与传播，并构成人类群体的特殊成就，这些成就包括他们制造物品的各种具体式样，文化的基本要素是传统（通过历史衍生和由选择得到的）思想观念和价值，其中尤以价值观最为重要。"① 这个定义为现代许多西方学者所接受。

中国学者对文化的研究成果也并不逊色。现代著名的社会文化学大师陈序经先生在 20 世纪 40 年代出版的《文化学概观》一书是中国"文化学"的开山之作。陈先生认为，"文化既不外是人类适应各种自然现象或自然环境而努力于利用这些自然现象或自然环境的结果，文化也可以说是人类适应时境以满足其生活的努力的结果"，其中既包括物质的文化，也包括精神的文化。②

司马云杰的《文化社会学》一书是新中国成立以来第一部系统地研究文化社会学的专著，作者在书中把"文化"定义为，"人类创造的不同形态的特质所构成的复合体"，所谓特质，主要有两个含义：一是指人类创造物的最小独立单位，二是指人类创造物的新的内容和独特形式。③

中国比较文化学学科理论体系的创始人方汉文教授认为，"所谓文化，首先，是文化的总体意义，是人的内在要求与外部世界互相作用的方式，是人类精神与物质活动的总称。所以它是内外结合的。其次，作为具体的文化因素，它包括人的精神活动如心理和意识的活动，也包括人类的物质生产与精神生产，还有

---

① Kroeber, Alfred. L. and Clyde Kluckhohn, *Culture: A Critical Review of Concepts and Definitions* (New York: Vintage Books, 1952) 转引自孙秋云主编：《文化人类学教程》，北京：民族出版社，2004 年版，第 23—24 页。

② 陈序经：《文化学概观》，北京：中国人民大学出版社，2005 年版，第 28 页。

③ 司马云杰：《文化社会学》，济南：山东人民出版社，1987 年版，第 11—12 页。

具体的生活方式，这都是文化的内容。也就是说，文化，是构成人类精神与物质活动的具体因素"。①

时至今日，人们对文化的研究越来越细致深入，但学术界还是没有形成一个统一、明确的文化定义。就人类学而言，长久以来持有的基本认识是，"文化指的是系统协调的整体，是由信仰、知识、价值观念和实践构成的一个稳定共享的体系"。②

国际关系学界对"文化"概念的研究和重视是 20 世纪 90 年代以来的事情，可以说塞缪尔·亨廷顿是把人类学的文化概念引入国际关系研究的第一人，③ 特别是他主编的《文化的重要作用》一书。亨廷顿在该书的前言中明确指出，"我们是从纯主观的角度界定文化的含义，指一个社会中的价值观、态度、信仰、取向以及人们普遍持有的见解"。④

但是，就目前国关学界对文化的研究而言，最有影响的还是作为西方国际关系三大主流理论之一的建构主义学派。可以说"文化"是建构主义研究的一个核心变量，建构主义对"文化"的定义，简单说就是共有观念或者共有知识（shared ideas or shared knowledge）。总之，西方国际关系学界对"文化"概念的界定非常明确，其实就是共有观念。

中国国关学界对"文化"研究比较关注的主要有潘一禾、俞

---

① 方汉文：《比较文化学》，桂林：广西师范大学出版社，2003 年版，第 35 页。

② 【英】奈杰尔·拉波特、乔安娜·奥弗林：《社会文化人类学的关键概念》（鲍雯妍、张亚辉译），北京：华夏出版社，2005 年版，第 79 页。

③ Julie Reeves, *Culture and International Relations*, Routledge, 2004, p.148.

④ 【美】塞缪尔·亨廷顿、劳伦斯·哈里森主编：《文化的重要作用——价值观如何影响人类进步》（程克雄译），北京：新华出版社，2002 年版，前言第 3 页。

新天、张骥等学者。^① 其中，潘一禾对文化概念的研究，本文认为特点最为突出。潘一禾在《文化与国际关系》一书中将文化的定义分成三类：广义的——成果说，文化指一切人所创造的文明成果。中义的——模式说，文化是人们的生活方式，包括思维取向、行为模式和制度导向。狭义的——信仰说，文化主要指基本信念或意识形态。广义的文化定义，代表人物是当代美国社会学家戴维·波普诺。他认为，文化是一个群体或社会所共同具有的价值观和意义体系，包括这些价值和意义在物质形态上的具体化。文化由三个重要因素组成：（1）符号、意义和价值观；（2）规范；（3）物质文化。中义的文化定义，代表人物是爱德华·泰勒。狭义的文化定义，代表人物是克拉克洪。潘一禾在书中也提出了自己的定义，她认为，"文化指的是那些被共享的价值观和被普遍认可的文化规范。或者说，文化是社会化的共同知识和行为准则"。^②

根据关世杰的总结，中国学者对文化的定义有广义和狭义两种，"广义的文化指人类创造的一切物质产品和精神产品的总和；狭义的文化专指包括语言及一切意识形态在内的人类社会的精神

---

① 主要相关研究成果参见：潘一禾：《中国加入当代国际组织的文化定位探索》，载《浙江大学学报（人文社会科学版）》，2001 年第 3 期，第 49—55 页。《论文化与国际关系的"关系"》，载《浙江师范学院学报（社会科学版）》，2004 年第 4 期，第 64—69 页。《"非传统"视野中的当代国家文化安全》，载《世界经济与政治》，2005 年第 2 期，第 49—54 页。《文化与国际关系》，杭州：浙江大学出版社，2005 年版。俞新天：《民族、宗教和文化：东亚发展与合作中的重要因素》，载《世界经济与政治》，2003 年第 2 期，第 45—49 页。《国际认同危机——从文化的角度看伊拉克战后的国际关系》，载《南京大学学报（哲学、人文科学、社会科学版）》，2003 年第 4 期，第 40—44 页。《东亚认同感的胎动——从文化的视角》，载《世界经济与政治》，2004 年第 6 期，第 20—25 页。《中国对外战略的文化思考》，载《现代国际关系》，2004 年第 12 期，第 20—26 页。《中国国家利益的文化思考》，载《国际问题研究》，2006 年第 2 期，第 12—16 页。张骥、刘中民等：《文化与当代国际政治》，北京：人民出版社，2003 年版。张骥等：《国际政治文化学导论》，北京：世界知识出版社，2005 年版。

② 潘一禾：《文化与国际关系》，杭州：浙江大学出版社，2005 年版，第 13—14 页。

现象"。① 本书同意关世杰的总结，并且认为这种观点基本反映了中外学术界对文化概念所下定义的主流倾向。作为一本国际关系研究的学术专著，本书支持绝大多数国关学者给文化所下的定义，侧重于文化概念的主观含义和精神层面，认为，文化就是某一社会共同体的成员所共同拥有的关于社会生活各个领域的基本认知，包括社会生活的具体内容和基本行为规范。

二、战略文化

与"文化"一样，中外学者关于"战略文化"的定义也没有形成统一意见。但是，通过对不同"战略文化"定义的考察，可以发现，中外学者对于战略文化涉及的问题领域，观点基本是一致的。那就是，战略文化解决的是关于使用武力对于获取国家安全是否有用的问题。学者们出现意见分歧的地方主要有两点：一是战略文化是否包括行为？二是战略文化的主体是国家、次国家，还是超国家？

1. 战略文化与行为

关于战略文化概念是否应当包括"行为"的争论，主要是由江忆恩提出的。西方学者绝大多数认为战略文化的概念应该包括"习惯性行为模式"。例如，杰克·斯奈德的定义：战略文化是"一个国家战略共同体的成员通过教育或模仿所获得并且彼此共享的关于核战略的观念、有条件的情感反应以及习惯性行为模式的总和"②。卡恩斯·洛德的定义："战略文化是某一国家为实现

---

① 关世杰：《试论 21 世纪东亚发展中的文化问题》，载梁守德主编：《国际社会与文化》（论文集），北京大学出版社，1997 年版，第 126 页。

② Jack L. Snyder, *The Soviet Strategic Culture*: *Implications for Limited Nuclear Operations* (The Rand Corporation, September 1977), p. 8.

其政治目标而组织和使用军事力量的传统实践和思维习惯。"① 克里·朗赫斯特认为，"战略文化是指某一群体所持有的，经过一个独特的漫长历史过程而逐渐产生的，关于武力的使用的信仰、态度和实践的，与众不同的一个整体"。②

中国学者中也有人明确提出战略文化的定义应该包括"习惯性行为模式"。例如，宫玉振把战略文化定义为"国家在运用战略手段实现国家战略目标的过程中所表现出来的持久性的、相对稳定的价值取向与习惯性的行为模式"。③ 周丕启认为"战略文化实质上是战略决策者在决定以军事力量来实现国家政治目标过程中所共有的习惯性行为模式和价值观"。④

江忆恩在其战略文化研究设计中指出，为了验证战略文化对国家行为的影响，必须建立一个可证伪的战略文化概念，如果把行为包括进战略文化的定义，就混淆了自变量和因变量，从而陷入同义反复的陷阱。根据这种标准，江忆恩批判了西方战略文化研究中第一代学者的机械决定论错误，进而引起科林·格雷的反驳，双方就该问题展开了争论。

根据格雷的分析：第一，江忆恩为了发展一种可证伪的理论而把观念与行为分割开来，问题在于他没有理解战略文化是如何发挥作用的，战略文化只是提供理解行为的背景，而不是解释行为的原因。⑤ 战略文化是围绕着，并且赋予战略行为意义的，是

---

① Carnes Lord, "American Strategic Culture," *Comparative Strategy*, Vol. 5, No. 3, 1985, p. 271.

② Kerry Longhurst, *Germany and the Use of Force* (Manchester and New York: Manchester University Press, 2004), p. 17.

③ 宫玉振：《中国战略文化解析》，第 10—11 页。

④ 周丕启：《略论战略文化》，载《现代国际关系》，2001 年第 10 期，第 57 页。

⑤ Colin S. Gray, "Strategic culture as context: the first generation of theory strikes back," *Review of International Studies*, Vol. 25, 1999, p. 49.

"那在（out there）"的背景，同时其本身又是行为的一个组成部分。① 文化是行为，因为行为的施动者一定是被文化内化的人。战略文化理论不是暗示具有文化渊源的偏好与实际行为选择之间存在一种简单的一对一的关系。而是说，文化塑造了战略制定的过程，并且影响战略的实施，并不考虑实际的选择可能与某些抽象或者理想化的文化偏好有多么密切的关系。②

第二，江忆恩批评第一代战略文化研究没有给非战略文化的行为解释留下理论空间，但是事实上，根本不存在这种空间，因为所有的战略行为都是由人类实施的，而人类都是文化施动者。③ 即使某一特定安全共同体正在完成那种不是其长期偏好的使命，它也必须以被文化塑造的方式行动。④ 战略文化理论其实不能预测行为，因为行为是由很多因素引起的。战略文化理论只能解释那些可观察的行为意味着什么。⑤ 例如，英国完全是一个海洋战略文化国家，但是却在一战期间被迫发挥了一个大陆国家的军事作用。这一事实并不能改变英国的主流战略文化。战略文化只是解释，与其他大国相比，大陆国家的作用，当然是在心理上，对于英国来说为什么如此不一样。战略文化并不解释为什么英国会在 1914—1918 年间发挥了一个大陆国家的作用。

第三，江忆恩没有抓住战略文化的实质，他反对不能有效验证的理论，因为它们涉及的领域太宽泛。但是，问题不在于我们第一代研究者使用的方法和对因果关系的概念化（conceptualization）不好，而是在于江忆恩对战略的理解太过简单。尽管对战

---

① Colin S. Gray, "Strategic culture as context: the first generation of theory strikes back," *Review of International Studies*, Vol. 25, 1999, p. 51.

② Ibid., p. 55.

③ Gray, "Strategic culture as context: the first generation of theory strikes back," p. 59.

④ Ibid., p. 55.

⑤ Ibid., p. 56.

略的每个维度可以单独加以讨论，但是所有的维度综合发挥作用才能构成一个战略整体。①

科林·格雷还根据自己对核战略与国家风格的研究提出建议：为了平衡起见，也许可以提出一个概念，战略文化只指观念、态度、传统和行为偏好，而把战略文化的实际行为称作"风格"。② 但是江忆恩在回应文章中仍旧坚持批判说，格雷的研究认为任何国家的战略文化都是单一的、独特的，这样就没有行为可以独立于战略文化，或者是非战略文化的行为，由此导致了决定论的错误。战略文化在可以解释任何行为的同时，其实什么也没解释。③

在西方战略文化研究中，关于战略文化概念是否应该包括行为的争论主要是在江忆恩所界定的第一代和第三代研究者之间进行的。第二代研究者由于在战略文化与国家行为的关系问题上持工具论观点，认为所有的战略文化都只是一种象征性话语，与其实际的国家行为并没有必然的联系，甚至可能完全相背，因此如何界定战略文化的概念没有成为他们研究的重点。江忆恩以后的研究者为了进一步解释战略文化与国家行为的关系，在对这个核心概念的界定问题上有些人也站在了江忆恩的对立面。其中，克里·朗赫斯特就明确指出，战略文化是一个难以证伪的概念，战略文化与行为之间的联系不能被割断，因为所有的行为都是依赖于文化的，战略文化是全方位包围着行为的环境。④

通过上述观察，本书认为，在战略文化概念是否应该包括"行

① Gray, "Strategic culture as context: the first generation of theory strikes back," p. 55.

② Ibid. , p. 55.

③ Alastair Iain Johnston, "Strategic cultures revisited: reply to Colin Gray," *Review of International Studies*, Vol. 25, 1999, p. 523.

④ Kerry Longhurst, *Germany and the Use of Force*, Manchester and New York: Manchester University Press, 2004, p. 19.

为"这个问题上的争论，双方的对立并不是绝对不可调和的。坚持战略文化概念应当包括"行为"的学者，其所谓的"行为"并非单一的、独立的、某个时间点上的行为，而是"行为模式"、"系统实践"，是长时段的、具有某种共性的整体意义上的"行为"，因此是强调了行为所具有的抽象意义，在本体论上与理念主义的"文化"并不矛盾。江忆恩在提出一个可证伪的战略文化概念时，强调把文化与行为相分离，他分离出来的是具体意义上的行为，是可见的物质形式。而他所保留下来作为战略文化概念的"完整的符号系统"并没有排除抽象意义上的"行为模式"。例如，江忆恩认为"如果想要和平，那么准备战争"就是体现了战略文化的一种符号形式，这其中的"战争"才是江忆恩要求从战略文化概念中排除掉的具体物质形式的"行为"，而"如果想要和平，那么准备战争"这个完整的符号形式本身就是一种抽象意义的"行为模式"。

由此可见，在战略文化概念是否应当包括"行为"这个问题上，争论双方的观点并非决然对立，而是像科林·格雷所说的，还是存在某种折中路线的。而且，双方发生争执的主要根源在于他们对战略文化与国家行为关系的不同认知。对于本书来说，解释战略文化与国家行为的关系不是研究的重点，所以完全可以暂时回避这个争论。我将从抽象意义上界定战略文化的概念，只取学者们几乎没有争议的概念的内涵部分，认为，战略文化就是决策者关于使用武力对于获取国家安全的效用的基本认知。

2. 战略文化的主体

关于战略文化的主体是国家、次国家，还是超国家，是学者们对战略文化概念的界定存在分歧的又一个地方。也就是说，关于战略文化研究的分析层次问题，学者们也存在不同意见。绝大多数中外学者认为战略文化的主体应该是国家，战略文化理论属于单位层次的国际关系研究。他们提出的战略文化概念以及所做的个案研究都是以国家作为分析对象。另外还有少数西方学者的研究层次是次国家，或者超国家。

　　被江忆恩划归为西方战略文化研究第三代学者的伊丽莎白·基尔和杰弗里·勒格罗的研究层次其实是次国家的，他们使用的核心概念是"组织文化"或者"军事组织文化"①。伊丽莎白·基尔甚至明确指出，组织文化并不是战略文化的另一种说法。组织文化是指某一特定军事组织所集体持有的信仰，而不是国家决策者的信仰。② 很明显，虽然基尔和勒格罗等人使用的组织文化概念的内涵与江忆恩等人的战略文化概念类似，都是考察决策者对于武力使用这一军事战略问题的认识，都是研究文化对行为的影响，但是他们研究的层次是有差别的。本书在文献回顾和概念梳理中对基尔和勒格罗两位学者的研究作了有意地忽略，其中一个原因就是本书并不认同在次国家层次上进行战略文化研究③。另外一个原因是这些研究者把文化视为植根于最近的实践的、相对来说变化迅速的价值观、态度和规范，因而很少说明更广泛和更深远的历史差别对于不同国家的战略文化的影响。④ 所以，他们并不符合本书所认同的严格意义上的战略文化研究。⑤

　　① 参见：Jeffrey Legro, Cooperation Under Fire: Anglo – German Restraint During World War II (Ithaca N. Y. 1995)。

　　② Elizabeth Kier, *Imaging War: French and British Military Doctrine Between The Wars*, Princeton: Princeton University Press, 1997, p. 30.

　　③ 2010 年 2 月，本书的作者在美国弗吉尼亚大学（University of Virginia）做访问学者期间，与勒格罗教授谈起这个问题，他本人也并不认为自己的作品属于第三代战略文化研究，而是认为自己只不过是从一个视角解释了国家行为，当年的研究与他后来对秩序的研究 [Jeffrey Legro, *Rethinking the World: Great Power Strategies and International Order* (Cornell University Press, 2007)] 都是一以贯之的，并没有研究层次的转变。

　　④ Alastair Iain Johnston, *Cultural Realism: Strategic Culture and Grand Strategy in Chinese History*, p. 20.

　　⑤ 关于这一点本文与科林·格雷的观点近似，他曾经明确指出，"如果有学者只是把最近的历史作为对当前战略文化的决定性影响，那么他最好使用别的概念"。参见：Colin S. Gray, "Strategic culture as context: the first generation of theory strikes back," *Review of International Studies*, Vol. 25, 1999, p. 52.

至于超国家层次上的战略文化研究，目前也还是少数西方学者的尝试，没有充足的成果和成熟的结论。① 而且，单是国家层次上的战略文化研究已经面临着一国内可能存在多种不同的甚至对立的战略次文化的问题，作为超国家的地区和国际组织，更是由于其成员国各自具有复杂、独特的历史传统、地理特征和民族经历，因而很难梳理出一条统一的、明确的战略文化发展脉络。可以想象，在超国家层次上进行战略文化研究的可行性尚待商榷，难度更是可见一斑。所以，本书也不准备采用这个研究层次。

综上所述，本书拟在抽象意义上界定战略文化概念，并且进行国家层次上的战略文化研究。在本研究中，战略文化是指某一国家的决策者在长期历史过程中形成并且延续下来的关于使用武力对于获取国家安全的效用的基本认知。

三、主流文化

"主流文化"这个概念，是本书在把民族国家作为一个文化实体进行研究的前提下，对"文化"的作用范围和影响程度进行限定而产生的，主要目的是方便对文化进行实证研究，确定能够反映一国文化的可以观察的物质形式。

---

① 参见：Desmond Ball, "Strategic Culture in the Asia – Pacific Region," *Security Studies*, Vol. 3, No. 1, Autumn 1993, pp. 44 – 74. Ken Booth and Russell Trood, *Strategic Cultures in the Asia Pacific Region* (Basingstoke: Macmillan, 1999). Paul Cornish and Edwards Geofferey, "Beyond the EU/NATO dichotomy: the beginnings of a European strategic culture", *International Affairs*, Vol. 77, No. 3, 2001, pp. 587 – 603. Sten Rynning, "The European Union: Towards a Strategic Culture?", *Security Dialogue*, Vol. 34, No. 4, 2003, pp. 479 – 496. Bastain Giegerich, *European Security and Strategic Culture* (Nomos Verlagsgesellschaft 2006). Christopher O. Meyer, *The quest for a European strategic culture : changing norms on security and defence in the European Union* (New York : Palgrave Macmillan, 2006).

对"战略文化"概念的考察已经表明，绝大多数中外学者都认为"文化"是一个大的系统，它由不同的子集（subset）或者亚系统组成。杰克·斯奈德在首次使用和研究"战略文化"时就明确指出，"次文化"（subculture）是一个有用的概念。战略次文化是大的战略文化的组成部分。在总的苏联战略文化中存在着不同的次文化，它们之间的一致性肯定多于它们与美国战略文化可能具有的相似之处。[①] 也就是说，次文化具有文化的基本属性，但不是全部属性，所以它在某些方面可能与文化表现出不一致，但是这并不影响它是文化的一个组成部分。以图形的方式或许可以更清楚地表明文化与次文化的关系：

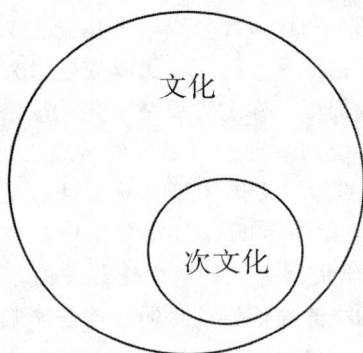

图 2.1

西方战略文化研究的第一代学者基本都沿用和程度不同地发展了斯奈德的次文化概念，并且借助文化与次文化的关系来支持他们关于战略文化对国家行为具有必然的决定作用的观点。到 20 世纪 90 年代，江忆恩设计出相当成熟的对战略文化进行实证研

---

① Jack L. Snyder, *The Soviet Strategic Culture*: *Implications for Limited Nuclear Operations*, p. 10.

究的理论模式时，他已经把"战略文化是文化的一个子集"作为基本假定接受下来，并且明确使用了"主流文化"（dominant culture）这个概念。江忆恩是在吸收西方人类学的文化研究成果的基础上界定和使用战略文化概念的。在西方人类学家看来，我们通常所说的某一国家的文化就是指该国起主流作用的次文化（the dominant subculture）。文化与次文化的关系，其实就是文化的范围问题（the boundaries among cultures）。① 江忆恩明确指出，"一个国家内可能存在多种不同的文化，但是其中一定有一种主流文化，旨在维持现状"。② 而且，他也接受了绝大多数中外学者关于中国文化的一种共识：中国的主流文化是孔孟儒家文化。

中国学者从一开始使用"战略文化"概念，就假定了战略文化是文化的组成部分和亚系统。战略文化是在文化的基础上产生的。而文化，就是指"一个国家和民族的思想文化"。"思想文化与战略相结合，我们可以称之为战略文化。战略文化是在一定的历史和民族文化传统的基础上所形成的战略思想和战略理论。"③ "它是国家或民族的传统文化在战略领域里的反映。"④ "战略文化从属于一国大文化的范畴，是大文化中最富活力的成分。"⑤ "作为文化传统的组成部分，战略文化传统的基本性格必然要受到所属文化传统的主流性价值观念的渗透与影响。战略文化传统的价值体系的核心，也往往是由其文化传统的主流性价值观念构成的。"⑥

---

① J. Zvi Namenwirth and Robert Philip Weber, *Dynamics of Culture* (Boston: Allen and Unwin, Inc. 1987), p. 23, p. 25.

② Alastair Iain Johnston, *Cultural Realism*, p. 35.

③ 李际均：《论战略文化》，第8—9页。

④ 江新凤：《日本战略思维探究》，载《中国军事科学》，2004年第4期，第137页。

⑤ 张露、王迎晖：《论当代中国大战略选择的和平性——一种基于战略文化的考量》，第24页。

⑥ 宫玉振：《试论战略文化传统及其对战略行为的影响》，第32页。

本研究使用的"主流文化"概念也是"文化"的一个子集，或者说组成部分。如果说"战略文化"是从问题领域的角度与"文化"构成子集—母集关系的话，"主流文化"则是从作用范围的角度与"文化"构成子集—母集的关系。"主流文化"是"文化"中发挥了作用并且是主流作用的部分，具体而言，就是某一民族国家的社会思想文化中占据主流（分量）、发挥主流（影响）的成分和流派。主流文化直接影响人们的认知和国家的行为，作用最为明确、广泛和深刻。

总之，"主流文化"这个概念在内涵上与"文化"概念并无区别，本书只是对其外延进行了适合研究需要的限定。

四、本研究的理论设计

由于在抽象意义上界定了战略文化的概念，要对战略文化进行实证研究就必须解决概念的可操作化这个研究方法问题。本书借鉴了江忆恩在其研究中使用的分析战略文化的"可检验的方法"。江忆恩指出，研究战略文化的第一步就是要吸取历史教训，建立一个更精确的战略文化概念，明确战略文化的范围与内容、分析的对象、它们来源的历史时期，以及把战略文化从这些对象中提取出来的方法。[①] 战略文化研究不是件容易的工作。我们应该从历史的什么地方寻找战略文化的根源？它的识别标志、典型产物是什么？当发现它时，我们如何可能认出它？那些使用过这一术语或者类似概念的人们大多数都没有界定和研究战略文化的内容和范围。[②] 而江忆恩在《文化现实主义》中的研究设计，本书认为在相当程度上有效地解决了这些难题，很多方面可以借鉴用于本书对战略文化与主流文化关系的实证研究。

[①] Alastair Iain Johnston, *Cultural Realism*, p. 30.

[②] Ibid. , pp. 32 – 33.

1. 分析对象

抽象意义上的战略文化如何体现为具体的物质形式，从而在研究中可以被观察和分析，是任何战略文化实证研究必须首先解决的问题。也就是说，要确定战略文化的客体。它们可能包括战略家、军事领导人和国家安全决策者的作品、争论、思想和谈话，武器设计和部署，战争计划，在不同的媒体中描绘的战争与和平的形象，军事仪式，甚至战争文献。① 江忆恩在研究中使用的分析对象是他认为体现了决策者战略思想的重要军事文献，简言之，就是一种文献分析的方法。这样可以从可能体现战略文化的纷繁复杂的分析对象中寻找到一种可观察的战略文化客体，本书认为这种研究方法是可取的，并且可以在其他学者的战略文化研究中找到认同这种分析对象的证据。例如，科林·格雷指出，他所见过的对文化的最合理定义是由社会学家雷蒙德·威廉姆斯（Raymond Williams）提出的。威廉姆斯认为文化的定义包括三个一般类型："理念的"、"文献的"和"社会的"。其中，"理念的"就是指与某些"长期有效的秩序"相符合的价值观；"文献的"是指记录了人类思想和经验的各种理智的和想象的作品；"社会的"是指对在各种制度和日常行为中表现出来的特定生活方式的描述。② 显而易见，在三种类型的文化定义中，唯一可观察的物质形式就是记录了人类思想和经验的各种"文献"。所以，本书认为，把能够体现决策者战略思想的重要文献作为战略文化研究的分析对象是可取的，文献分析的可重复性尤其符合对战略文化进行实证研究的必要条件。

---

① Alastair Iain Johnston, *Cultural Realism*, p. 39.
② Colin S. Gray, "Strategic culture as context", p. 52.

2. 分析方法

确定了分析对象之后，如何从选取的分析文献中提取某种战略文化的核心成分，从而确定其存在？这就涉及具体的分析方法问题。这一步，江忆恩主要采用了认知绘图（cognitive mapping）和符号分析（symbolic analysis）两种方法。

认知绘图是发现各种"政策观点"，或者某些因果原理与它们预计的行为效果之间的联系的一种技巧。它使研究者能够考察不同类型的计划中的战略行为与那些被认为既有积极也有消极价值的结果之间的关系。[①] 简单说，认知绘图就是为了清楚地呈现作为分析对象的重要战略文献所表达的观点结构，看它对战略文化的核心问题——使用武力对于获取国家安全的效用——作了什么样的回答，是倾向于优先使用武力，还是倾向于使用温和的方式。

使用符号分析是基于江忆恩认为，有些战略文化中的观点结构可能不是直接、清楚地表达出来的，而是以类比、隐喻等形式表达的。战略文化可以通过关于武力在人类事务中的作用，某些战略的效用，哪些战略比其他战略更好的符号来反映。[②] 使用符号分析就可以揭示文献中的哪些战略原理对应着哪些战略偏好，从而使隐晦表达的战略文化观点倾向得以清楚地呈现，也就有利于研究者判断其战略文化特征。

江忆恩提供的综合认知图（composite cognitive map）如下（以他对孙子兵法的分析为例）[③]，实证研究中的文献分析旨在发现在某一战略文化客体中作者对于战略选择（左栏）与政策表现（中栏）与战略目标（右栏）之间关系的基本主张。如果存在直

---

① Alastair Iain Johnston, *Cultural Realism*, p. 50.
② Ibid. , p. 51.
③ Ibid. , p. 94.

接的正向因果关系就用实线箭头标出，如果存在暗含的正向因果关系则用虚线箭头标出。通过文献分析绘制的综合认知图可以清楚地表明该战略文献所体现的战略偏好等级，也就是当时的国家决策者在如何对付敌人、获取国家安全问题上所做的战略选择，是更多的倾向于强硬的军事手段，还是更多的倾向于温和手段。这些观点主张也是决策者对于军事力量在国家间政治事务中的作用和效率这一战略文化核心问题的认识，反映了该国家当时的战略文化类型。如果决策者主要选择了强制性军事手段来获取国家安全就是属于现实政治（realpolitik）战略文化，反之就属于理想政治（iealpolitik）战略文化。

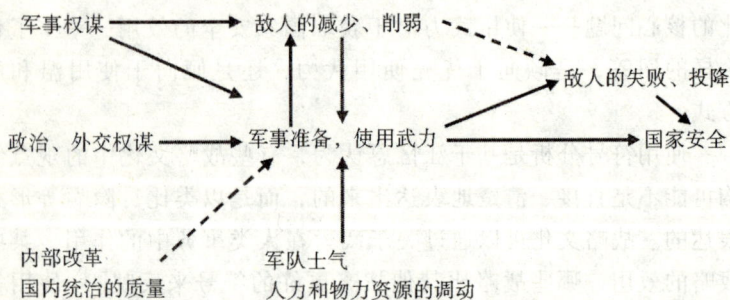

图 2.2

本研究认为，这种分析方法可以帮助澄清分析对象的战略偏好，特别是能够有效地克服由于被分析的文献可能太多或者太复杂而带来的麻烦，非常清楚地向研究者和读者展示出所分析战略文献的观点主张，从而使研究者的论证过程简单明了，不仅大大提高了对战略文化进行实证研究的可信度，而且无论有专业背景的其他研究者还是普通读者都比较容易理解，同时这样论证得出的结论也更有说服力。所以，本研究将在稍作改动的基础上借用这种分析方法。

3. 分析框架

在明确了核心概念和分析方法之后，就可以组织本研究的分析框架，以便验证基本假设：战略文化是否反映一国的主流文化取决于该国决策者对主流文化的内化程度。为了使对文化的研究可操作化，首先要确定文化的经验所指物，也就是能够反映某种文化核心特征的可以观察的物质形式，本书选取的是便于实证研究的，能够反映某种文化的核心思想和精神实质的经典文献。

具体验证环节包括：

第一步，从一国的主流文化传统形成的时期选择能够体现该国主流文化的重要文献进行分析，绘制综合认知图，分析它们对于如何获取国家安全这一重大战略问题的观点主张，从而确定其战略文化倾向。

第二步，选取该国某一具体历史时期中能够体现其核心决策者的思想的重要文献进行分析，确定这些决策者对该国主流文化的内化程度。也就是说，决策者对该国主流文化是否接受，接受的程度是否深刻而全面。

第三步，选取上述历史时期中能够体现该国核心决策者战略思想的重要文献，分析这些决策者对于如何获取国家安全这一重大战略问题的观点主张，绘制综合认知图，确定其战略文化倾向。

如果上述文献分析表明，这些决策者对该国主流文化的内化程度高，同时又表现出与其主流文化一致的战略文化倾向，那么就可以断言，决策者对主流文化的内化程度高，其战略文化表现与主流文化的一致性也就高。进而本研究的基本假设也就得到了验证：战略文化是否反映一国的主流文化取决于该国决策者对其主流文化的内化程度。

4. 个案选择

本书选择了中国明代作为研究个案，这里涉及两个问题：第一，为什么选择中国；第二，为什么选择明代。

第一个问题，为什么选择中国。

首先，中国作为一个拥有几千年历史的文明古国，思想文化源远流长，各种文献资料保存相对完整丰富。对于中国可能存在一种历史久远的文化传统的争议，在学术界几乎是最少的。

其次，绝大多数中外学者都认同甚至是认定中国存在一种战略文化，并且深受中国几千年文化传统的影响。但是，很少有学者用实证的方法系统研究中国传统文化是否真的影响，如何影响，以及究竟在多大程度上影响了中国的战略文化传统。这种影响，如果真的存在的话，在中国几千年的历史发展中都是始终如一的吗？肯·布斯曾经指出，不同国家关于战争与和平问题有着不同的思维和行为模式，这种观念已经被广泛接受，但是却很少予以系统的学术检验。① 江忆恩也说过，"很少有系统的研究考察中国的战略文化对不同朝代的执政者和军事要人的决策过程的所谓制约性影响。在坚持传统的中国战略思想是独一无二的非军国主义的同时，该如何解释中国历史上的战略行为频繁出现武力？"② 本研究完全同意两位学者所揭示的中外战略文化研究中普遍存在的上述问题，并且认为这些问题目前仍然存在。战略文化是一个庞大的研究课题，从基础理论到经验验证都有很多问题需要深入研究，选取不同的个案也会产生不同的研究问题。本书就是以中国为个案，对战略文化与主流文化的一致性问题所作的系统研究和学术检验。

---

① Ken Booth, "The Concept of Strategic Culture Affirmed," in Carl G. Jacobsen, ed., *Strategic Power: USA/USSR* (London: The Macmillan Press LTD, 1990), p. 122.

② Alastair Iain Johnston, *Cultural Realism*, p. 27.

最后一点，也是引起本研究选题的直接原因与美国学者江忆恩的《文化现实主义》一书有关。江忆恩在其验证战略文化对国家行为的影响的实证研究中选择了中国作为个案。理论设计中，他明确指出，战略文化是文化的一个子集。但是在个案研究选取分析对象以确定中国的战略文化类型时，江忆恩却完全不考虑体现整体的中国文化传统的哲学/思想类文献，而只是选取了具体指导战争的兵书这一类文献，并且得出了中国占主流地位的战略文化传统与中国的主流文化传统完全相反，是一种进攻型强现实政治战略文化的结论。本研究认为，这是一种以片面的文献分析来引出一般性结论的严重逻辑错误，所以有必要对中国战略文化与主流文化的关系进行重新验证。

第二个问题，为什么选择明代。这也是在中国漫长的历史中截取一个具体的时期进行分析的问题。与绝大多数战略文化研究一样，本书认为，战略文化不是一成不变的。不同国家的战略文化传统在国家发展的不同历史时期可能会发生或多或少的变化。作为"战略文化研究"本身来说，既可以研究战略文化的"变"，也可以研究战略文化的"不变"。但是，战略文化既然可以称之为"文化"，更多的还是在强调其"不变"的方面，本书也和大多数战略文化研究一样，主要关注是战略文化的持久性、连续性。

具体涉及对中国的战略文化传统进行个案研究，本书认为可以对古代中国、近代中国或者中华人民共和国这三个大时段分别进行研究。三者之间存在一定的差别，具有各自不同的时代特征，与此同时，儒家文化作为中国社会主流文化传统的地位在这三个大时段并没有出现实质性变化，中国人的思维和行为方式中一直或明显或隐含地渗透着儒家文化的影响。又进一步，本书出于强调战略文化的持久性的研究目的，选择古代中国这一大时段进行分析，因为研究古代中国可选择的分析对象相对丰富，文化特征明确且基本再无变动性，可借鉴的其他学科的成熟研究也比较多，方便本书集中于战略文化与主流文化的关系这个问题的实证研究。至于具体选择古代中国的哪个时期，本研究认为有四个标准：

首先，为了验证一国某一具体历史时期的决策者对其主流文化的内化程度，所选取的必须是该国主流文化已经成形并且成熟，得到广泛传播和认可的历史时期。在古代中国，从宋朝开始最为符合该特征。其次，本研究需要考察一国决策者对战略问题的认知，在所选取的历史时期，该国就必须是完整意义上的统一的主权独立国家。就中国的版图而言，宋朝不太符合该标准。再次，由于本研究主要使用文献分析的方法，所选取的历史时期就必须是反映该国文化的各种文献记载相对丰富并且保存完整的时期。中国元代由于其蒙古族统治的特殊性，汉语文献的记载相对较少，因此就不太符合本研究的需要。最后，为了验证一国独特的文化和战略文化传统，所选取历史时期的决策者还必须不受外来文化的干扰，完全是被本国文化传统塑造认知的。中国清代虽然早期很好地实现了儒家文化的融合，但是后期受到西方强国外来文化的影响，所以根据这条标准，清代也不是最理想的个案。经过考察中国思想史、中国战略思想史的相关研究成果，[①] 本研究认为，符合上述条件的最佳个案无疑是中国明代。

---

① 参见：李泽厚：《中国古代思想史》，天津社会科学出版社，2003 年版。李泽厚：《中国近代思想史》，天津社会科学出版社，2003 年版。李泽厚：《中国现代思想史》，天津社会科学出版社，2003 年版。钮先钟：《中国战略思想史》，台北：黎明文化事业公司，1992 年版。钮先钟：《中国战略思想新论》，台北：麦田出版社，2003 年版。钮先钟：《中国古代战略思想新论》，合肥：安徽教育出版社，2005 年版。

第三章
中国主流文化的战略倾向

　　中国是一个拥有几千年历史的文明古国，中国文化源远流长，文化传统丰富多彩、派系复杂，但是，儒家文化作为中国主流文化的历史地位几乎是中外学术界所公认的。儒家文化与中国传统文化应该说是部分与整体的关系，儒家思想、儒家文化并不等于中国传统文化的全部，因为在中国传统文化中，除了儒家文化，还有道家文化、墨家文化等。但是，儒家文化最能代表中国传统文化。中国传统文化的基本精神主要体现于儒家学说中，中国文化与西方文化的差异也主要体现于儒家学说中。① 自汉武帝"罢黜百家，独尊儒术"起，中国的统治者、士阶层、广大民众相继接受了儒学。尽管他们接受儒学的出发点和方式不一，但儒学成为他们共同的意识形态则是肯定的。自此以后，儒家思想即作为全民族共同的思想构架参与中国社会生活方式的建构。在儒家思想的积极参与下，西汉中叶以后中国的政治、经济、文化无

---

　　① 许凌云、许强：《中国儒学通论》，广州：广东教育出版社，2002 年版，第251 页。

不打上儒家的烙印，古老的中国文明因此也进入了儒家文明阶段。[①] 儒家，作为一个政治学术流派，在中国两千多年的封建社会中，一直占据着政治、学术上的主流地位。儒家文化通过各种渠道全面渗透进了中国人的日常生活之中，对中国人的精神生活、思维方式产生了深刻影响。[②]

本书在研究中假定，中国的主流文化是儒家文化。然后，在此基础上，选取能够反映儒家文化的经典文献进行分析，绘制综合认知图，发现儒家文化对于如何获取国家安全这一重要战略问题的认知。这是验证本研究基本假设的第一步。

一、文献选择

儒家文化本身就是一个博大精深的思想体系，历经几千年的发展演化，各种文献典籍浩如烟海。儒家文化在发展的过程中，衍生和分化出的各个支系流派之间的思想、观点也有很大差异，甚至完全对立。本研究认为，儒家文化作为中国的主流文化，在中国社会发展的各个历史时期发生反映并且适应社会需要的演化是完全正常的、必要的，正因如此，儒家文化才能符合时代发展和历史进步的需要，从而成为中国文化传统的主流和主流，这也正是儒家文化生命力的体现。但是，无论儒家文化体系在几千年中发生了多少演变，其核心思想和精神实质依然存在，使其成为儒家而区别于别家文化的东西没有、也不可能改变。而这种核心思想和精神实质就体现在儒家文化形成时期的经典文献中，后来的历代大儒，其思想观点和作品都是在深入研究这些经典文献所记载的儒家文化核心思想的基础上，朝着不同方向演绎所产生的。所以，本研究选择作为分析对象的就是儒家文化形成时期的经典文献。主要有三部：

---

① 马振铎等：《儒家文明》，北京：中国社会科学出版社，1999年版，第62页。
② 钱发平：《儒家简史》，北京：华龄出版社，2005年版，第1页。

第一部是《论语》。《论语》是记载孔子及其少数弟子言行的语录体典籍，孔子是儒家思想文化体系的创始人，在中国思想史和学术史上被尊称为"至圣先师"。《论语》是系统反映孔子儒家思想的最重要的一部经典文献。

第二部是《孟子》。孟子是继孔子之后儒家文化发展中第一位最杰出的学派宗师，他系统地继承和发扬了孔子的"仁"学思想，"仁"被认为是儒家文化最核心的实质。《孟子》一书由孟子晚年与其弟子万章、公孙丑等人共同编撰而成，集中反映了孟子的思想和学说。

第三部是《荀子》。荀子是先秦儒家的集大成者。孔子创立的儒学又被称为"内圣外王"之学，如果说孟子继承和发扬了孔子学说的"内圣"一面，那么荀子则是发扬和完善了其"外王"一面。《荀子》一书大部分由荀子及其弟子记录而成，是研究荀子思想的重要文献资料。

如果把中国历代大儒一一列举出来，孔子、孟子、荀子无疑是位居前三的大师，他们对儒家思想文化体系的形成做出了开创性贡献，是先秦儒家最杰出的代表。因此本研究认为，《论语》《孟子》《荀子》这三部经典文献可以完整体现儒家文化形成时期的思想体系。

二、文献分析

这三部经典文献都是完整记载三位儒学大师思想、言论、观点的著作，反映了他们对于"修身、齐家、治国、平天下"这些社会生活各个方面的基本认知。其中，与本书研究的核心——如何获取国家安全这一战略问题——密切相关的，主要是战争、外交、王道、仁政、处理华夷关系等方面，三部经典文献对于这些途径做出了各自的评价。下面本书将逐一分析三部文献的相关论述，并且绘制综合认知图以期清晰呈现其观点结构。

1. 《论语》

《论语》全书共20篇，492个章句。其中涉及王道政治、战争、华夷关系、外交的篇章主要有以下观点：

实行王道政治不仅是《论语》中认为的获取国家安全的最有效、最长远途径，而且是达到统治者"为政"的最高境界——"平天下"的必由之路。关于王道政治，主要有4篇、6章论及：

(1)[1] 有子曰："礼之用，和为贵。先王之道斯为美；小大由之。有所不行，知和而和，不以礼节之，亦不可行也。"（《学而》）

(2) 子曰："为政以德，譬如北辰，居其所而众星共之。"（《为政》）

(3) 子曰："……上好礼，则民莫敢不敬；上好义，则民莫敢不服；上好信，则民莫敢不用情。夫如是，则四方之民襁负其子而至矣，焉用稼？"（《子路》）

(4) 叶公问政。子曰："近者说，远者来。"（《子路》）

(5) 南宫适问于孔子曰："羿善射，奡[2]荡舟，俱不得其死然。禹、稷躬稼而有天下。"夫子不答。南宫适出，子曰："君子哉若人！尚德哉若人！"（《宪问》）

(6) 子曰："桓公九合诸侯，不以兵车，管仲之力也。如其仁！如其仁！"（《宪问》）

需要说明的是，在中国古代政治家、思想家的意识里，"普天之下，莫非王土；率土之滨，莫非王臣"（《诗·小雅·北山》）的观念是根深蒂固的。在古代中国，国际关系的理想境界是天下体系，而不是西方国际关系中的威斯特伐利亚体系；是天

---

[1] 本书在研究需要的基础上修改了江忆恩使用的综合认知图，文献分析部分加注了序号的引言将在下面绘制综合认知图时用到。

[2] 读 ào，古代神话传说中的大力士，能够在陆地行舟。

下民心归顺、万众一主的大同世界，而不是各个平等、独立的主权国家之间友好往来、互不侵犯的国际社会。所以，中国古代思想家在谈论王道政治时，他们所理解的国际"结构"就是"天下"，互动的"单位"直接就是个体的人，是普天之下所有的平民百姓。统治者治理的对象就是天下所有的百姓，他们没有国别的身份限制；治理的目标就是实现天下一家的大同世界，而不是建立某个独立主权的强大国家。威斯特伐利亚体系中现代主权国家的四要素：领土、人口、主权、政府，在王道政治的语境和意义中是不存在的。因为在这里没有"我"与"他"的区别，天下所有的土地和人口都属于一个权威——实行王道的"天子"。

这样就不难理解，在上述章句中，实行王道政治和达到国家安全、天下归顺的途径只是："礼""和""德""好礼""好义""好信""说""来""躬稼""不以兵车""仁"这些非暴力的方式，而明确否定了使用武力对于获取国家安全的作用，因为在统治者看来根本没有"敌我"之分，不存在严重的安全挑战以至于需要用武力去消灭敌人。

至于如何对待战争，《论语》中有5篇、7个章句论及：

(7) 子路曰："子行三军，则谁与？"子曰："暴虎冯河，死而无悔者，吾不与也。必也临事而惧，好谋而成者也。"（《述而》）

(8) 子之所慎：齐，战，疾。（《述而》）

(9) 子贡问政。子曰："足食，足兵，民信之矣。"子贡曰："必不得已而去，于斯三者何先？"曰："去兵。"子贡曰："必不得已而去，于斯二者何先？"曰："去食。自古皆有死，民无信不立。"（《颜渊》）

(10) 子曰："善人教民七年，亦可以即戎矣。"（《子路》）

(11) 子曰："以不教民战，是谓弃之。"（《子路》）

（12）卫灵公问陈于孔子。孔子对曰："俎豆①之事，则尝闻之矣；军旅之事，未尝闻也。"明日遂行。（《卫灵公》）

（13）孔子曰："……丘也闻有国有家者，不患寡而患不均，不患贫而患不安。盖均无贫，和无寡，安无倾。夫如是，故远人不服，则修文德以来之。既来之，则安之。今由与求也，相夫子，远人不服，而不能来也；邦分崩离析，而不能守也；而谋动干戈于邦内。吾恐季孙之忧，不在颛臾，而在萧墙之内也。"（《季氏》）

其中，"临事而惧""好谋而成""子之所慎""去兵""未尝学"都清楚表明孔子对待战争的态度是谨慎、甚至从根本上是抵触的。在《季氏》篇中，孔子还明确否定了使用武力对于获取国家安全的作用，认为武力不仅不能获取安全，反而是危害国家安全的开始。甚至在迫不得已卷入战争的情况下，孔子认为战争胜利的根本也不是武力的强大，而是"好谋""教民"这些非暴力途径。

不仅不推崇武力，孔子还非常重视外交的作用。在《宪问》篇中有专门的论述：

（14）子曰："为命，裨谌②草创之，世叔讨论之，行人子羽修饰之，东里子产润色之。"

"命"在这里就是指外交辞令。可见，孔子认为外交辞令的准备工作是极其重要的。而且《乡党》篇中还有记载孔子本人从事外交工作的杰出表现：

---

① 俎（zǔ）豆：古代祭祀时盛祭品的两种器皿。此指祭祀之事。
② 裨谌（pí chén）：郑国大夫，姓裨，名谌。

（15）君召使摈①，色勃如也，足躩②如也。揖所与立，左右手，衣前后，襜③如也。趋进，翼如也。宾退，必复命曰："宾不顾矣。"

之所以没有把使用武力作为处理对外关系（在中国古代思想家、政治家的意识中，就是所谓"华夷关系"）的手段，与孔子对待华夷关系的态度有关。在《论语》中有4个篇章谈到孔子对华夷关系的主张：

（16）子曰："夷狄之有君，不如诸夏之亡也。"（《八佾》）④

（17）子欲居九夷。或曰："陋，如之何？"子曰："君子居之，何陋之有？"（《子罕》）

（18）樊迟问仁。子曰："居处恭，执事敬，与人忠。虽之夷狄，不可弃也。"（《子路》）

（19）子张问行。子曰："言忠信，行笃敬，虽蛮貊之邦，行矣。言不忠信，行不笃敬，虽州里，行乎哉？……"（《卫灵公》）

显然，孔子并没有把夷狄视为敌人，没有用敌我的眼光认识华夷关系，因此对待夷狄也根本不需要使用武力，而是仍然要用仁义礼教的方式，诸如，"有君""君子居之""居处恭，执事敬，与人忠""言忠信，行笃敬"，目的是感化、教化夷狄，使他们乐于接受天子的统治。

---

① 读 bìn，同"傧"，意思是"导引或迎接宾客"。

② 读 jué，意思是"快速行走"。

③ 读 chán，意思是"整齐的样子"。

④ 本研究认为，《论语》对儒家思想的阐述应该是一个完整的体系，因此从其整体观点和态度来看，《八佾》篇中的这一章句含义应当是"夷狄尚且有君主治理，不像当时华夏诸国礼乐崩坏、无人治理"，而不是有些人解释的"夷狄即使有君主治理，也比不上华夏诸国没有君主的状况"。这种解释显然是断章取义，曲解《论语》，使这个完整的思想体系的观点陷入了前后矛盾。

根据上述文献分析，绘制《论语》的综合认知图[①]如下：

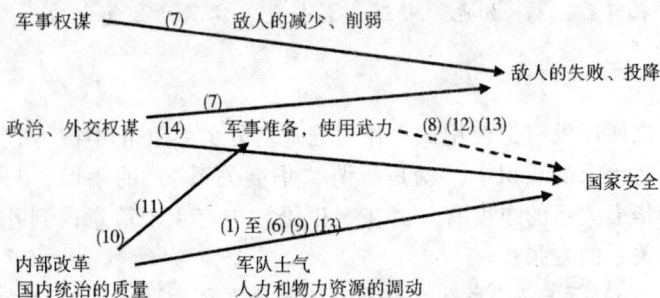

图 3.1

该认知图清楚地表明，孔子及其弟子在初创儒家思想体系时，已经相当全面地探讨了如何获取国家安全这一重大战略问题。在他们看来，国家安全首先应该向内求取，那就是通过提高国内统治和治理的质量，依靠"礼""和""德""义""信"的力量，使天下百姓感化而自愿归顺，从而保全国家、平定天下。其次还必须重视外交的作用，与别国和平相处。与此同时，《论语》明确否定了使用武力对于获取国家安全的作用，认为即使不得不战，也必须有良好的国民素养。《论语》推崇卓越的智谋，而不是强大的武力，作为战胜敌人的根本。

2.《孟子》

《孟子》一书共 14 篇，基本都是对话体，具体深入地阐发了孟子的政治、哲学和教育思想，集中体现了孟子对王道、仁政、

---

① 基于研究需要，本书在江忆恩原综合认知图的基础上作了两处修改：其一，在画出综合认知图中的因果关系箭头之前，先将本研究根据所分析文献中的哪些论述才判定的这些因果关系明确展示给读者（详见箭头上的序号及其相应的文献分析部分的引言）；其二，图中实线箭头代表正向因果关系（即表示肯定），虚线箭头代表负向因果关系（即表示否定）。全书中以下各处涉及运用综合认知图的分析都是按照这两条原则进行的修改，下文不再说明。

战争等战略问题的认知。孟子的政治思想与孔子一脉相承，因此王道政治在孟子看来也是保全国家、求取天下的根本。而且，孟子还把孔子"仁"的政治思想发展为"仁政"学说，明确指出仁政是获得国家安全的最佳途径。

在《孟子》一书中，明确提出实行仁政礼教才可以获得国家安全的篇章有：

(1) 城郭不完，甲兵不多，非国之灾也；田野不辟，货财不聚，非国之害也。上无礼，下无学，贼民兴，丧无日矣。(《离娄上》)

(2) 孔子曰："仁不可为众也。夫国君好仁，天下无敌。"(《离娄上》)

(3) 君仁莫不仁，君义莫不义，君正莫不正。一正君而国定矣。(《离娄上》)

(4) 是君臣、父子、兄弟终去仁义，怀利以相接，然而不亡者，未之有也。(《告子下》)

(5) 君不乡①道，不志于仁，而求为之强战，是辅桀也。由今之道，无变今之俗，虽与之天下，不能一朝居也。(《告子上》)

关于王道政治，《孟子》更是进行了深入细致的论述：

(6) 七十者衣帛食肉，黎民不饥不寒，然而不王者，未之有也。(《梁惠王上》)

(7) 今夫天下之人牧，未有不嗜杀人者也。如有不嗜杀人者，则天下之民皆引领而望之矣。诚如是也，民归之，由水之就下，沛然谁能御之？(《梁惠王上》)

(8) 保民而王，莫之能御也。

老吾老，以及人之老；幼吾幼，以及人之幼；天下可运

---

① 同"向"。

于掌。

故推恩足以保四海，不推恩无以保妻子。

今王发政施仁，使天下仕者皆欲立于王之朝，耕者皆欲耕于王之野，商贾皆欲藏于王之市，行旅皆欲出于王之涂①，天下欲疾其君者皆欲赴诉于王。其若是，孰能御之？

老者衣帛食肉，黎民不饥不寒，然而不王者，未之有也。（《梁惠王 上》）

(9) 今王与百姓同乐，则王矣。（《梁惠王 下》）

(10) 乐民之乐者，民亦乐其乐；忧民之忧者，民亦忧其忧。乐以天下，忧以天下，然而不王者，未之有也。（《梁惠王 下》）

(11) 苟为善，后世子孙必有王者矣。（《梁惠王 下》）

(12) 行仁政而王，莫之能御也。（《公孙丑 上》）

(13) 以力假仁者霸，霸必有大国；以德行仁者王，王不待大，汤以七十里，文王以百里。以力服人者，非心服也，力不赡②也；以德服人者，中心悦而诚服也，如七十子之服孔子也。（《公孙丑 上》）

(14) 孟子曰："尊贤使能，俊杰在位，则天下之士皆悦，而愿立于朝矣；市，廛③而不征，法而不廛，则天下之商皆悦，而愿藏于其市矣；关，讥而不征，则天下之旅皆悦，而愿出于其路矣；耕者，助而不税，则天下之农皆悦，而愿耕于其野矣；廛，无夫里之布，则天下之民皆悦，而愿为之氓矣。信能行此五者，则邻国之民仰之若父母矣。率其子弟，攻其父母，自有生民以

---

① 同"途"。

② 赡：充足、丰裕。

③ 读 chán，古代集市中用来储存货物的地方。

来未有能济者也。如此，则无敌于天下。无敌于天下者，天吏也。然而不王者，未之有也。"（《公孙丑上》）

（15）孟子曰："人皆有不忍人之心。先王有不忍人之心，斯有不忍人之政矣。以不忍人之心，行不忍人之政，治天下可运于掌上。……恻隐之心，仁之端也；羞恶之心，义之端也；辞让之心，礼之端也；是非之心，智之端也。人之有是四端也，犹其有四体也。……苟能充之，足以保四海，苟不能充之，不足以事父母。"（《公孙丑上》）

（16）苟行王政，四海之内皆举首而望之，欲以为君。（《滕文公下》）

（17）尧舜之道，不以仁政，不能平治天下。（《离娄上》）

（18）三代之得天下也以仁，其失天下也以不仁。国之所废兴存亡者亦然，天子不仁，不保四海；诸侯不仁，不保社稷；卿大夫不仁，不保宗庙；士庶人不仁，不保四体。（《离娄上》）

（19）爱人不亲，反其仁；治人不治，反其智；礼人不答，反其敬。行有不得者，皆反求诸己，其身正而天下归之。（《离娄上》）

（20）得天下有道：得其民，斯得天下矣；得其民有道：得其心，斯得民矣；得其心有道：所欲与之聚之，所恶勿施尔也。民之归仁也，犹水之就下、兽之走圹也。……今天下之君有好仁者，则诸侯皆为之驱矣。虽欲无王，不可得已。（《离娄上》）

（21）孟子曰："伯夷辟①纣，居北海之滨，闻文王作，兴曰：'盍归乎来！吾闻西伯善养老者。'太公辟纣，居

---

① 同"避"。

东海之滨,闻文王作,兴曰:'盍归乎来!吾闻西伯善养老者。'二老者,天下之大老也,而归之,是天下之父归之也。天下之父归之,其子焉往?诸侯有行文王之政者,七年之内,必为政于天下矣。"(《离娄上》)

(22)孟子曰:"以善服人者,未有能服人者也;以善养人,然后能服天下。天下不心服而王者,未之有也。"(《离娄下》)

(23)是君臣、父子、兄弟去利,怀仁义以相接也,然而不王者,未之有也。(《告子下》)

(24)不仁而得天下者,未之有也。(《尽心下》)

《孟子》在极力推崇王道、仁政作为获得国家安全和求取天下的根本途径的同时,明确否定了战争手段的合法性:

君不行仁政而富之,皆弃于孔子者也。况于为之强战?争地以战,杀人盈野;争城以战,杀人盈城。此所谓率土地而食人肉,罪不容于死。故善战者服上刑,连诸侯者次之,辟草莱、任土地者次之。(《离娄上》)

有人曰:"我善为陈,我善为战。"大罪也。(《尽心下》)

即使不得已被卷入战争,《孟子》也认为战争胜利的根本是"仁者无敌"、"人和"、"得道",而不在于强大的武力:

(25)王如施仁政于民,省刑罚,薄税敛,深耕易耨①,壮者以暇日修其孝悌忠信,入以事父兄,出以事其长上,可使制梃②以挞③秦楚之坚甲利兵矣。

彼夺其民时,使不耕耨以养其父母,父母冻饿,兄弟

---

① 读 nòu,意思是"除草"。
② 读 tǐng,意思是"木棒"。
③ 读 tà,意思是"抗击"。

妻子离散。彼陷溺其民，王往而征之，夫谁与王敌？
故曰："仁者无敌。"（《梁惠王 上》）

（26）孟子曰："天时不如地利，地利不如人和。三里之城，
七里之郭，环而攻之而不胜。夫环而攻之，必有得天
时者矣；然而不胜者，是天时不如地利也。城非不高
也，池非不深也，兵革非不坚利也，米粟非不多也；
委而去之，是地利不如人和也。故曰：域民不以封疆
之界，固国不以山溪之险，威天下不以兵革之利。得
道者多助，失道者寡助。寡助之至，亲戚畔之；多助
之至，天下顺之。以天下之所顺，攻亲戚之所畔；故
君子有不战，战必胜矣。"（《公孙丑 下》）

（27）仁人无敌于天下，以至仁伐至不仁，而何其血之流杵
也？（《尽心 下》）

（28）国君好仁，天下无敌焉。南面而征，北狄怨；东面而
征，西夷怨，曰："奚为后我？"武王之伐殷也，革车
三百辆，虎贲三千人。王曰："无畏！宁尔也，非敌百
姓也。"若崩厥角稽首。征之为言正也，各欲正己也，
焉用战？（《尽心 下》）

　　与《论语》一样，《孟子》也不支持以敌视的态度处理对外
关系，明确指出："以邻国为壑。……仁人之所恶也。"（《告子
下》）相反，《孟子》主张与邻国交往的"道"是：

（29）惟仁者为能以大事小，是故汤事葛，文王事昆夷；惟
智者为能以小事大，故太王事獯鬻，句践事吴。以大
事小者，乐天者也；以小事大者，畏天者也。乐天者
保天下，畏天者保其国。（《梁惠王 下》）

　　就是说，无论国家大小，都应该和平相处，宽容相待，而不
能惹是生非。当小国夹在大国中间，外交出现无所适从的困境

时，加强防御也不失为保证国家安全的办法：

  （30）凿斯池也，筑斯城也，与民守之，效死而民弗去，则
     是可为也。（《梁惠王 下》）

  显然，得民心才是固国安邦的根本，国家不因土地大小而区分强弱，关键是君民团结，百姓拥护。

  对待夷狄，《孟子》也主张教化是有效途径，并未提及武力：

  吾闻用夏变夷者，未闻变于夷者也。（《滕文公 上》）

  昔者大王居邠①，狄人侵之。事之以皮币，不得免焉……乃属其耆②老而告之曰："狄人之所欲者，吾土地也。吾闻之也：君子不以其所以养人者害人。二三子何患乎无君？我将去之。"去邠，逾梁山，邑于岐山之下居焉。邠人曰："仁人也，不可失也。"从之者如归市。（《梁惠王 下》）

  由此可见，《孟子》认为仁君明主根本不必担心夷狄的安全威胁，礼仪教化就可以安抚夷狄，消除隐患。即使真的发生夷狄入侵，古代圣贤君主也以和平为重，做出了主动退让的选择，并因此换来了百姓的拥护和追随，不仅丝毫没有损害统治的权威，而且确保了天下太平。

  根据上述分析，绘制《孟子》的综合认知图如下：

  与《论语》相比，《孟子》更为集中深入地探讨了王道、仁政、战争这些关系国家安危存亡的重大战略问题。根据《孟子》的观点主张，国家安全的获取完全是依靠"老吾老，以及人之老；幼吾幼，以及人之幼""老者衣帛食肉，黎民不饥不寒"等等这些提高国内统治质量的非暴力方式来实现的。王道、仁政在《孟子》看来是达到国家长治久安的最佳途径，它明确指出，"甲

---

① 读 bīn，同"豳"，在今陕西。
② 读 qí。

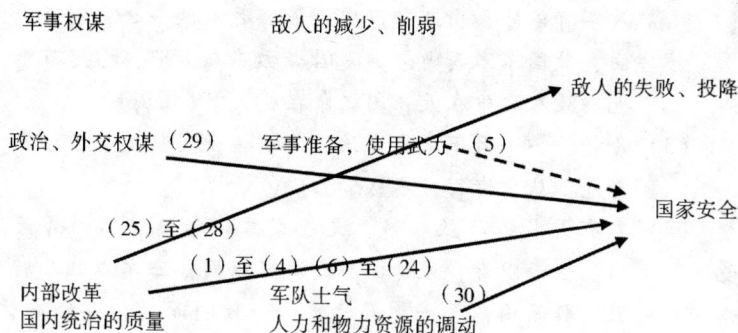

军事权谋　　　　　敌人的减少、削弱

敌人的失败、投降

政治、外交权谋（29）　军事准备，使用武力（5）

国家安全

（25）至（28）

（1）至（4）（6）至（24）

内部改革　　　　　军队士气　　　　（30）
国内统治的质量　　人力和物力资源的调动

图 3.2

兵不多，非国之灾也"，"夫国君好仁，天下无敌"。而且，《孟
子》比《论语》更为详细地论述了战争问题，认为战争胜利的关
键也取决于良好的国内统治，明确否定了战争对于获得国家安全
的作用。

3. 《荀子》

《荀子》一书共 32 篇，系统发展了孔子的"礼"学思想。如
果说，孔子的"礼"在一定程度上显示出对传统礼制的维护和依
恋，那么，荀子的礼论则完全超越了传统，在政治、法律、哲
学、文化以及日常生活等各个层面都做出了创造性阐释。

《荀子》倡导重礼义以止乱，明确提出"礼"是获取国家安
全的最佳途径，甚至事关国家生死存亡：

(1) 国无礼则不正。礼之所以正国也，譬之：犹衡之于轻重
也，犹绳墨之于曲直也，犹规矩之于方圆也，既错之而
人莫之能诬也。《诗》云："如霜雪之将将，如日月之
光明，为之则存，不为则亡。"此之谓也。（《王霸》）

(2) 彼国者，亦强国之剖刑①已。然而不教诲，不调一，则

---

① 刑，同"型"。剖刑：模型。

入不可以守，出不可以战；教诲之，调一之，则兵劲城固，故国不敢婴①也。彼国者亦有砥厉②，礼义节奏是也。故人之命在天，国之命在礼。（《强国》）

（3）凡礼，……天下从之者治，不从者乱，从之者安，不从者危，从之者存，不从者亡。（《礼论》）

（4）爰有大物，非丝非帛，文理成章。非日非月，为天下明。生者以寿，死者以葬，城郭以固，三军以强。粹而王，驳而伯，无一焉而亡。……致明而约，甚顺而体，请归之礼。（《赋》）

（5）礼之于正国家也，如权衡之于轻重也，如绳墨之于曲直也。故人无礼不生，事无礼不成，国家无礼不宁。（《赋》）

（6）仁义礼善之于人也，辟③之若货财粟米之于家也，多有之者富，少有之者贫，至无有者穷。故大者不能，小者不为，是弃国捐身之道也。（《大略》）

与战争、武力、权势相比，礼教才是国家长治久安的根本，有了仁义礼教，即使不用一兵一卒，也可以使敌人屈服，国家安全：

（7）彼王者则不然，致贤而能以救不肖，致强而能以宽弱，战必能殆之而羞与之斗，委然成文以示之天下，而暴国安自化矣，有灾缪者然后诛之。故圣王之诛也，綦④省矣。文王诛四，武王诛二，周公卒业。至于成王则安以无诛矣。故道岂不行矣哉？文王载之，百里地而天下

---

① 婴，同"撄"，侵扰。
② 厉，同"砺"。砥砺：磨刀石。
③ 同"譬"。
④ 通"极"。

一；桀纣舍之，厚于有天下之势而不得以匹夫老。故善用之，则百里之国足以独立矣；不善用之，则楚六千里而为雠人没。故人主不务得道而广有其势，是其所以危也。（《仲尼》）

(8) 凡攻人者，非以为名，则案以为利也，不然则忿之也。仁人之用国，将修志意，正身行，伉隆高，致忠信，期文理。布衣紃屦①之士诚是，则虽在穷阎漏屋，而王公不能与之争名，以国载之，则天下莫之能隐匿也。若是，则为名者不攻也。将辟田野，实仓廪，便备用，上下一心，三军同力；与之远举极战，则不可，境内之聚也保固，视可，午其军，取其将，若拔麷②。彼得之不足以药伤补败；彼爱其爪牙，畏其仇敌。若是，则为利者不攻也。将修小大弱强之义，以持慎之，礼节将甚文，珪璧将甚硕，货赂将甚厚，所以说之者，必将雅文辩慧之君子也。彼苟有人意焉，夫谁能忿之。若是，则忿之者不攻也。为名者否，为利者否，为忿者否，则国安于盘石，寿于旗翼。（《富国》）

(9) 故其法治，其佐贤，其民愿，其俗美，而四者齐，……如是，则不战而胜，不攻而得，甲兵不劳而天下服。（《王霸》）

(10) 故上好礼义，尚贤使能，无贪利之心，则下亦将慕辞让，致忠信，而谨于臣子矣。如是，则虽在小民，不待合符节，别契券而信，不待探筹投钩而公，不待衡石称县而平，不待斗斛敦槩而啧。故赏不用而民劝，罚不用而民服，有司不劳而事治。政令不烦而俗美，百姓莫敢不顺上之法，象上之志，而劝上之事，而安

---

① 紃（xún）屦：用粗麻绳编的鞋。
② 读 fēng，意思是"干麦子"。

乐之矣。故藉敛忘费，事业忘劳，寇难忘死，城郭不待饰而固，兵刃不待陵①而劲。敌国不待服而诎②，四海之民不待令而一。夫是之谓至平。(《君道》)

(11) 欲治国驭民，调壹上下，将内以固城，外以拒难，治则制人，人不能制也，乱则危辱，灭亡可立而待也。(《王霸》)

(12) 彼仁者爱人，爱人故恶人之害之也；义者循理，循理故恶人之乱之也。彼兵者，所以禁暴除害也，非争夺也。故仁人之兵，所存者神，所过者化，若时雨之降，莫不说③喜。是以尧伐罐兜，舜伐有苗，禹伐共工，汤伐有夏，文王伐崇，武王伐纣，此两帝四王，皆以仁义之兵行于天下也。故近者亲其善，远方慕其德，兵不血刃，远迩来服，德盛于此，施及四极。(《议兵》)

(13) 礼者，治辨之极也，强国之本也，威行之道也，功名之总也。王公由之，所以得天下也；不由，所以陨社稷也。故坚甲利兵不足以为胜，高城深池不足以为固，严令繁刑不足以为威，由其道则行，不由其道则废。……古之兵，戈矛弓矢而已矣，然而敌国不待试而诎；城郭不辨，沟池不扣④，固塞不树，机变不张，然而国晏然不畏外而固者，无它故焉，明道而钧分之，时使而诚爱之，下之和上也如影响，有不由令者，然后俟之以刑。故刑一人而天下服，罪人不邮其上，知罪之在己也；是故刑罚省而威流，无它故焉，由其道故也。(《议兵》)

---

① 陵：磨砺。
② 诎：同"屈"，屈服。
③ 说：同"悦"。
④ 读 hú，同"掘"，疏通。

74

（14）故自四五万而往者，强胜，非众之力也，隆在信矣；
自数百里而往者，安固，非大之力也，隆在修政矣。
（《强国》）

（15）力术止，义术行。……节威反文，案用夫端诚信全之
君子治天下焉，因与之参国政，正是非，治曲直，听
咸阳，顺者错之，不顺者而后诛之。若是，则兵不复
出于塞外，而令行于天下矣，若是，则虽为之筑明堂
于塞外而朝诸侯，殆可矣。（《强国》）

（16）尧有德，干戈不用三苗服。（《成相》）

事实上，《荀子》明确否定了战争、武力对于获取国家安全
的作用，反对穷兵黩武，主张慎战才能强国：

（17）功名之所就，存亡安危之所堕，必将于愉殷赤心之所。
诚以其为王者之所，亦王；以其国为危殆灭亡之所，
亦危殆灭亡。殷之日，案以中立，无有所偏而为纵横
之事，偃然案兵无动，以观乎暴国之相卒也；案平政
教，审节奏，砥砺百姓，为是之日，而兵剸①天下劲
矣；案修仁义，伉隆高，正法则，选贤良，养百姓，
为是之日，而名声剸天下之美矣。权者重之，兵者劲
之，名声者美之。夫尧、舜者一天下也，不能加毫末
于是矣！
……
殷之日，安以静兵息民，慈爱百姓，辟田野，实仓廪，
便备用，安谨募选阅材伎之士；然后渐赏庆以先之，
严刑罚以防之，择士之知事者使相率贯也，是以厌然
畜积修饰而物用之足也。（《王制》）

（18）凡在大王，将率，末事也。……重用兵者强，轻用兵

---

① 读 zhuān，专一。

者弱①……（《议兵》）

即使不得已卷入战争，胜利的根本仍然是"仁""义"，是人心向背而不是武力的强弱决定战争的结果，只有隆礼爱民才能兵强城固：

（19）武王之诛纣也，行之日以兵忌，东面而迎太岁，至汜②而泛，至怀而坏，至共头而山隧。霍叔惧，曰："出三日而五灾至，无乃不可乎？"周公曰："刳③比干而囚箕子，飞廉、恶来知政，夫又恶有不可焉？"遂选马而进，朝食于戚，暮宿于百泉，旦厌于牧之野。鼓之而纣卒易乡，遂乘殷人而诛纣。盖杀者非周人，因殷人也。故无首虏之获，无蹈难之赏，反而定三革，偃五兵，合天下，立声乐，于是武、象起而韶、护废矣。四海之内，莫不变心易虑以化顺之。故外阖不闭，跨天下而无蕲④。（《儒效》）

（20）用强者，人之城守，人之出战，而我以力胜之也，则伤人之民必甚矣。伤人之民甚，则人之民恶我必甚矣。人之民恶我甚，则日欲与我斗。人之城守，人之出战，而我以力胜之，则伤吾民必甚矣。伤吾民甚，则吾民之恶我必甚矣。吾民之恶我甚，则日不欲为我斗。人之民日欲与我斗，吾民日不欲为我斗，是强者之所以反弱也。地来而民去，累多而功少，虽守者益，所以守者损，是以大者之所以反削也。（《王制》）

（21）上不隆礼则兵弱，上不爱民则兵弱，已诺不信则兵弱，

---

① 重：慎重。轻：轻率。
② 读 sì，汜水。
③ 读 kū。
④ 读 qí，意思是"疆界"。

庆赏不渐则兵弱，将率不能则兵弱。（《富国》）

(22) 故有社稷者而不能爱民，不能利民，而求民之亲爱己，不可得也。民之不亲不爱，而求其为己用，为己死，不可得也。民不为己用，不为己死，而求兵之劲，城之固，不可得也。兵不劲，城不固，而求敌之不至，不可得也。故至而求无危削，不灭亡，不可得也。（《君道》）

(23) 臣所闻古之道，凡用兵攻战之本在乎壹民。弓矢不调，则羿不能以中微；六马不和，则造父不能以致远；士民不亲附，则汤、武不能以必胜也。故善附民者，是乃善用兵者也。故兵要在乎善附民而已。（《议兵》）

(24) 以治伐乱，不待战而后知克。（《大略》）

与此同时，《荀子》也非常重视处理与邻国的关系，重视外交工作，认为修正礼义是达到"近者说，远者来"的有效途径，良好安全环境的取得与使用武力并无关系：

(25) 持国之难易：事强暴之国难，使强暴之国事我易。事之以货宝，则货宝单而交不结；约信盟誓，则约定而畔无日；割国之锱铢以赂之，则割定而欲无厌。事之弥顺，其侵人愈甚，必至于资单、国举然后已，虽左尧而右舜，未有能以此道得免焉者也。……故非有一人之道也，直将巧繁请而畏事之，则不足以为持国安身。故明君不道也，必将修礼以齐朝，正法以齐官，平政以齐民，然后节奏齐于朝，百事齐于官，众庶齐于下。如是，则近者竞亲，远方致愿，上下一心，三军同力；名声足以暴炙之，威强足以捶笞①之，拱揖指挥，而强暴之国莫不趋使，譬之是犹乌获与焦侥搏也。

---

① 读 chī。

故曰："事强暴之国难，使强暴之国事我易。"此之谓
也。（《富国》）

（26）四邻诸侯之相与，不可以不相接也，然而不必相亲也，
故人主必将有足使喻志决疑于远方者然后可，其辩说
足以解烦，其知虑足以决疑，其齐断足以距难，不还
秩不反君，然而应薄①扞②患足以持社稷然后可，夫是
之谓国具。（《君道》）

当然，作为儒家思想体系的重要组成部分，《荀子》与《论
语》《孟子》一样，推崇王道、仁政作为安邦固国、求取天下的
根本途径：

（27）志意致修，德行致厚，智虑致明，是天子之所以取天
下矣。（《荣辱》）

（28）故修礼者王，为政者强，取民者安，聚敛者亡。
……

彼王者不然，仁眇天下，义眇天下，威眇天下。仁眇
天下，故天下莫不亲也。义眇天下，故天下莫不贵也。
威眇天下，故天下莫敢敌也。以不敌之威，辅服人之
道，故不战而胜，不攻而得，甲兵不劳而天下服，是
知王道者也。（《王制》）

（29）权谋倾覆之人退，则贤良知圣之士案自进矣。刑政平，
百姓和，国俗节，则兵劲城固，敌国案自诎矣。务本
事，积财物，而勿忘栖迟薛越也，是使群臣百姓皆以
制度行，则财物积，国家案自富矣。三者体此而天下
服，暴国之君案自不能用其兵矣。何则？彼无与至也。
彼其所与至者，必其民也；其民之亲我欢若父母，好

---

① 薄：同"迫"，紧迫。
② 扞：同"捍"，抵抗。

我芳若芝兰，反顾其上则若灼黥，若仇雠；彼人之情性也，虽桀跖，岂有肯为所恶贼其所好者哉！彼以夺矣。故古之人，有以一国取天下者，非往行之也；修政其所，天下莫不愿，如是而可以诛暴禁悍矣。(《王制》)

(30) 利而不利也，爱而不用也者，取天下矣。利而后利之，爱而后用之者，保社稷者也。不利而利之，不爱而用之者，危国家者也。(《富国》)

(31) 汤以亳①，武王以鄗②，皆百里之地也，天下为一，诸侯为臣，通达之属，莫不从服，无它故焉，以济义矣。是所谓义立而王也。(《王霸》)

(32) 百里之地可以取天下，是不虚，其难者在人主之知之也。取天下者，非负其土地而从之之谓也，道足以壹人而已矣。彼其人苟壹，则其土地且奚去我而适它。故百里之地，其等位爵服，足以容天下之贤士矣；其官职事业，足以容天下之能士矣；循其旧法，择其善者而明用之，足以顺服好利之人矣。贤士一焉，能士官焉，好利之人服焉，三者具足以竭人矣。两者合而天下取，诸侯后同者先危。《诗》曰："自西自东，自南自北，无思不服。"一人之谓也。(《王霸》)

(33) 用国者，得百姓之力者富，得百姓之死者强，得百姓之誉者荣。三得者具而天下归之，三得者亡而天下去之。天下归之之谓王，天下去之之谓亡。汤、武者，循其道，行其义，兴天下同利，除天下同害，天下归之。故厚德音以先之，明礼义以道之，致忠信以爱之，尚贤使能以次之，爵服赏庆以申重之，时其事，轻其

---

① 亳 (bó)，商朝的发祥地，在今天河南商丘附近。
② 鄗：同"镐"(hào)，西周国都，故址在今陕西西安市西。

任以调齐之，潢然兼覆之，养长之，如保赤子。生民则致宽，使民则綦理，辩政令制度，所以接下之人百姓，有非理者如豪末，则虽孤独鳏寡必不加焉。是故百姓贵之如帝，亲之如父母，为之出死断亡而不愉①者，无它故焉，道德诚明，利泽诚厚也。(《王霸》)

(34) 善生养人者，人亲之；善班治人者，人安之；善显设人者，人乐之；善藩饰人者，人荣之；四统者俱而天下归之，夫是之谓能群。(《君道》)

(35) 至道大形：隆礼至法则国有常，尚贤使能则民知方，纂论公察则民不疑，赏免罚偷则民不怠，兼听齐明则天下归之。(《君道》)

(36) 故礼及身而行修，义及国而政明，能以礼挟而贵名白，天下愿，令行禁止，王者之事毕矣。(《致士》)

(37) 古者汤以薄②，武王以滈③，皆以百里之地也，天下为一，诸侯为臣，无它故焉，能凝之也。故凝士以礼，凝民以政；礼修而士服，政平而民安；士服民安，夫是之谓大凝。以守则固，以征则强，令行禁止，王者之事毕矣。(《议兵》)

(38) 然则凡为天下之要，义为本，而信次之。古者禹、汤本义务信而天下治；桀、纣弃义倍④信而天下乱。故为人上者，必将慎礼义，务忠信然后可。(《强国》)

(39) 夫声乐之入人也深，其化人也速，故先王谨为之文。乐中平则民和而不流，乐肃庄则民齐而不乱。民和齐则兵劲城固，敌国不敢婴⑤也。如是则百姓莫不安其

---

① 愉：通"偷"，意思是"苟且"。
② 薄：同"亳"。
③ 滈：同"镐"。
④ 倍：同"背"，意思是"违背"。
⑤ 婴：同"撄"。

处，乐其乡，以至足其上矣。然后名声于是白，光辉
于是大，四海之民，莫不愿得以为师。是王者之始也。
（《乐论》）

(40) 贵贱明，隆杀辨，和乐而不流，弟①长而无遗，安燕而
不乱。此五行者，足以正身安国矣。彼国安而天下安。
（《乐论》）

(41) 治之经，礼与刑，君子以修百姓宁。明德慎罚，国家
既治，四海平。（《成相》）

(42) 执一无失，行微无怠，忠信无勌②，而天下自来。
（《尧问》）

根据上述文献分析，绘制《荀子》的综合认知图如下：

军事权谋　　　　　敌人的减少、削弱

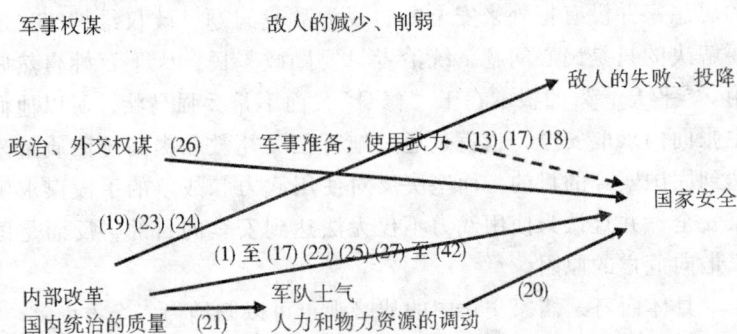

图 3.3

作为儒家思想文化体系的重要组成部分，《荀子》一以贯之
地坚持仁义礼教、王道政治是固国安邦、求取天下的根本，主张
国内统治的质量直接决定国家的安全和战争的胜负。而且《荀
子》比《论语》和《孟子》都更为详尽地论述了治国之要，明

---

① 弟：同"悌"，意思是"尊敬兄长"。
② 勌：同"倦"。

确否定了使用武力对于获取国家安全的作用，提出"礼者，治辨之极也，强国之本也，威行之道也，功名之总也。王公由之，所以得天下也；不由，所以陨社稷也。故坚甲利兵不足以为胜，高城深池不足以为固，严令繁刑不足以为威，由其道则行，不由其道则废。""刑政平，百姓和，国俗节，则兵劲城固，敌国案自诎矣。……故古之人，有以一国取天下者，非往行之也；修政其所，天下莫不愿，如是而可以诛暴禁悍矣。"

三、小结

通过对儒家思想文化形成时期这三部经典文献的分析，我们可以清楚地发现中国主流文化传统中蕴涵的战略文化倾向。中国的思想家并没有把外来安全威胁视为敌我问题，政权维护统治所要解决的只是民心问题，统治者只要勤政爱民，天下百姓自然归附。"平天下"的根本在于"修身"，而不是兵强马壮，所以他们主张向内求取安全，也就是通过施行仁义礼教和提高统治质量来达到固国安邦的目的，而坚决反对使用武力和战争的手段谋求国家安全，并且认为使用武力不仅无法达到安全的目的，反而是国家走向危亡的原因。

具体而言，儒家文化中的战略观点可以归纳为三个方面：

第一，儒家文化明确主张实施王道、仁政是确保国家长治久安的根本途径，这条思想宏线一直贯穿在儒家文化的形成时期，是其政治学说的核心。《论语》首先提出这种思想，主张"远人不服，则修文德以来之"。"为政以德"就能求取天下，国家安全的获得更是自然的结果。《孟子》直接继承并且发展了王道仁政的学说，提出"老吾老，以及人之老；幼吾幼，以及人之幼；天下可运于掌上""行仁政而王，莫之能御也""不以仁政，不能平治天下"。《荀子》的"礼治"主张也是对这种思想学说的发展，它提出"凡礼，……天下从之者治，不从者乱，从之者安，不从者危，从之者存，不从者亡""国家无礼不宁"。有礼"则不战而胜，不攻而得，甲兵不劳而天下服"。

第二，对于战争和武力的作用，儒家文化持明确否定的态度。《论语》中记载"子之所慎：齐，战，疾"。孔子推崇的是"桓公九合诸侯，不以兵车"，反对的是使用武力，指出"丘也闻有国有家者，不患寡而患不均，不患贫而患不安。盖均无贫，和无寡，安无倾。……今由与求也，相夫子，远人不服而不能来也，邦分崩离析而不能守也；而谋动干戈于邦内。恐季孙之忧不在颛臾，而在萧墙之内也。"《孟子》和《荀子》都更加详细地论述了战争的问题，不仅否定了战争的作用，而且指出即使战争本身，其胜负结果也是取决于国内统治的质量而不是武力的强弱多寡。《孟子》认为，"以德行仁者王，王不待大"，所以"甲兵不多，非国之灾也"，"国君好仁，天下无敌"。"域民不以封疆之界，固国不以山溪之险，威天下不以兵革之利。得道者多助，失道者寡助。寡助之至，亲戚畔之；多助之至，天下顺之。以天下之所顺，攻亲戚之所畔；故君子有不战，战必胜矣"。《荀子》的观点是，"上好礼义"，则"城郭不待饰而固，兵刃不待陵而劲，敌国不待服而诎，四海之民不待令而一"。"尧有德，干戈不用三苗服。""以治伐乱，不待战而后知克。""取天下者，非负其土地而从之之谓也，道足以壹人而已矣。""故坚甲利兵不足以为胜，高城深池不足以为固，严令繁刑不足以为威，由其道则行，不由其道则废。"

第三，儒家文化之所以持有这样的安全观和战争观，与其对华夷关系的认识有着密切的关联。华夷关系也就是中国古代社会中的对外关系，儒家文化从形成之初就对其有了明确的观点主张，总的来看都没有从敌我的角度来认识华夷关系，因此也都倡导用仁义礼教来"事夷狄"，反对使用武力。例如，《论语》中提到，"言忠信，行笃敬，虽蛮貊之邦，行矣"，"居处恭，执事敬，与人忠。虽之夷狄，不可弃也。"《孟子》主张与邻国交往"惟仁者为能以大事小,是故汤事葛,文王事昆夷;惟智者为能以小事大,故大王事獯鬻,句践事吴。以大事小者,乐天者也;以小事大者,畏天者也。乐天者保天下,畏天者保其国"。《孟子》反对"以邻国为壑",认为对待夷狄也要以教化为根本,而并未提及武力的使用。《荀子》也非常重视处理与邻国的关系,重视外交工作,认为修正礼义是达到"近者说,远者来"的有效途径。提出,"事强暴之国难,使强暴之国事我易。……故明君不道也,必将修礼以齐朝,正法以齐官,平政以齐民,然后节奏齐于朝,百事齐于官,众庶齐于下。如是,则近者竞亲,远方致愿,上下一心,三军同力;名声足以暴炙之,威强足以捶笞之,拱揖指挥,而强暴之国莫不趋使,譬之是犹乌获与焦侥搏也。"

基于以上观点,不难看出儒家文化中蕴涵的战略文化倾向很明显是指向和平的,明确否定了使用武力对于获取国家安全的作用。

第四章
明代决策者对中国主流文化的内化程度

在分析了中国主流文化——儒家文化的战略倾向之后，现在进入本研究的第二步验证环节：中国明代决策者对儒家文化的内化程度。

这里需要首先界定文化"内化"的概念。受西方三大主流国际关系理论之一的建构主义理论启发，本研究认为文化就是一种共有观念（shared ideas），观念要发挥作用就必须被行为体所接受，进而才能指导行为体的行为，于是就有了文化"内化"（internalization）的概念。文化的内化要经过三个步骤：承认→接受→实践。具体说来，文化首先要被行为体承认，可以是承认其合法性，也可以是承认其有效性，从而愿意利用其功效。接下来，文化要被行为体接受，也就是行为体从思想意识上认同了文化，这时文化的基本成分已经明确或者暗含地体现在行为体的认知中。最后，行为体要自觉地使用业已接受的文化来指导自己的行为，换句话说，就是将接受的文化成分付诸实践。以上三个步骤之间是一种层层递进的关系。事实上，可以通过考察行为体的言行，分别对上述三个步骤进行验证与核实，从而判断文化内化的程度。鉴于本研究主要使用文献而不是史实作为分析对象，而且是考察战略文化与主流文化之间的关系，并没有把战略文化与国家行为之间的关系作为研究对象，所以本研究将主要从文献中考察行为体的思想以确定其"言"的一面，从文献中考察行为体在各种实际问题上的决策以确定其"行"的一面。

本研究在这一章仍然主要采用文献分析的方法，因此就需要解决两个问题：第一，谁是中国明代的决策者？第二，哪些文献最能体现他们的思想？

由于同样使用了文献分析的方法，而且同样选择了中国明代作为研究个案，在这里有必要说明本研究在文献选择方面与江忆恩对中国明代战略文化研究的重要区别。江忆恩在对中国明代战略文化进行分析时，首先选择了明朝时期三部军事文献《阵纪》《草庐经略》《投笔肤谈》，这与他在确定中国战略文化的类型时只选择了兵书类文献《武经七书》的思路是一以贯之的。在对上述三部军事文献进行了简单的文字分析和总结之后，江忆恩又选择了明朝时期直接参与军事事务的十位大臣的奏议进行分析，绘制综合认知图，用来确定他们的战略偏好和战略文化倾向。

本研究不能认同江忆恩的这种文献选择，原因有二，其一，江忆恩所选的十位大臣尽管在明朝的军事历史上都发挥过重要作用，但是仅以这十位大臣在具体时间点上对国家安全问题的评论来分析中国明代的国家安全政策显然有以偏概全的失误。即使不具体分析明朝在各个时期面临的安全形势，我们只要把江忆恩所选的十位大臣及其上奏的时间与明朝十六位君主在位的时间做一个简单的对比，就可以清楚地看到这种文献选择的不足。

明朝历代君主及其在位时间	江忆恩所选十位大臣及其上奏时间
太祖朱元璋（1368—1398）	
惠帝朱允炆（1399—1402）	

（续表）

明朝历代君主及其在位时间	江忆恩所选十位大臣及其上奏时间
太宗朱棣（1403—1424）	
仁宗朱高炽（1425）	
宣宗朱瞻基（1426—1435）	范济（1428）
英宗朱祁镇（1436—1449）	
景泰帝朱祁钰（1450—1457）	于谦（1450）（1452）
英宗朱祁镇（1457—1464）	
宪宗朱见深（1465—1487）	王恕（1484）
孝宗朱祐樘（1488—1505）	王守仁（1500）
武宗朱厚照（1506—1521）	杨一清（1506）王琼（1516）（1520）
世宗朱厚熜（1522—1566）	曾铣（1547）翁万达（1547）（1551）杨继盛（1552）
穆宗朱载垕（1567—1572）	王崇古（1571）
神宗朱翊钧（1573—1620）	
光宗朱常洛（1620）	
熹宗朱由校（1621—1627）	
思宗朱由检（1628—1644）	

其二，我们不否认，这些直接参与军事事务的大臣可能在明朝国家安全政策的决策过程中提出了重要意见，但是最终的决策并非这些人定夺的。作为封建王朝的中国明代，真正能够全面影响国家各项事务实际决策的核心决策者显然不可能是大臣，而应该是君主。[①] 在封建中央集权的统治体制下，对国家决策尤其是战略决策这种重大问题的最终决策权无疑是由封建君主掌握的，国家的发展方向其实也是由君主一人最终决定的，大臣们只是提

---

① 不同意这种观点的读者可能常常想到明朝后期君主昏庸无能，宦官权臣干政的史实，但是根据很多明史专家的研究，明朝虽然也存在宦官干政的情况，但是大权始终牢牢掌握在皇帝手中，这也是明朝与汉唐等朝的一点重要不同。感兴趣的读者可以参阅：许文继、陈时龙著，王天有审订：《正说明朝十六帝》，北京：中华书局，2005 年版。

出建议以供君主参考和咨询。即使君主最终完全采纳了某位大臣的建议，该项决策也要以君主的名义公布于世。所以本研究认为，要了解中国明代的战略文化，应该着重分析反映其核心决策者，也就是明代君主思想观点的文献资料。因为我们要考察的是明朝政府做出的最终决策，而不是决策过程中出现的各种观点主张。于是，本研究在众多记载明代历史的文献中选择了《明实录》附录之《皇明宝训》。

《明实录》是明代历朝官修之编年体史料长编。[①] 明制规定：新皇帝即位，即诏修前代实录，一朝史事，无不收入。故《明实录》史料丰富，是研究明史的基本史籍。几乎所有的有关明朝历史的正规史料和史书都来源于《明实录》，包括著名的清修官史《明史》。[②] 从内容上看，《明实录》主要包括实录正文、实录校勘记和附录三大部分。其中，附录中的《皇明宝训》就是专门记载明朝皇帝的思想言论的文献，是明代史料中最直接呈现其核心决策者思想的文献，因此非常适合本书的研究需要。当然，与其他任何原始资料一样，《明实录》在保存和留传的过程中也难免被遗失和损坏。[③] 目前我们所能看到的部分是由台湾中央研究院

---

① 自明太祖至明熹宗共 15 朝 13 部 2909 卷，其中建文朝附入《太祖实录》，景泰朝附入《英宗实录》。

② 谢贵安著：《明实录研究》，台北：文津出版社印行，中华民国八十四年一月初版，第 393 页。

③ 明制规定：实录修成，誊录正副两本进呈。正本藏内府（嘉靖后贮于皇史宬），副本藏内阁，原稿焚之，以禁外传。万历中，大学士申时行命诸学士雠校，于是各种传抄本才得以流传。其间也出现了卷帙（zhì）有出入、内容有详略，以及脱落、错简等舛（chuǎn）误。现在海内外留下的各种传抄本约有十余部。1941 年，梁鸿志影印江苏国学图书馆传抄本，将建文朝史事附入《成祖实录》，并附后人补辑的《崇祯实录》17 卷，计 500 册，为其后通用本，但错讹甚多。1962 年台湾中央研究院历史语言研究所用美国国会图书馆所摄原北平国立图书馆藏"红格钞本"之缩微胶卷影印出版，其缺卷缺页则据别本补全。全书计正文 133 册、校勘记 29 册、附录 21 册，是目前最善之传本（本文在研究中收集到的来自中国国家图书馆和超星数字图书馆的《明实录》资料都是该版本）。

历史研究所 1962 年校印的版本。其中收录的《皇明宝训》共有 13 部①，基本涵盖了明代几乎所有得以正式执政的皇帝②的思想。

　　儒家文化虽然在汉代被确立为中国社会的主流思想文化，但是并不是唯一活跃的思想文化流派。汉初时，儒、道并称显学，两汉经学及魏晋玄学都是对先秦儒、道思想的继承和改造。直到唐宋以前，中国思想文化的演进始终都是以儒、道两学派的思想为主线。后来，印度佛教文化的传入又对中国本土文化构成了一次冲击和挑战。经过长期的斗争与融合，中国文化在南北朝时期形成了儒、释、道共同发展的局面，这种局面一直持续到宋代。直至宋明理学的产生，才结束了宋以前中国社会文化多元并存的状态，儒家文化终于成为全社会普遍接受的主流意识形态。③

　　就整个明代来讲，占统治地位的始终是儒家文化。明朝开国君主朱元璋在起兵反元时就很重视儒学，延揽儒生。此后的历代统治者都大力扶持程朱理学，以之为科考内容，程朱理学成为官方统治思想。虽然后来随着社会矛盾日益扩大与加深，思想领域也发生变化，相当一部分士大夫失去对朱熹理学的信仰，转而推崇阳明心学。但是，这只是支持儒家思想体系中不同流派的差别而已，儒家文化在明代社会根深蒂固的统治地位并不受影响。④在 13 部《皇明宝训》中，几乎每一部都有专论"崇儒"的篇章，

---

　　① 依次为：明太祖、太宗、仁宗、宣宗、英宗、宪宗、孝宗、武宗、世宗、穆宗、神宗、光宗、熹宗。

　　② 在根据《明史》记载的明朝 16 位皇帝中，只缺少了建文帝（位于太祖和太宗之间）、景泰帝（位于英宗和宪宗之间）和末代君主思宗（崇祯帝）。建文帝在位仅四年就被自己的叔父太宗朱棣赶下皇位；景泰帝在英宗遭遇"土木堡之变"后做了八年的皇帝，皇位很快又回到了英宗的手中；崇祯帝则是痛失政权的明朝末代君主。由于他们的不幸遭遇，这三位皇帝都没有自己的《皇明宝训》。

　　③ 高润浩：《以儒统兵：儒学对传统兵学的整合》，载《中国军事科学》，2003年第 1 期，第 125 页。

　　④ 于汝波、黄朴民主编：《中国历代军事思想教程》，北京：军事科学出版社，2000 年版，第 146 页。

其他则以"圣学""兴学""尊儒术"等专章论述，充分证明了明朝历代君主对儒家文化的推崇和认同。

接下来，本研究就将对这些《皇明宝训》逐一进行分析，考察明代君主对中国主流文化——儒家文化的内化程度。在具体分析过程中，笔者发现，有三部宝训缺损严重①，无法保证按照本研究使用的方法进行分析并得出结论，所以只好放弃了对这三部文献的分析。但是，鉴于它们在 13 部文献中的分量，笔者认为并不影响全书的论证。②

一、文献分析③

1. 明太祖对儒家文化的认识

《明太祖宝训》共 6 卷，51 章。其中涉及明太祖朱元璋（1368—1398，年号洪武）对待儒家文化的态度的篇章有：

〇丙申五月庚寅

太祖尝命有司访求古今书籍，藏之秘府，以资览阅。因谓侍臣詹同等曰："三皇五帝之书不尽传于世，故后世鲜知其行事。汉武帝购求遗书而六经始出，唐④虞⑤三代之治始得而见。武帝雄才大略，后世罕及。至表章六经，开阐圣贤之学，又有功于后世。吾每于宫中无事，辄取孔子之言观之，如节用而爱人，使民

---

① 《明神宗宝训》仅存 24 页；《明光宗宝训》全书字迹大半残缺，无法阅读；《明熹宗宝训》前两卷大部分遗失。

② 缺损的是明末三位君主的宝训。前十位君主的宝训都是完整的，因此仍然可以完整呈现明朝大部分时期的执政者的思想言行。

③ 本章文献选取的顺序遵循两个原则，原则一是按照时间先后安排，原则二是内容的相关程度。大体的顺序是时间先后，有个别地方因内容密切相关时，会将几处记载放在一起分析和评价。

④ 帝尧的封号。

⑤ 传说为舜祖先封地。

以时，真治国之良规。孔子之言，诚万世之师也。"（卷二　圣学）

译文：

丙申年（1356 年）五月，太祖与侍臣詹同等人谈起自己广泛搜集和阅读古今书籍的感悟，指出："记载三皇五帝言行的书籍很多没有流传于世，所以后人很少知道他们的处事之道。但是汉武帝在位时曾派人努力寻求古书，并且发现了'六经'，于是唐虞三代的治国之道得以流传。汉武帝的眼光是后世君主很少能比得上的，他推广'六经'传播圣贤之道更是功不可没、造福子孙。我在宫中有空闲的时候，常常阅览记载孔子言论的书籍，其中有关体恤百姓、合理使用民力的观点真是治国的良方。孔子的学说的确是亘古不变的治世良师。"

作为明朝开国君主的朱元璋尽管不是文人出身，但是他明智地认识到思想文化对于治理国家的重要意义，并且早在距离建立政权还有很多年的时候就已经主动学习儒家治国之道，效仿汉武帝广寻古书以建旷世之功。朱元璋对孔子的治国理念给予了极高的评价，进而暗示自己是遵循儒家思想治理国家，所以将来也会成为千古明君。

〇吴①元年四月庚戌

太祖至白虎殿，见诸子有读孟子书者，顾问许存仁曰："孟子何说为要？"对曰："劝国君行王道、施仁政、省刑薄赋，乃其要也。"太祖曰："孟氏专言仁义，使当时有一贤君能用其言，天下岂不定于一乎？"（卷二　圣学）

译文：

吴元年（1356 年）四月，太祖到白虎殿视察，看到有学生在

---

① 1356 年（即丙申年）二月，朱元璋攻占集庆（今南京），并改名应天府，7 月自称吴国公。故 1356 年可称丙申年，也可称吴元年。

读孟子的书，于是问身边的许存仁："孟子学说的精要是什么？"许存仁回答，是"规劝国君行王道、施仁政、减少刑罚和赋税"。太祖说："孟子学说的核心就是仁政，如果当时有一位贤明的君主能够实施他的理论，天下早就安定和统一了。"

○吴元年十月癸丑

右御史大夫邓愈等各言便宜事。

太祖览之，谓愈等曰："治天下当先其重且急者，而后及其轻且缓者。今天下初定，所急者衣食，所重者教化。衣食给而民生遂，教化行而习俗美。足衣食者，在于劝农桑，明教化者，在于兴学校。学校兴则君子务德，农桑举则小人务本。如是为治，则不劳而政举矣。今卿辈所言皆国家之不可缺者，但非所急。卿等国之大臣，于经国之道、庇民之术，尚当为予尽心焉。"（卷一谕治道）

译文：

吴元年十月，大臣邓愈等人纷纷上奏建立政权后首先要处理的事务，太祖看过奏折后提出不同观点，认为，"治理国家当然要分轻重缓急。现在国家局势刚刚稳定，最急迫的事务是解决百姓的温饱，最重要的工作是教化人民。温饱解决了，百姓才能安居乐业，教化推行了，民风才能淳朴向善。而解决温饱的根本在于鼓励耕种和纺织，推行教化的根本在于兴建学校。学校办好了，读书人才能重品德，农桑发达了，百姓才会勤劳朴实。只有这样治理国家，才能收到事半功倍的效果，不用很辛苦，国家也可以治理得井井有条。如今各位大臣所建议的都是治理国家不可或缺的事务，但并不是急迫的工作。各位身居要职，在治国和驭民方面还要多多尽心尽力，替朕分忧呀。"

《明太祖宝训》的这两处记载其实是，吴元年，也就是朱元璋起兵后取得初步成功的时候，与臣下探讨治国之道的两次谈话。其中都涉及孟子学说的核心，即"王道""仁政"。朱元璋不仅认为遵循孟子学说的君主才是贤君，必定能完成统一天下的宏图大业，他还详细阐述了明朝立国之初的首要任务是"劝农桑"和"兴学校"，认为，只要农业和教育办好了，国家很容易就能治理好。这种思想源于《孟子、梁惠王上》中"老者衣帛食肉，黎民不饥不寒，然而不王者，未之有也"，是对孟子"王道仁政"学说的进一步落实，表明朱元璋对儒家文化的认同并非仅仅停留在推崇和颂扬的表面阶段，而是转化成了治国的具体方略，以至于他比自己的众多大臣们都更加认识到这是治国的首要和急务。

○戊戌十二月癸巳

辟①儒士祖干、叶仪既至。祖干持《大学》以进。太祖问："治道何先？"对曰："不出乎此书。"太祖命祖干剖析其义。祖干以为帝王之道"自修身齐家以至于治国平天下，必上下四旁均齐方正，使万物各得其所，而后可以言治"。

太祖曰："圣人之道所以为万世法。吾自起兵以来，号令赏罚一有不平，何以服众？夫武定祸乱，文致太平，悉此道也。"甚加礼貌，命二人为谘②议。仪以疾辞，祖干亦以亲老辞。太祖皆许之。（卷一 谕治道）

译文：

戊戌年（1358年）十二月，太祖召见两位儒士祖干、叶仪，与其探讨治国之道。祖干带来《大学》一书，并且回答太祖的问题，认为，治国的首选方略在《大学》中都有记载。太祖命祖干详细阐明其中的含义。祖干认为，"君主的治国之本就是'修身齐家以至于治国平天下'，而要实现这个治国之道，必须坚持'上下四方均齐方正'的原则，做到'使万物各得其所'，然后才

---

① 读 bì，意思是"征召"。

② 同"咨"。

可能有效地管理国家。"

太祖说："圣人的学问真是万世所赖的大经大法。朕自从起兵反元以来，如果号令赏罚有一点不公平的地方，怎么可能服众？所谓'武定祸乱，文致太平'也就是这个道理呀。"太祖对祖干、叶仪二人非常器重，授予二人谘议的官职。但是叶仪以体弱多病为由，祖干以要回家侍奉双亲为由谢绝了太祖的封赏。太祖都予以恩准。

这一段君臣对话中，祖干推崇的是儒家文化的"中庸"之道，也就是"上下四旁均齐方正，使万物各得其所"。需要补充的是，自宋代以来，"四书"（即《论语》《孟子》《大学》《中庸》）被奉为儒家经典和儒学教育的必读教材。其中的《大学》和《中庸》本来只是《礼记》中的两篇文章，古人并没有对它们给予特别的重视。时至唐代，著名学者韩愈开始对这两篇文章倍加推崇，经过北宋程颢、程颐两位理学家的大力提倡，到了南宋，理学集大成者朱熹干脆就把它们与《论语》和《孟子》这两部儒学经典合称为"四书"，并且确定为儒学教育的标准教材，一直影响了此后几百年中国封建社会的儒学教育。这种影响在明朝体现得非常突出，明朝历代君主的言行常常是以"四书"这套教材为依据的。

朱元璋借祖干的剖析极力肯定儒家的治国方针是千古不变的真理，并且不失时机地标榜自己走向权力顶峰的道路完全符合儒家的指导思想"均齐方正"，符合被儒家文化推崇的自古贤君们的成功之路，先用武力平定战乱，而后用文治建立太平盛世。归根到底，当然还是为了表明自己建立政权的合法性和必然性。但是值得一提的是，这一段言行记载还刻意突出了儒家文化熏陶下的君臣关系，臣子闲淡，婉言谢绝朱元璋的礼遇和官职；君主大度，虽然被两位儒士谢绝也不恼怒，而"皆许之"。描述这种其乐融融的画面也是为了表明朱元璋将是一位靠"仁政"得天下的君主，建立政权的努力必然成功。

〇丙午三月甲辰

太祖语太史令刘基、起居注王祎①曰："天下兵争，民物创残，今土地渐广，战守有备，治道未究，甚切于心。"基对曰："战守有备，治道必当有所更革也。"太祖曰："丧乱之后，法度纵弛，当在更张，使纪纲正而条目举。然必明礼仪、正人心、厚风俗，以为本也。"祎对曰："昔汤正桀之乱而修人纪，武王正纣之乱而叙②彝伦③。王上之言诚吻合于前古也。"（卷一　谕治道）

译文：

丙午年（1366年）三月，太祖与太史令刘基、起居注王祎谈论治国之道，指出："国家经历了多年的战乱，百姓及其财产都遭受了重大损失，现在终于快要结束战争建立政权了，但是朕对于如何治理国家的问题还不是很清楚，心里十分着急。"刘基说，"治理国家的方法一定不能和战争时期一样"。太祖表示赞成，认为，"经过多年的战乱，原有的国家法度基本已失去效力，新政权当然要重新建立健全法律体系。但是治国的根本并不在此，而应该是'明礼仪、正人心、厚风俗'"。大臣王祎随即称赞太祖的想法很合乎历代帝王的做法，"像商汤和周武王这样的上古贤君都是通过先武力伐乱、后'修人纪、叙彝伦'的方式建立政权并且流传千古的"。

这一段君臣对话被记录在《明太祖宝训》第一卷中，当然是为了突出朱元璋建立明朝政权的合法性，和古代的圣贤明君一样，朱元璋从战乱中拯救了人民和国家，然后通过礼仪安抚民心

①　读 yì。
②　叙：排次序，有次序。
③　彝伦：常道。

建立政权，一切顺理成章，完全符合历史潮流和儒家文化推崇的王道，所以明朝政权也必然能长治久安。

以上这些《明太祖宝训》对朱元璋正式建立明朝之前的言行记载，清楚说明了朱元璋非常看重儒家文化的社会和政治地位，很早就深刻意识到儒家文化对于建立和巩固政权的重要意义，他不仅自觉学习儒家文化，而且对如何运用儒家文化治理国家已经形成了一定的认识。特别是考虑到，当时仍然身处战乱之中，尚不能确定自己是否可以最终夺取政权的情况下，朱元璋仍然这样重视儒家文化，更加能够证明他对于儒家文化的认同和接受程度之深。明朝正式建立以后，太祖朱元璋更是大力推崇儒家，将其摆在了社会思想文化的主流地位，崇儒重礼成为明朝国家生活的重大事务。

○洪武元年二月丁未

诏以太牢①祀先师孔子于国学，仍遣使诣曲阜致祭。使行。

太祖谕之曰："仲尼之道广大悠久，与天地相并。故后世有天下者，莫不致敬尽礼，修其祀事。朕今为天下主，期在明教化以行先王之道。今既释奠国学，仍遣尔修祀事于阙里②，尔其敬之。"（卷二 尊儒术）

译文：

洪武元年（1368 年）二月，太祖下诏用太牢之礼在国学祭祀先师孔子，同时派使臣到孔子故里曲阜拜祭。使臣临行前，太祖还特别交代，"孔子的学说广大悠久，可谓与天地齐高。此后执掌天下的君主无不对其敬仰有加，祭祀礼节都要充分周到。朕现在执掌天下，很希望遵循历代君主的做法以明教化。所以现在我不仅要亲自到国学拜祭，还要派你们去孔子的故里行祭祀之礼，

---

① 太牢：古代祭祀宴会时，牛、羊、豕三牲具备为太牢。

② 阙（què）里：地名，相传为春秋时孔子授徒之所，故址在今山东曲阜城内。

你们一定要尽职尽责，务必做到礼数周到"。

正式登上皇位的太祖朱元璋像大多数中国封建君主一样，把儒学奉为国学，不仅亲自拜祭，而且派使臣到孔子故里祭奠，唯恐礼数不周不能表达自己的崇儒之意。作为开元君主的朱元璋崇儒的级别之高无疑奠定了儒家文化在明代社会的主流地位，彰显了明代对儒家文化的重视，其原因当然是，朱元璋相信历代统治者只有遵循儒家的治国之道才可能长治久安。

○洪武元年四月戊申

元国子监祭酒孔克坚来朝。先是，大将军徐达至济宁。克坚称疾，遣其子希学见达于军门。达送希学赴京。希学奏言："臣父久病不能，令臣先入见。"太祖乃以敕①往谕之，曰："朕闻尔祖孔子垂教于世，扶植纲常。孔子，非常人等也。故历数十代，往往作宾王家，岂独今日哉？胡元入主中国，蔑弃礼义，彝伦攸斁②。天实厌之，以丧其师。朕率中土之士奉天逐胡，以安中夏，以复先王之旧。虽起自布衣，实承古先帝王之统。且古人起布衣而称帝者，汉之高祖也。天命所在，人孰违之？闻尔抱风疾，果然否？若无疾而称疾，则不可谕至思之会。"

克坚亦自来朝，行至淮安遇敕，便拜命，惶恐兼程而进。既至。召对谨身殿。太祖从容慰问曰："尔年几何？"克坚对曰："臣年五十有三。"太祖曰："尔年虽未耄③而疾婴④之，今不烦尔官。但尔家先圣之后，为子孙者，不可以不务学。朕观尔子资质温厚，必能承家。尔更加诲谕，俾知进学，以振扬尔祖之道，则

---

① 敕（chì）：皇帝的命令或诏书。
② 读 dù，意思是"败坏"。
③ 读 mào，意思是"高龄"。
④ 同"撄"，意思是"侵扰"。

有光于儒教。"克坚顿首谢。即日，赐宅一区，马一匹，月给米二十石。

又明日复召至，谕之曰："尔祖明先王之道，立教经世，万世之下君君臣臣父父子子实有赖焉。故尔孔氏高出常人，常人且知求圣贤之学，况孔氏子孙乎？尔宜勉尔族人，各务进学。"因顾群臣曰："朕不授孔克坚以官者，以其先圣之后，特优礼之。故养之以禄，而不任①之以事也。"（卷二 尊儒术）

译文：

洪武元年四月，太祖召见元朝儒臣也是孔子的后裔孔克坚进京面圣。为了表示尊重，太祖先派了大将军徐达到济宁迎接，但是孔克坚称病，不仅不见徐达，甚至没让他到家里，而是派自己的儿子孔希学在军门见了徐达，徐达只好护送孔希学进京面见朱元璋。孔希学向太祖解释说，"臣的父亲久病在床，不能进京，所以命我先来面圣"。于是，太祖派人给孔克坚送去诏书一封，表示，"朕知道你的祖先孔子向天下传授他的学说，为的是帮助天下确立纲常法度。孔子是何等圣贤的人物。其后人也常常辅佐历代君王，为什么到了我明朝，你却对我避而不见？前朝胡人入主中原建立政权，但是却蔑视礼仪，败坏彝伦，结果导致天弃人怨，最终丧失了政权。朕之所以起兵，完全是遵循天意驱逐胡虏，安定中原，恢复正统。朕虽然是布衣百姓出身，但却遵循古先帝王的治国之道。况且古代君主是布衣出身的也不只朕一人，汉高祖就是很好的先例。我们都是依照天命行事，岂是凡人所能违抗的？朕听说你不来面圣是因为感染了风寒，确实如此吗？如果没病而称病，那就是你不能体谅朕的苦心了"。

其实孔克坚已经在进京面圣的路上，到淮安时就接到了太祖的诏书，于是深感惶恐，日夜兼程进京朝圣。到了京城，太祖在谨身殿接见了他。太祖对孔克坚非常体恤和尊重，先是询问他的

---

① 原文此处一字，因模糊无法辨认，"任"字为本书作者根据文意尝试补充。

年龄。当听到孔克坚说自己五十三岁后，太祖就表示，"你虽然年龄并不大，但是久病缠身，朕就不为难你出任官职了。但是你们家是圣人的后代，作为圣人的子孙不能不专心学问。朕看你的儿子资质温厚，将来一定能继承家族的传统。你身为父亲，当然要勤加教导，使其好学上进，以发扬光大你祖先孔子创立的儒学"。孔克坚当场对太祖的恩典跪拜感谢。太祖则赏赐了一处宅院、一匹马，和每月二十石米的供奉。

第二天，太祖再次召见孔克坚。太祖说："你的祖先通晓先王的治世之道，于是创立学说指导世人，历朝历代的君臣法度和家庭伦理都是仰仗孔子的学说得以妥善处理和维护的。因此，你们孔氏家族显然有超出普通人的智慧，普通人尚且知道追求圣贤的学问，你们孔家的后人就更不用说了吧？你一定要勉励族人，务必让他们都勤奋好学。"太祖随即还向周围的大臣们说："朕不授予孔克坚官职，是因为他是先圣孔子的后代，所以对他特别优待。不让他承担工作，但是同样给他俸禄。"

《明太祖宝训》之所以对这件事大书特书，当然也是为了凸显太祖朱元璋对儒家的尊重和推崇。一方面表现了太祖的宽厚仁爱，尽管孔克坚不合礼仪在先，太祖却丝毫不予计较，还动之以情、晓之以理，对他百般尊重和体恤，不求孔克坚出任官职，只希望他发扬光大孔子的学说，太祖对儒家文化的推崇之至得以充分彰显。太祖的言行果然打动了孔克坚，这就意味着儒家文化的正宗传人认可了明朝政权的合法性，对于朱元璋来说当然意义重大。另一方面，朱元璋还不失时机地再次说明，明朝政权的建立完全是顺应天意民心、符合正统的，在事实层面不乏先例，在理论层面也能得到儒家学说的肯定。他乐意用优厚的物质条件赏赐儒家的后人，当然也是为昭告天下，自己的大明江山是秉承儒家文化而建立的，不仅合理合法，而且也会因此长治久安。

○洪武二年三月戊午

诏增筑国子学舍。初即应天府学为国子学。

至是，太祖以规制未广，谕中书省臣曰："太学，育贤之地，所以兴礼乐、明教化，贤人君子之所自出。古之帝王建国，君民以此为重。朕承因弊之余，首建太学，招徕师儒，以教育生徒。今学者日众，斋舍卑隘，不足以居。其令工部增益学舍，必高明轩敞。俾①讲习有所，游息有地，庶②达材成德者，有可得焉。"（卷一　兴学）

译文：

洪武二年（1369年）三月，太祖下令扩建国子学校舍。刚开始的时候是把应天府学改为国子学，现在仍然不够用，于是太祖对中书省的大臣说："太学是培育贤才的地方，要兴礼乐、明教化，才能培养出贤人和君子。自古以来，帝王们建立国家后，无论君主还是百姓都会把这项工作作为重中之重。朕虽然刚刚建立政权，百废待兴，但是首先就兴建太学，招募儒士教育学生。如今学习的人越来越多，校舍已经狭小拥挤，不足以安置。于是朕命工部增建校舍，并且一定要建得高大而宽敞明亮。以保证儒生们有足够学习和休息的地方，只有这样才可能培养出贤德的人才。"

○洪武二年十月辛巳

太祖谕中书省臣曰："学校之教，至元其弊极矣。使先王衣冠礼乐之教号③为夷狄，上下之间波颓风靡，故学校之教名存实亡。况兵变以来，人习于战斗，惟知干戈，莫识俎豆。朕恒谓，

----

①　读 bǐ，意思是"使"。

②　庶：希望。

③　原文此处一字无法确认，"号"字为本书作者根据商务印书馆1998年版《古代汉语词典》尝试补充。

'治国之要，教化为先；教化之道，学校为本'。今京师虽有太学，而天下学校未兴。宜令郡县皆立学，礼延师儒，教授生徒，以讲论圣道，使人日渐月化，以复先王之旧，以革污染之习。此最急，务当急行之。"（卷一　兴学）

译文：

洪武二年十月，太祖对中书省大臣说，"学校教育到了元朝已经出现很严重的弊病。古代帝王的礼乐教育到了夷狄人手中完全被败坏，所以学校教育也是名存实亡。更何况元末兵变以来，人们已经纷纷投入战斗，只知道打仗，对读书基本知之甚少了。朕一直说，'治理国家的首要任务是明教化，明教化的根本就在兴学校'。如今京城已经建立太学，但是地方的学校建设还很欠缺。因此要命令各郡县都兴建学校，招募儒士教授学生，讲解圣人的学问，使百姓逐渐教化，进而恢复先王的礼乐传统，革除元代的遗风陋习。这件工作最为急迫，一定要抓紧实施。"

以上两件事都是在讲明初的儒学教育，这时的明朝政权已经开始了建设国家的系统工程，太祖朱元璋格外重视教育工作，尽管国家百废待兴，太祖坚持认为"兴礼乐、明教化"是治理国家的首要急务，因此要优先和重点建设。从京城到各郡县，都要兴建学校，招募儒士，培养人才。"治国之要，教化为先"，教育可以潜移默化地改变人，民风好了，国家自然可以长治久安。

○洪武二年六月庚午

太祖读《叔孙通传》至"两鲁生不肯行"，因谓侍臣曰："叔孙通虽云窃礼之糠秕①，然创制礼仪于煨烬②之余，以成一代之制，亦可谓难矣。如两生之言不无迂耶。若礼乐必待百年而后

---

①　又作"糠秕"，比喻微末无用的人或物。

②　煨烬（wēi jìn）：灰烬。

可兴，当时朝廷之礼废矣。朕闻先王之礼因时制宜。孔子亦曰，
‘期月三年必世’。盖亦因时制宜之谓。必待百年则诚迂矣。”（卷
二 议礼）

译文：

洪武二年六月，太祖在读《叔孙通传》，读到“两鲁生不肯
行”这句话时，对旁边的侍臣说，“虽然叔孙通对窃用礼仪不屑
一顾，但是在礼仪几近泯灭的时候重新创建并且使其成为一代人
的规矩是何等困难呀。像两位鲁生的观点不免有些迂腐。如果新
创建的礼乐制度怎么也要等待百年之后才可能兴盛，那么当时国
家的礼乐肯定都荒废了。朕听说过先王创制礼乐都是因时制宜
的。孔子也说过，‘（礼乐）等三年之后一定可以流传开来’。这
些都是说要因时制宜。如果一定要等百年，那就真是太迂腐了。”

这一段记载说明太祖朱元璋对儒家文化已经有相当深刻的领
悟，不仅点评历史，而且还引经据典支持自己的主张，当然这与朱
元璋作为开元君主的历史使命息息相关，他面临着为自己的新政权
兴建礼乐的任务，而他想要兴建的，正是儒家文化推崇的礼乐。

○洪武三年二月辛酉

太祖御东阁，翰林学士宋濂、待制王祎等进讲《大学》，传
之十章至“有土有人”，濂等反复言之。太祖曰：“人者，国之
本。德者，身之本。德厚则人怀，人安则国固。故人主有仁厚之
德，则人归之如就父母。人心既归，有土有财自然之理也。若德
不足以怀众，虽有财，亦何用哉？”（卷二 圣学）

译文：

洪武三年（1370年）二月，太祖到东阁，翰林学士宋濂、待
制王祎等人奉命给太祖讲解《大学》，讲到第十章“有土有人”这
一段时，宋濂等人反复提及。于是太祖说，“人是国家的根本。品
德是做人的根本。品德高尚，人就会虚怀若谷。人心安定，国家就

能长治久安。如果君主有仁厚的品德，百姓就会像归附自己的父母一样归顺他。人心归顺了，国家也就不愁没有土地和财产。相反，如果君主的品德不足以服众，即使他有土有财，又有何用？"

在这段记载中，太祖朱元璋明确指出，国家长治久安的根本在于得人心，而不是拓土敛财。君主仁厚，人民自然会归顺，得到了人心，自然可以拥有土地和财富，但是如果不能以仁厚服众，即使拥有土地和财富也无济于事。这种观点完全契合《荀子·王霸》中的"取天下者，非负其土地而从之之谓也，道足以壹人而已矣"和《大学》中的"是故君子先慎乎德，有德此有人，有人此有土，有土此有财，有财此有用。德者本也，财者末也"，由此足见明太祖对儒家文化的系统接受程度。

〇洪武三年二月壬戌

太祖行后苑，见巢鹊卵翼之劳，喟然叹曰："禽鸟劬劳若是，况人母子之恩乎？"乃令群臣有亲老者，许归养。……

太祖曰："人情莫不爱其亲，必使之得尽其孝。一孝而众人皆趋于孝，此风化之本也。故圣王之于天下，必本人情而为治。"（卷四 仁政）

译文：

洪武三年二月，太祖到后花园，看到鸟雀哺育后代的辛苦，感慨道，"鸟雀都如此辛苦，更何况是人间的母子恩情呢？"于是太祖下令，群臣中凡是家有老人的，都可以回家养老。……

太祖说："敬爱老人是人之常情，一定要让他们尽孝心。一人尽孝，则感染众人都会尽孝，这正是良好风化的根本。自古以来，圣贤的君主治理天下都是从人情的根本出发的。"

〇洪武八年三月丙寅

命皇太子及诸王往凤阳祭皇陵。

太祖恻然曰："吾祖宗去世既远，吾父母又相继早亡。每念劬劳①鞠育之恩，惟有感痛而已。今日虽尊为天子，富有四海，欲致敬尽孝为一日之奉，不可得矣。哀慕之情，昊天罔极。今凤阳，陵寝所在。特命尔等躬诣致祭，以代朕行。孔子曰，'事死如事生，事亡如事存'。尔等敬之。"因悲咽不自胜。太子诸王皆感泣。（卷一 孝思）

译文：

洪武八年（1375年）三月，太祖命皇太子和各位郡王到安徽凤阳祭祀皇陵。太祖黯然神伤，说："朕的祖宗早已去世，父母也相继早亡。朕每次感念他们的养育之恩，都只能伤心而无以回报。如今朕虽然贵为天子，富有四海，想要尽一天孝心却不能实现。朕的哀伤简直到了极点。所以现在特意派你们去凤阳祭奠皇陵，替朕表达心意。孔子说过，'对待死者要像对待活着的人一样'。你们务必要敬重祖先。"说到这里，太祖已经泣不成声。太子和各位郡王也都感动地落泪。

以上两处记载反映了太祖朱元璋对儒家伦理的根本内容之一——"孝"的推崇和践行。不仅视"孝"为风化之本，恩准群臣回家侍奉父母，而且为自己因父母早亡而无法尽孝深感哀伤。在命子孙拜祭皇陵时还不忘引用儒家经典《中庸》所讲"事死如事生，事亡如事存，孝之至也"的道理教育子孙，这表明作为家长的太祖朱元璋与普通人有着一样的情感，遵循一样的儒家伦理，无论治国还是治家，明太祖认可和推行的都是儒家文化的规范。

○洪武五年三月辛亥

太祖谓礼部臣曰："礼者，所以美教化而定民志。成周设大司徒，以五礼防万民之伪而教之中。夫制中莫如礼，修政莫如

---

① 劬（qú）劳：劳苦。

礼，齐家莫如礼。故有礼则治，无礼则乱。居家有礼，则长幼叙而宗族和。朝廷有礼，则尊卑定而等威辨。元兴以夷变夏，民染其俗，先王之礼几乎熄矣。而人情狃①于浅近，未能猝变。今命尔稽②古，考典礼合于古而宜于今者，以颁布天下，俾习以成化，庶几③复古之治也。"（卷二 议礼）

译文：

洪武五年（1372 年）三月，太祖对礼部大臣说："礼可以美好教化和安定民心。周代设有大司徒，专门用五礼教导百姓，防止他们偏离礼仪，指导他们契合礼仪。礼有助于维持规矩，有助于管理政务，也有助于处理家事。可以说，有礼，一切都能治理好，无礼，一切都会失序混乱。在家庭中，有礼就会长幼有序，家族和睦。在朝廷中，有礼就会尊卑有序，等级分明。元朝是夷狄入主中原建立的政权，百姓沾染了夷狄人的风俗，先王的礼仪几乎都被废除了。人性是习惯于慢慢改变的，不可能突然扭转这种局面。所以朕命你们考察古制，寻找既符合传统又适用于现在的礼仪颁布天下，让百姓学习和遵循，一旦百姓熟悉了这些礼仪，就有希望恢复古先帝王的礼乐传统了。"

〇洪武五年十二月巳卯

太祖谓礼部侍郎曾鲁曰："朕求古帝王之治莫盛于尧舜，然观其授受，其要在于允执阙中。后之儒者讲之莫不精，及见诸行事往往背驰。"鲁曰："尧舜以此道宰制万事，如执权衡物之轻重长短，自不能违，而皆得其当，此所以致雍熙之治也。后世鲜能此道，于处事之际欲求其一一至当，难矣。"太祖曰："人君一心治化之本存于中者，无尧舜之心而欲施之于政者，有尧舜之治决

---

①　读 nǐu，意思是"习惯"。
②　稽：考查、考核。
③　庶几：或许，可能，希望。

不可得也。"鲁又曰:"尧舜之道载之典谟者,无以加矣。至于修身理人、本末次第具在《大学》一书。"太祖曰:"《大学》,平治天下之本,其可舍此而他求哉?"

译文:

洪武五年十二月,太祖对礼部侍郎曾鲁说:"朕发现自古帝王治世,没有比尧舜再成功的。再看尧舜的经验,关键就是中庸之道。后世的儒生们讲解此道不能说不精细,但是一到行事时往往就背离此道。"曾鲁说:"尧舜以此道治理万事万物时就像使用了权衡轻重长短的标准,从不违背且都恰到好处,这也是为什么他们能够实现雍熙之治的原因。后世很少有人能秉承此道,要想在处事时都做到恰如其分,当然很难。"太祖说:"如果君主一心想要实施治化之本的中庸之道,即使没有尧舜之心,只要他想将此道落实在执政中,那就是已经实现了尧舜之治的人也无法企及的。"曾鲁又说:"尧舜之道记载于典谟之中,已经无法增加。至于修身理人的方法则都详细记载于《大学》一书中了。"太祖说:"《大学》的确是治国平天下的根本,怎能舍此而求他呢?"

○洪武六年三月甲辰

礼官上所定礼仪。

太祖谓尚书牛谅曰:"礼者,国之防范,人道之纪纲。朝廷所当先务,不可一日无也。自元氏废弃礼教,因循百年而中国之礼变易几尽。朕即位以来,夙夜不忘思有以振举之,以洗污染之习。故尝命尔礼部定著礼仪。今虽已成,宜更与诸儒参详考仪,斟酌先王之典,以复中国之旧,务合人情,永为定式。庶几惬朕心也。"(卷二 议礼)

译文:

洪武六年(1373年)六月,礼官上奏新确定的礼仪制度。太祖对尚书牛谅说:"礼仪是立国的依靠,为人的规矩。朝廷一定要首先处理这项工作,国不可一日无礼。自元朝政权废弃礼教以来，中国传承了百年的礼仪制度几乎丢失殆尽了。朕即位以来，日夜不忘恢复和光大礼教，革除被污染的民风。于是才命令你们礼部确定礼仪制度。如今虽然已经完成，但是仍然要与各位儒士详细探讨和推敲，既要考察古先帝王的典籍，使新的礼仪制度符合传统，又要贴合民心人情，以使其长期有效。希望你们务必体谅朕的苦心。"

以上洪武五年三月和洪武六年三月的这两处记载强调的是太祖朱元璋对明朝社会建立和完善礼仪制度工作的重视。朱元璋认为，无论个人家庭还是社会国家，只有遵循"礼"才可以正常运转，"有礼则治，无礼则乱"。元朝统治期间，儒家的礼仪遭到了严重破坏，影响很恶劣。新建立的明政权需要根据古制并结合实际重新确定礼仪规矩颁布天下，从而正民风，扶社稷。时隔一年，礼部就完成了太祖交代的任务，制定了明朝社会遵循的礼仪。朱元璋显然对此项工作极其重视，再次强调"礼"对于国家和百姓的重要意义，认为确定礼仪是朝廷的当务之急，然而事关重大，一定不能草率，所以要求礼部与各位儒士再进行反复、认真的研究，务必保证最终确定的明朝礼仪能够合乎人情，并且传世久远。这件事说明朱元璋对儒家文化的重视绝非做表面功夫，不是只追求形式华丽的儒家外衣，而是希望明朝确立的礼仪规则既合乎儒家传统，又贴合民情，能够被百姓接受和践行，进而代代相传。

○洪武六年十一月甲寅

山西汾州官上言，"今岁本处旱，朝廷已免民租，秋种足收，民有愿入赋者，请征之"。

太祖谓侍臣曰："此人盖欲剥下益上，以觊恩宠。所谓聚敛之臣，此真是矣。民既遇旱，后虽有收，仅足给食。况朝廷既已免其租，岂可复征之？昔孔子论治国，宁去食，不可无信。若复征之，岂不失信乎？夫违理而得财，义者所耻；厉民以从欲，仁

者不为。"遂不听。（卷三 却贡献）

译文：

洪武六年（1373年）十一月，山西汾州的官员上奏："今年本地遭遇旱灾，朝廷免除了我们的田租。现在秋收足产了，百姓有人主动要求纳税，恳请朝廷征收。"太祖对侍臣说："这个官员很可能是借盘剥百姓来讨好上司，希望博得恩宠。这就是所谓的聚敛之臣。百姓已经遭受了旱灾，后来虽然秋收足产，也就是刚刚能满足温饱。更何况朝廷已经免除了他们的租税，怎么可以又要征收？昔日孔子谈论治国之道，主张宁可不要粮食，也要保持信用。现在如果朕又要征收这些百姓的租税，不就是失信于民吗？有道是，不合理地获取钱财，是有义者所不耻的行为；靠苛刻百姓来满足自己的欲望，绝非仁者所为。"太祖最终没有采纳这位官员的进谏。

太祖朱元璋在处理这件事上援引的判断依据正是《论语·颜渊》篇中孔子对子贡问政的答复。（子贡问政。子曰："足食，足兵，民信之矣。"子贡曰："必不得已而去，于斯三者何先？"曰："去兵。"子贡曰："必不得已而去，于斯二者何先？"曰："去食。自古皆有死，民无信不立。"）并且，朱元璋进一步阐述了自己的认识，即义者绝不会违背天理以获取财富，仁者绝不会为了满足自己的欲望而伤害百姓。太祖以仁义的标准定位自己的处世原则，当然是在实际践行儒家文化。

○洪武八年三月戊辰

命国史台官①选国子生分教北方。

太祖谕之曰："致治在贤，风俗本乎教化。教化行，虽闾阎②

---

① 台官：尚书或御史的别称。
② 闾阎（lǘ yán）：泛指民间。

可使为君子。教化废，虽中材或堕于小人。近北方丧乱之余，人鲜知学，欲求方闻之士，甚不易得。今太学诸生中，年长学优者，卿宜选取，俾往北方各郡分教。庶使人知务学，人材可兴。"于是，选国子生林伯云等三百六十六人，给廪食、赐衣服而遣之。（卷一　兴学）

译文：

洪武八年（1375年）三月，太祖命国史台官遴选国子生到北方各地执教，并对他说："治国的根本在于贤才，风俗的美好有赖于教化。教化推行，即使是平民百姓也可以成为君子。教化废弛，即使本来是人才也会堕落为小人。如今北方刚刚结束战乱，人们大多还没有认识到学习的重要性，想要找到知识渊博的人执教都很困难。所以朕才命你遴选太学中年长学优的儒生，到北方各郡执教。希望可以让当地的百姓重视学习，进而培养出人才。"后来就有林伯云等三百六十六名国子生被选中，太祖赏赐给他们衣食，然后才派遣他们到北方各地。

　　○洪武十四年三月辛丑
　　颁五经四书于北方学校。
　　太祖谓廷臣曰："道之不明，由教之不行也。夫五经，载圣人之道者也。譬之菽粟布帛，家不可无。人非菽粟布帛，则无以为衣食；非五经四书，则无由知道理。北方自丧乱以来，经籍残缺，学者虽有美质，无所讲明，何由知道？今以五经四书颁赐之，使其讲习。夫君子而知学，则道兴；小人而知学，则俗美。他日收效亦必本于此也。"（卷二　尊儒术）

译文：

洪武十四年（1381年）三月，太祖下令赏赐五经四书给北方学校，并对廷臣说："如果百姓不明道理，那就是因为教育不成功。五经记载了圣人的学说，就好比粮食和衣物，家家不可或缺。百姓没有粮食和衣物就不能维持生活，没有五经四书，就不知晓道理。北方自从陷入战乱以来，各种书籍遭受严重破坏，好学的人即使有聪明才智，也无书可读，又怎么能通晓道理呢？现在朕赏赐五经四书给北方学校，让他们有书可读。君子好学，则治国之道就能发扬光大，百姓好学，民风和习俗就会变得淳朴向善。朕今天的做法将来一定会产生良好的效果。"

○洪武二十四年六月戊寅

命礼部颁书籍于北方学校。

太祖谕之曰："农夫舍耒耜则无以为耕，匠氏舍斤斧则无以为业，士子舍经籍则无以为学。朕尝念北方学校缺少书籍，士子有志于学者，往往病①书无读。向尝颁与四书五经，其他子史诸书未赐予。宜于国子监印颁，有未备者，遣人往福建购与之。"（卷一 兴学）

译文：

洪武二十四年（1391年）六月，太祖命礼部赏赐书籍给北方学校。太祖说："农夫没有耒耜就无法耕种，工匠没有斤斧就不能工作，学生没有书本也不能学习。朕经常想起北方学校缺少书籍的事，那里的学生虽然有志于学业，却常常因无书可读而感到为难。朕曾经赏赐四书五经给北方学校，但是还没有赏赐其他子史类的书籍。现在命国子监印制这些书籍赏赐北方学校，如果不够，就派人到福建采购，然后送去北方。"

发生在洪武八年、十四年和二十四年的这三件事前后联系密切，都是反映了太祖朱元璋对北方地区学校教育的重视。洪武八年，明朝的国家建设已经全面展开，太祖朱元璋特别注意到北方边境长期受战乱的困扰，教育比较落后，于是下令在师资方面给予北方学校大力的支持，以期尽快改变落后状况。时隔六年和十

---

① 病：难，为难。

六年后，即分别在洪武十四年和二十四年，太祖仍然念念不忘北方教育的不足和需要，又先后赏赐了五经四书和其他子史书籍。这些事不仅再次印证了太祖朱元璋对儒家文化的统治力量深信不疑、倍加推崇，而且在一定程度上揭示了他的国家安全观念。应该说，北方边境对于明代国家安全具有举足轻重的意义，加强北方边境的防务无疑是明朝政权的一项重点工作，但是与此同时，朱元璋非常看重文治的力量，所以他重视并且相信通过加强对北方地区的儒家教育，通过教化的力量同样可以巩固对该地区的统治，进而确保国家安全。这或许也是为什么他能够在时隔几年甚至十几年，国家建设已经步入正轨，各种烦琐事务都需要他处理的情况下，他依然能持续关注北方学校教育的原因之一。

　　○洪武十四年二月丁丑
　　命礼部申明乡饮酒礼。
　　太祖谓礼官曰："乡饮之礼，所以序尊卑、别贵贱，先王举以教民，使之隆爱敬、识廉耻、知礼让也。朕即位以来，虽以举行，而乡间里社之间恐未偏①习。今时和年丰，民间无事，宜申举旧章。其府州县则令长官主之，乡间里社则贤而长者主之。年高有德者居上，高年淳笃者次之，以齿②为序。其有违条犯法之人，列于外坐，同类者成席，不许杂于善良之中。如此则家识廉耻，人知礼让，而父慈、子孝、兄友、弟恭、夫和、妇顺之道不待教而兴。所谓宴安而不乱，和乐而不流者也。孔子曰，'吾观于乡而知王道之易'。易，政③谓此也。"（卷二　兴礼乐）
　　译文：
　　洪武十四年二月，太祖命令礼部明确地方的饮酒礼仪。太祖

---

　　① 同"遍"。
　　② 齿：年龄。
　　③ 同"正"。

对礼官说："乡饮的礼仪，是用来区分尊卑贵贱的，古先帝王用它来教育百姓，让百姓尊老爱幼，知道廉耻和礼让。朕即位以来，虽然也推行了乡饮的礼仪，但是恐怕礼仪并未遍及乡闾里社。如今天下太平，百姓丰收，是时候推广乡饮之礼了。府州县这样的地方就由地方长官主持，乡闾里社这样的地方就由当地的贤人或长者主持。年长而且品德高尚的人坐上座，年长而本分的人次之，以年龄为序依次排座。有违法违规行为的人不能入座，这类人单独成席，不能与善良的人坐在一起。这样一来，人们就懂得了廉耻礼让的道理，像父慈子孝、兄友弟恭、夫和妇顺这样的伦理纲常即使不用教，也会得以推广。所谓'宴安而不乱，和乐而不流'就是这个道理。孔子说过，'我通过观察乡饮的场面，就能知晓王道改变了。'孔子说的'改变'也是在讲这个道理。"

○洪武十五年四月丙戌

诏天下通祀孔子，赐学粮，增师生廪膳。

太祖谕礼部尚书刘仲质曰："孔子明帝王之道以教后世，使君君臣臣父父子子，纲常以正，彝伦攸①叙，其功参②于天地。今天下郡县庙学并建，而报祀之礼止行于京师。岂非阙③典？乡与儒臣，其定释奠礼仪，颁之天下学校，今以每岁春秋仲月通祀孔子。"（卷一 兴学）

译文：

洪武十五年（1382年）四月，太祖下令全国祭祀孔子，并且赏赐学校粮食，改善师生的饮食。太祖对礼部尚书刘仲质说："孔子通晓古先帝王的治世之道并且将其传授给后人，确立了君臣父子的纲常伦理，以使其传世久远，这种功绩堪称与天地齐

---

① 同"悠"，意思是"长期"。
② 参：比，并。
③ 读 quē，同"缺"。

高。如今全国都建立了庙学，但是祭祀孔子的礼仪还仅限于在京师举行。这不是礼数不周吗？朕命你与其他儒臣一起，制定祭祀孔子的礼仪颁布于天下的学校，要求每年的春秋两季月中都要祭祀孔子。"

以上两件事是对明太祖要求在全国范围内普及礼仪的记载。乡村百姓要践行饮酒礼，目的是让普通百姓习惯于遵循礼仪秩序，按照儒家的伦理约束自己的行为，做到"父慈、子孝、兄友、弟恭、夫和、妇顺"。读书人则要行报祀之礼，每年都要定期祭奠孔子，以表达对儒家文化的尊崇，因为正是孔子创立的儒家文化确立了社会的秩序，秩序良好才能保证国家长治久安。太祖朱元璋对这些事务的安排都是非常细致的，这也说明他对儒家文化的接受绝非做表面文章，显然他相信儒家文化的统治力量，真心期待推行儒家文化能够巩固自己的政权。

　　○洪武十五年五月乙丑
　　太祖诣国子监谒先师孔子，释菜礼成，谕学官曰："中正之道，无逾于儒。上古圣人不以儒名，而德行实儒。后世儒之名立，虽有儒名，或无其实。孔子生于周末，身儒道行，立儒教率天下，后世之人皆欲其中正。惜乎鲁国君臣无能用之者，当时独一公父文伯之母知其贤，责其之不能从，则一国之君臣可愧矣。卿等为师表，正当以孔子之道为教，使诸生咸趋于正，则朝廷得人矣。"复命取《尚书 大禹、皋陶①谟②、洪范》，亲御讲说，反复开谕。群臣闻者莫不悚悦。（卷二 尊儒术）
　　译文：
　　洪武十五年五月，太祖到国子监拜谒先师孔子，典礼结束

---

　　① 皋陶（gāo yáo）：相传是舜的臣，掌刑法。
　　② 谟（mó）：《尚书》文体名，记载有关君臣谋议政事的内容。

后，太祖对学官说："中正之道，都包括在儒家的学说中。上古的圣人虽然不是用儒家的名号，但是其品德和行为其实都符合儒家的标准。后来儒家的名声建立了，有些人却是顶着儒家的名号其实不按照儒家的标准行事。孔子生于周朝末年，身体力行儒家的规范，创立儒学教授天下，后世之人都想践行中正之道。可惜当时鲁国的君臣都不重用孔子，唯有公父文伯的母亲了解孔子的贤能，责怪鲁国不重用孔子，鲁国的君臣们真应该感到羞愧呀。各位大臣身为儒师，一定要尽心传授孔子的学问，使学生们全都力行中正之道，如此以来朝廷就有人才可用了。"随后太祖又命人拿来《尚书》中的《大禹》、《皋陶谟》和《洪范》，亲自讲解，反复说明其中的道理。群臣听后，没有不肃然起敬的。

○洪武十七年四月庚午

太祖谓侍臣曰："朕观《大学衍义》一书，有益于治道者多矣。每披阅便有儆者。故令儒臣日与太子诸王讲说，使鉴古念今，穷其得失。大抵其书先经后史，要领分明，使人观之容易而悟，真有国之龟鉴①也。"（卷二 圣学）

译文：

洪武十七年（1384年）四月，太祖对侍臣说："朕看《大学衍义》这本书，感觉其中讲到很多有益于治国之道的观点。朕每次阅读都很有感悟。于是命令儒臣每天对太子和各位郡王讲解该书，让他们以史为鉴，吸取经验教训。这本书大体上是先经后史的结构，要领分明，通俗易懂，确实是治国的良鉴。"

○洪武十七年六月庚午

太祖御奉天门，谕群臣曰："治天下之道，礼乐二者而已。若通于礼而不通于乐，非所以淑人心而出治道；达于乐而不达于

---

① 又作"龟镜"，龟以卜吉凶，镜以辨美恶，比喻借鉴。

礼，非所以振纪纲而立大中。必礼乐并行，然后教化醇一。或者曰[①]，'有礼乐，不可无刑政'。朕观刑政二者，不过辅礼乐为治耳。苟为治徒务刑政而遗礼乐，在上者虽有威严之政，必无和平之风；在下者虽存苟免之心，终无格非之诚。大抵礼乐者，治平之膏粱[②]；刑政者，救弊之药石。卿等于政事之间宜知此意，毋徒以礼乐为虚文也。"（卷二　兴礼乐）

译文：

洪武十七年六月，太祖到奉天门，对群臣说："礼乐都是治理天下的根本。如果只通晓礼而不懂得乐，就不能陶冶人心而治理有道；如果只崇尚乐而不推行礼，就不能树立规矩实现中正。只有礼乐并行，才能达到很好的教化效果。有人说：'礼乐和刑政都不可或缺'。但是朕以为，刑政不过是辅助礼乐的治理工具。如果治理国家只强调刑政而忽视了礼乐，执政者虽有威严，但是一定缺少了和平之风；百姓虽然苟且偷生，但是一定不是出于自愿。大体说来，礼乐是治国平天下的良方，刑政是拯救弊病的好药。诸位爱卿在处理政务的时候要谨记这一点，不要把礼乐当成虚假的纹饰。"

太祖朱元璋对儒家文化的推崇并不是只严格要求臣民，他本人的确是在认真研读了儒家典籍并且有所感悟，而后才接受和认可的。洪武十五年和十七年的几件事充分证明了这一点。太祖对儒家思想的认识已经不是囿于教条，而是能够站在历史的高度做出评价，指出"上古圣人不以儒名，而德行实儒。后世儒之名立，虽有儒名，或无其实"。他对儒家典籍的解读和领悟甚至让专业的学者们都感到钦佩了。他分析《大学衍义》"先经后史，要领分明，使人观之容易而悟，真有国之龟鉴也"。他对儒家治

---

①　或者曰：有人说。

②　膏粱：应为"膏粱"，意思是肥肉和上等的粟，精美的食品。

道中的"礼乐"和"刑政"已经形成了相当辩证的认识。在原本目不识丁的朱元璋身上发生这种质的飞跃,一方面说明了这位开国君主的勤奋,另一方面也可以证明儒家文化的力量的确是不容小觑的。只有出于对儒家文化的深信不疑,朱元璋才可能这样努力地学习和推行儒家文化。

○洪武十八年十月甲辰

太祖谓工部臣曰:"孟子传道有功,名教历年既久,子孙甚微。近有以罪输作①者,朕闻即命释之。假令朕不知之,或致死亡,则贤者之后浸②以微灭,是岂礼先贤之意哉?尔等宜加询问。凡有圣贤之后在输作者,依例释之。"(卷二 尊儒术)

译文:

洪武十八年(1385 年)十月,太祖对工部的大臣们说:"孟子在儒家学说的传播中功不可没,但是时至今日,他的子孙后代身份地位已经非常卑微。最近还有人因为犯错而被罚作苦役。朕听说后下令释放了那个人。假如朕没有听说这件事,很可能这个人就死了,那么贤人的后代慢慢就会衰落甚至消失了,这怎么符合我朝崇儒的政策?所以,你们一定要经常过问,凡是有圣贤的后代因犯错而受刑的,一律释放。"

由于崇儒重礼,太祖对儒家的关怀也是持续的。洪武十八年,为了表达朝廷的崇儒之意,他指示臣下要善待先儒的后人,规定凡是因罪而降职罚作苦役的儒家后人一律可以赦免。作为开国君主,立法执法对于巩固政权显然也是非常重要的,但是朱元璋为了表明对儒家的尊重而不惜法外开恩,保护儒家的后人,这也从一个侧面反映了他对儒家文化的推崇程度。

---

① 输作:因罪而降职罚作苦役。

② 浸(jìn):副词,意思是"渐渐"。

○洪武二十年正月己未

诏修阙里孔子庙宇。

太祖曰："春秋之世，人纪废坏，孔子以至圣之资删述六经，使先王之道晦而复明，万世永赖，功莫大焉。夫食粟则思树艺之先，衣帛则思蚕缫之始，皆重其所出也。孔子之功与天地立。故朕命天下通祀，以致崇报之意。而阙里又启圣降神之地，庙宇废而不修，将何以妥神灵、诏来世？尔工部其即为修理，以副朕怀。"（卷二 尊儒术）

译文：

洪武二十年（1387 年）正月，太祖下令修缮阙里的孔子庙宇。太祖说："春秋时代，礼仪尽失，孔子以至圣先师的智慧编辑六经，使得古先帝王的治世之道重见天日，成为后世人们行事的标准，这真是莫大的功劳。所谓，吃饭时要记得种粮，穿衣时要记得养蚕，都是在讲要重视起源的道理。孔子的功绩与天地齐高。所以朕下令天下一律祭祀孔子，以表达崇儒重礼和饮水思源的心意。阙里作为孔子的故乡，真可谓启圣降神的地方，如果庙宇损坏了而不修葺，怎么能够安抚神灵，造福后世？你们工部要尽快修缮，不要辜负了朕的用心。"

太祖朱元璋把孔子推崇到神明的地位虽然略显夸张，但是其用意很显然还是想昭示天下，孔子的思想和儒家文化是明朝社会的主流文化。

○洪武二十二年三月壬辰

太祖御谨身殿，观《大学》之书，谓侍臣曰："治道必先于教化，民俗之善恶即教化之得失也。《大学》一书，其要在于修身。身者，教化之本也。人君身修而人化之。好仁者，耻于为不仁。好义者，耻于为不义。如此，则风俗岂有不美？国家岂有不

兴？苟不明教化之本，致风陵①俗替②，民不知趋善，流而为恶。国家欲长治久安，不可得也。"（卷一 谕治道）

译文：

洪武二十二年（1389年）三月，太祖到谨身殿，看了《大学》后，对侍臣说："治理国家始于明教化，民风的善恶反映了教化的成功与失败。《大学》一书的核心就在于修身。所谓身，正是教化的根本所在。作为君主，如果做到了修身，人民就会效仿他。好仁的人，对不仁的行为会感到不耻。好义的人，对不义的行为会感到不耻。如此一来，还用担心民风不淳朴向善吗？国家又怎么会不兴盛？假如不明白教化的根本所在，导致世风日下，百姓不知道向善，而是堕落从恶，那么，国家想要长治久安也是不可能的。"

从31年前（戊戌年）尚未建立政权的朱元璋听儒士祖干讲《大学》，到江山已经巩固的明太祖自己分析《大学》的核心思想，这样的记载充分证明了太祖朱元璋对儒家文化的接受和认同是一个始终如一并且日益深刻的过程。洪武二十二年，太祖朱元璋把儒家文化的核心思想总结为修身，认为身修则国治，这种精辟的分析足见他对儒家文化的领悟深刻，而且他明确把儒家文化的教义摆到事关国家长治久安的高度，认为如果"不明教化之本"，国家也不可能长治久安。这种理解完全符合儒家学说对国家安全问题的基本认识。

从《明太祖宝训》中可以清楚地看到，明代开国皇帝朱元璋对儒家文化的推崇自他尚未建立明朝起一直贯穿在他的执政理念中。儒家文化的精髓"仁""义""礼""孝"不是停留在宣传造

---

① 陵：衰落、颓败。
② 替：衰败、衰落。

势的层面，而是内化在他处理家事、国事的思想意识深处。因为
作为明朝的建立者，朱元璋深知全面践行儒家文化对于确立和巩
固其封建政权合法性的重大意义。他明确指出孔子之言乃"治国
之良规"，实施王道、仁政就能使"天下定于一"。他将孔孟之道
推举到"万世之师"、"与天地相并"的高度，在执政期间大力
"兴礼乐"、"明教化"、"正纲常"、"叙彝伦"。他相信仁义教化
关乎国家长治久安，"治天下之道，礼乐二者而已"。于是，在他
关于政治、教育、经济、伦理的大小决策中都明显地体现了对儒
家文化的深刻接受和全面实践。作为开国君主，朱元璋对治国之
道的定位无疑为其后世的执政方向奠定了基础。

2. 明太宗对儒家文化的认识

《明太宗宝训》共 5 卷，58 章。其中论及明太宗（也称明成
祖）朱棣（1403—1424，年号永乐）对儒家文化的认识的篇章有：

〇永乐元年三月辛丑

南阳郑州官牛疫死者多，有司责民偿，甚急，民贫至有鬻男
女以偿者。

事闻，上怒甚，曰："孔子闻厩焚，问伤人否，不问马。盖
为人贵于畜。今以人易牛，何其不仁？况畜牛本以为民，今乃毒
民如此！"命有司牛死者悉免偿，民所鬻男女偿牛者，官赎还之。
仍命法司治有司不奏而擅责民偿之罪。（卷二 恤民）

译文：

永乐元年（1403 年）三月，南阳郑州的地方政府养殖的牛病
死了很多，相关官员要求百姓抵偿，官员催得很急，以至于有些
家境贫寒的百姓被迫变卖儿女。太宗知道了这件事，非常恼怒，
说："当年孔子听说马厩失火了，赶紧询问是否有人受伤，而根
本不过问马匹。这是因为孔子认为人的性命比马匹珍贵。如今却
有官员不惜用百姓的子女换官牛，这是何等的不仁行为呀？更何

况养殖官牛从根本上说还是要造福百姓，现在却这样毒害百姓！"于是下令相关官员，病死的官牛一律不必赔偿，百姓因抵偿官牛而变卖的儿女都由政府替他们赎回。而且，太宗还命令司法官员对那些强迫百姓抵偿官牛的官员治罪。

○永乐元年闰十一月甲子

上因与侍臣论慎刑。

上曰："孔子云，'何以守位，曰仁'。法司每奏死囚当决，朕未尝不反覆究思，稍有一毫可生之情，即从宽减。犹虑狱讼，不得其平，故尝勅①诸司慎恤。"又曰："往年朕躬临战阵，凡所俘获，亦未尝轻戮一人，况今日为天下之主，可妄杀哉？"（卷五恤刑②）

译文：

永乐元年闰十一月，太宗与侍臣谈论用刑要慎重的问题时说到："孔子说过，'仁爱是君主守住皇位的保障'。法司每次奏请处决死刑犯，朕总是反复考虑，只要有一点可以免除死刑的理由，朕都下令宽宥和减刑。特别是担心有审判不公的可能，唯恐造成了冤案，所以常常告诫法司一定要慎重定刑，尽量宽宥。"太宗还说："以前朕带兵打仗，对所有抓获的俘虏，都从不轻率杀死一人，更何况现在朕君临天下，怎么可以轻易杀人呢？"

太宗朱棣在巩固明朝政权方面发挥着举足轻重的作用，《明太宗宝训》对永乐元年这两件事的记载充分证明，他已经全面接受了太祖朱元璋极力推广的儒家文化，并且在处理大小事务中自觉践行着儒家的标准，特别是孔子"仁"的思想。永乐元年三

---

① 读 chì，意思是"皇帝的命令"。

② 恤刑：慎重用刑。

月，太宗朱棣援引《论语·乡党》篇中孔子的言行①批评因官牛疫死而逼迫百姓抵偿的地方官员，指责他们的行为违背儒家"仁"的原则，明确表达了"民本"的治国理念。同年年末，太宗又与臣下谈到用刑一定要慎重，因为根据孔子的观点，巩固政权的根本就在于"仁"，滥用刑罚的君主是不可能长久执政的。太宗还特意强调自己尽管以前带兵打仗，但都不曾轻易杀人，现在执掌政权，更是会以"仁"为本。

○永乐二年正月丙午

各布政司府州官进表者辞归。

上谕之曰："治天下者以天下之心为心，治一方者以一方之心为心。朕居君位，夙夜念虑，未尝忘民。每思饮食衣服、百物之奉皆出民力。民或有寒不得衣、饥不得食、劳不得息，朕何忍独安？尔等皆以才贤为国家任牧民之职。夫受人寄者当尽己之力，为人上者当推己之心。治民之道，惠养为急。不害播种则民无饥，不妨蚕桑则民无寒。盖民之衣食皆出己力，未尝仰给公家，惟赖公家统理以免强凌众暴之患耳。尔等当明其利害，顺其好恶。去其为恶之人，则为善者自安；惩其趋②末之习，则务本者自固。无有所扰之。……"（卷二 恤民）

译文：

永乐二年（1404 年）正月，各布政司地方官员进京面圣后向太宗辞行。太宗对他们说："治理天下的人要体谅天下民心，治理一方的人要体谅一方民心。朕身为君主，日夜思量，从未忘记百姓。每次总会想起，自己的饮食衣服和所用之物都是百姓制造的。如果百姓有人衣不蔽体、食不果腹、劳累而不能休息，朕怎么忍心独自享乐？你们都是贤才，因而为国家所用，受命管理地

---

① 厩焚。子退朝，曰："伤人乎？"不问马。

② 同"趋"。

方百姓。既然受命，就要尽心尽力，身为官员要有推己及人之心。管理百姓，最要紧的是让他们安居乐业。只要不耽误耕种，百姓就不会挨饿，只要不妨碍养蚕，百姓就不会受冻。百姓的衣食都是靠他们自己的劳动获得的，从来不仰仗朝廷供奉，他们只是指望朝廷秉公执法，消除恃强凌弱和社会混乱的隐患。你们身为地方官员，一定要谨记这个利害关系，体谅百姓的好恶。你们惩奸除恶，善良的人自然能够安稳生活；你们打击不务正业的风气，老实本分的人自然能安居乐业。如此一来，就没有什么人和事可以烦扰百姓了。……"

这一记载不仅再次强调了太宗朱棣执政的"民本"思想，而且太宗还引用了《论语》中的"推己及人"观点教导地方官员如何管理百姓。他明确要求"治民之道，惠养为急"，管理天下就应当体恤天下百姓的疾苦，管理地方就应当体恤地方百姓的疾苦。这种饮水思源的观念既是听从了太祖朱元璋（洪武二十年正月）的教诲，又是对儒家文化仁爱思想的进一步落实。

○永乐二年十二月丙午

赐六部尚书侍郎金织文绮①衣各一袭，特赐翰林学士解缙，侍读黄淮、胡广，侍讲杨荣、杨士奇、金幼孜衣与尚书同，缙等入谢。

上曰："朕于卿等非偏厚代言之司、机密所寓。况卿六人旦夕在朕左右，勤劳助益不在尚书之下。故于赐赉②必求称其功，何居品级？"又曰："朕皇考初制，翰林长官品级与尚书同。卿等但尽心职任。孔子云，'君使臣以礼，臣事君以忠，君臣各尽其道耳'。"（卷四 奖励臣下）

———————

① 读 qǐ。
② 读 lài，意思是"赏赐，给予"。

译文：

永乐二年十二月，太宗赏赐尚书、侍郎各一身金织文绮衣，同样赏赐了翰林学士谢缙，侍读黄淮、胡广，侍讲杨荣、杨士奇、金幼孜，这些受赏之人一起觐见太宗，以示谢恩。太宗说："朕赏赐你们不是因为偏袒你们侍奉在朕左右、与朕格外亲近，当然，你们六人日夜陪伴朕左右，论辛苦和功劳都不比尚书差。朕的赏赐一定是与你们的功劳相匹配的，为什么要顾忌品级呢？更何况，朕的父皇太祖当初制定官阶时，翰林与尚书其实是平级的。诸位爱卿不必多虑，只管尽心尽力做好本职工作吧。孔子曾说过，'君主对臣子要以礼相待，臣子对君主要忠心耿耿，君臣各司其职各尽其道，就可以了'。"

君主赏赐臣下本来是很平常的，《明太宗宝训》对永乐二年的这件事特别记载，无疑是在突出太宗朱棣对儒家文化的重视，正是因为看重儒家文化，所以才不论官阶品级而对陪伴皇帝研读儒家学说的臣下一律给予赏赐。另有一点，太宗还提到父皇太祖皇帝订立的官阶等级，似乎也是在证明自己的崇儒是遵循祖制，再援引孔子的教导明确君臣各尽其职的道理，可以说太宗的这次行赏一举收获了爱惜臣子、崇儒重道、遵循祖制的多重美名。

〇永乐四年三月辛卯朔

上幸太学。先是，勅礼部臣曰，"朕惟孔子帝王之师。帝王为生民之主，孔子立生民之道。三纲五常之理，治天下大经大法，皆孔子明之以教万世。朕皇考太祖高皇帝膺①君师亿兆之任，正中夏文明之统，复礼乐衣冠之旧。渡江之初，首建学校，亲祀孔子，御筵②讲书，守帝王之心法，继圣贤之道学，集其大成，

---

①　读 yīng，意思是"受"。
②　筵（yán）：座位、座席；布置席位。

以臻至治。朕承鸿业，惟成宪是遵。今当躬诣太学，释奠先师，以称崇儒重道之意。其合行礼仪，礼部详议以闻。"礼部尚书郑赐言，"宋世谒孔子，服靴再拜"。上曰："见先师，礼不可简，必服皮弁①，行四拜礼。"（卷三 崇儒）

译文：

永乐四年（1406 年）三月，太宗亲视太学。在此之前，先对礼部下诏说："朕尊奉孔子为帝王之师。帝王是统御百姓的主宰，孔子则创立了统御百姓的方法。小到三纲五常的道理、大到治理天下的规则和法度，都是孔子揭示出来并使其流传千古的。朕的父皇太祖高皇帝当年受拥戴起兵反元，重建中原文明的正统，恢复古先帝王的礼乐制度。太祖高皇帝取得渡江胜利之初，就首先建立学校，亲自祭祀孔子，听儒士讲学，严守作为帝王的心法，践行圣贤的学说，取其精华，因而治国有道。如今朕继承大业，一定谨遵先皇确立的规矩。现在朕要亲自到太学拜谒先师孔子，以表达崇儒重道的心意。此次拜谒一定要合乎礼仪，责令礼部设计细节并且上奏给朕。"礼部尚书郑赐回禀太宗："宋朝以来，拜谒孔子都要穿靴，行二拜之礼。"太宗说："这是拜谒先师孔子，礼节当然不能从简，一定要戴弁，行四拜之礼。"

对拜谒孔子的礼节格外重视，当然可以说明太宗朱棣对儒家文化在明朝社会地位的推崇。朱棣不仅明确强调，无论对指导家庭关系这样的小事，还是治理天下这样的大业来说，都有赖于孔子学说揭示的道理。而且，他还提到自己的父皇太祖皇帝在建立政权的过程中如何遵循儒家文化的指导最终建立了宏图基业，这其中的用意，一方面是在为自己的夺权正名，另一方面也是暗示，自己与太祖朱元璋一样是崇儒重道的君主，因此也可以保证政权的长治久安。

---

① 读 biàn，一种帽子。古代吉礼之服戴冕，常礼之服戴弁。

○永乐五年四月辛卯

皇长孙出阁就学。

上御奉天殿，召太子少师姚广孝、翰林院待诏鲁瑄等，谕之曰："人于学问，常以先入之言为主。朕长孙天资明睿，尔等宜尽心开道。凡经史所载孝弟①仁义与夫帝王大训可以经纶天下者，日与讲说，浸渍之久，涵养之深，则德性纯而器识广，他日所资甚大。不必如儒生释章句、工文辞为能。"（卷一　教皇太孙）

译文：

永乐五年（1407年）四月，皇长孙到了出阁读书的年纪。太宗亲自到奉天殿，召见太子少师姚广孝、翰林院待诏鲁瑄等人，并对他们说："人在学习的时候，首先学到的东西往往会影响深刻。朕的长孙天资聪明，你们一定要尽心教导。凡是经史书籍中记载的孝悌仁义的道理和古先帝王的训诫，只要是有助于统治天下的内容，你们要每天都讲给他听，天长日久熏陶出来，皇长孙一定可以品德纯美而见多识广，将来才能成大器。你们教导皇长孙，不必像普通的儒士教学生一样，只解释书籍的章句和追求文字修辞的华美。"

○永乐十七年十二月丁亥

勅皇太孙，曰："立身之道莫先孝弟忠信，四者之行立于身。明君臣之义，等父子之亲，厚兄弟之爱，尽长幼之序。信以服众，仁以抚下，恕以待物。非正言不发，非正道不履。亲仁贤，远奸佞。节嗜欲，戒荒暴。振纲纪，别淑慝②，明赏罚。以系宗社悠久之托，为天下生民之福，尔其勉之。"（卷一　教皇太孙）

译文：

---

① 同"悌"。

② 慝（tè）：恶，邪恶。

永乐十七年（1419 年）十二月，太宗在给皇太孙的诏谕中说："立身之道首先是孝悌忠信，做到了这四点方能修身。通晓君臣的情义，父子之间注重亲情，兄弟之间互相疼爱，敬老爱幼尊卑有序。对百姓要讲信用，对臣下要仁爱，待人接物要宽容。不说不规矩的话，不做不规矩的事。亲近仁贤，远离奸佞。节制欲望，切勿荒暴。振兴纲纪，明辨善恶，赏罚分明。只有做到这些，才能不辜负江山社稷的托付，为天下百姓谋福利。你一定要谨记在心，时刻勉励自己。"

太宗崇儒重礼，为的是倚重儒家的文化规范治理国家，巩固政权。因此不仅朱棣本人要延续太祖朱元璋的做法，释奠先师，表达崇儒重道的心意，他还十分关心子孙接受儒家教育的问题。永乐五年，皇长孙到了读书的年纪，太宗特别指示要让他学习儒家的"孝弟仁义"思想和经世治国之道，从而在品德和见识方面日渐进步，将来才能成大器。永乐十七年，太宗朱棣又亲自教导皇长孙要按照儒家伦理的要求约束自己的行为，他在诏谕中详细阐明了修身和治国的原则，希望皇长孙严格践行，以便将来担负起确保国家长治久安的重任。而这位皇长孙正是朱棣看好的皇位接班人，后来的明宣宗朱瞻基。由此可见，经过近半个世纪的发展，明代统治者认同儒家文化的程度已经相当之深，并且希望儒家文化的社会主流地位能够代代相传下去，以永保明朝国家的安全、政权的巩固。

〇永乐七年正月丙午

北京行部及天下布政司府州县官来朝者千五百四十二人陛辞。

上谕之曰："君国之道以民为本，设官分职，简贤用能，惟求安民而已。为臣能体其君爱民之心，推而行之，斯天下之民举得其所。尔文武群臣受国家委任，宜操节励行，尽诚竭虑。治民者专务恤民，治军者专务恤军，察其饥寒，体其劳勤，为之除害兴利，教之务本、力业、孝悌、忠信、尊君、亲上，敦行礼义，无作愆①非，庶几永享太平之福。比②者营建北京，国之大事，不得已劳勤军民。尔等宜善加抚恤，无为贪酷以重困之。夫文官之禄皆出于民，武官之功实因于军。能推仁恤之心，益亦报劳之意。苟不知报，或又纵而侵之，非惟国法不容，鬼神犹将祸焉。祸淫福善，天道惟彰，赏罚至公，国典具在。尔其殚心尽力勉致安民之效，以副朕拳拳之怀。"（卷四 谕君臣）

译文：

永乐七年（1409年）正月，北京行部和全国各布政司的地方官员共一千五百四十二人进京面圣后，集体向太宗朱棣辞行。太宗对他们说："君主治理国家要以民为本，设立官位区分等级、选贤任能都是为了让百姓安居乐业。作为臣子的，如果能体谅君主的爱民之心，替君主落实下去，那么天下的百姓就都可以各得其所了。尔等文武群臣被国家委以官职，一定要洁身自爱、身体力行，为国家尽职尽责。文官要爱民，武官要爱兵，了解他们的饥寒，体谅他们的劳苦，替他们惩恶扬善，教导他们本分、勤劳，孝顺父母，兄弟友爱，尊敬君主，热爱朝廷，严格践行礼义，绝不为非作歹。只有这样才能永享太平之福。近来朝廷正在营建北京城，这是国家大事，实属不得已才动用军民劳役。你们一定要善待这些官兵和百姓，多加抚恤，切不可贪污克扣和压榨他们，使他们遭受双重的苦难。事实上，文官的俸禄都来源于百姓的劳动，武官的功绩都依赖于士兵的英勇。你们身为官员，如果能够体恤百姓和士兵，其实也是对他们的回报。假如不知回报，甚至有人纵容私欲侵害百姓，不但国法不容，就是鬼神也不会放过这些人。祸福善恶自有天理监督，赏罚公正也有国法执行。你们一定要恪尽职守，替朕落实以民

① 读 qiān，意思是"罪过，过失"。
② 比：近来。

为本的统治，不要辜负了朕的一片苦心。"

这一处记载首先突出了永乐七年，进京面圣的地方官员人数庞大，意在表明太宗皇帝的统治稳固而繁荣。这种繁荣当然要归功于太宗在儒家文化指导下执行的"民本"统治。太宗对文武百官的教诲中不仅反复强调"以民为本"，因为文官的俸禄和武官的功绩其实都来源于百姓的劳苦，所以要"饮水思源"体恤百姓。而且他还再次指出，落实儒家伦理规范"孝悌、忠信、尊君、亲上、敦行礼义"是确保国家长治久安的良方。

〇永乐七年二月甲戌

上出一书示翰林学士胡广等，曰："古人治天下皆有其道，虽生知之圣，亦兼资学问，由唐虞至宋，其间圣贤明训具著经传。然简帙浩繁，未易遽领其要。帝王之学但得其要，笃信而力行之，足以为治。皇太子，天下之本，于今正当进学之时。朕欲使其知要，庶几将来太平之望。朕间因间①暇，采圣贤之言若执中建极之类、切于修身齐家治国平天下者，今已成书。卿等试观之，有未善更为朕言。"广等编②览毕，奏曰："帝王道德之要备载，此书宜与典、谟、训、诰并传万世。请刊印以赐。"上曰："然。"遂名③曰《圣学心法》，命司礼监刊印赐之。（卷一 教皇太子）

译文：

永乐七年二月，太宗把自己写的书给翰林学士胡广等人看，并且说："古人治理天下都有一定的方法，不仅可以指导圣贤，而且能够增长知识。从唐虞到宋代，很多圣贤纷纷著书立说对这些方法和道理进行解释。然而这些典籍浩如烟海，想要尽快掌握

---

① 同"闲"。
② 同"遍"。
③ 名：命名。

其中的精髓并不容易。而作为帝王，仅仅需要掌握这些方法的精髓，坚定不移地相信并身体力行之，就足以治理天下了。朕的皇太子将来就会君临天下，现在正是他学习的时候。朕希望他了解治理天下的精髓，希望他将来确保天下永享太平。于是，朕利用闲暇时间，专门选取了历代圣贤的作品中论述非常经典透彻、而又有助于'修身齐家治国平天下'的道理，如今已经编辑成书。诸位爱卿替朕看看，有不完善的地方一定提出来。"胡广等人看完后，回禀太宗："这本书全面记载了身为帝王的道德精髓，应该与典、谟、训、诰这些旷世经典一同流传千古。恳请圣上下令刊印此书赏赐臣下。"太宗欣然应允。于是为该书定名《圣学心法》，并令司礼监刊印后赏赐了胡广等人。

○永乐十五年七月乙亥

赐皇太子《务本之训》。

复敕谕曰："往者朕以待行，欲其周知民事，遂作书教之，名《务本之训》。此书于帝王修齐治平之道粗备，且皆切实之言。今别录赐汝，间暇能沈潜①玩味，触类而长大益矣。"（卷一 教皇太子）

译文：

永乐十五年七月，太宗颁赐皇太子《务本之训》一书。然后又下诏说："朕当年命长孙瞻基留守北京②，为了让他了解如何管理百姓，于是写了这本书教他，并将此书命名为《务本之训》。该书基本包括了身为帝王如何做到'修身齐家治国平天下'的方法，而且都是非常朴实的语言。现在我特意抄录了一册颁赐给你，希望你闲暇时认真研读，反复体会其中的道理，如果能有所

---

① 沈（读 chén，同"沉"）潜（qián）：深刻思考。

② 《务本之训》创作于永乐八年（1410 年）。永乐七年，朱棣即位后首次北巡至北京，留皇太子朱高炽监国。次年二月，朱棣亲征侵犯北方边境的鞑靼部落，派皇长孙朱瞻基留守北京。

感悟，一定会大大受益。"

　　《圣学心法》和《务本之训》是太宗朱棣亲自创作，用来教育自己的皇位继承人太子和太孙的书。这件事首先反映了太宗对巩固政权的重视，希望自己的继承人能够延续统治，确保国家长治久安，于是对继承人的教育工作亲力亲为。而太宗特别强调要让皇太子和皇太孙学习的正是儒家文化的核心"修身、齐家、治国、平天下"的道理。儒家典籍浩如烟海，子孙要学习，应该说根本不缺少教材，而太宗并不放心，还要亲自作书。之所以能亲自作书，当然太宗本人已经对各种儒家典籍非常熟悉，有所感悟，而且这种感悟都是建立在太宗本人治国的成功经验基础上的。他把这些道理整理记载下来传给子孙，不仅足以说明他对儒家文化的深刻认同，事实上他本人显然也已经成为明朝社会最有力的儒学传播者和践行者了。

　　○永乐十五年三月乙未
　　颁《五经四书性理大全》①书于六部并两京国子监及天下郡县学。
　　上谓礼部臣曰："此书，学者之根本而圣贤精义悉具矣。自书成，朕旦夕宫中披阅不倦，所益多矣。古人有志于学者，苦难得书籍。如今之学者，得此书而不勉力，是自弃也。尔礼部其以朕意晓谕天下学者，令尽心讲明，无徒视为虚文也。"（卷三 兴学）
　　译文：
　　永乐十五年（1417年）三月，太宗赏赐《五经四书性理大全》给六部、两京国子监和全国各地的学校。太宗对礼部的大臣

————————
　　① 实为《五经、四书大全》（一百五十九卷）和《性理大全》（七十卷）两部书。前者包含了整个儒家典律，而后者包括了从十一到十三世纪的一百二十位思想家的典律注解。

说："该书全面记载了为学的根本和成为圣贤的关键。自成稿以来，朕在宫中日益品读而不知疲倦，深感受益良多。古时候有志于学问的人常常苦于无书可读，如今求学的人如果拿到此书而不努力学习，那就是不求上进。你们礼部一定要向天下的求学者阐明朕的苦心，务必让他们透彻讲解书中的道理，不要流于文字。"

明太宗不仅本人乐于也敢于创作儒学教材，他对儒学的传播还推广到全国范围，《五经四书性理大全》正是他下令当时的御用儒臣编辑并且颁赐全国的一套儒学通用教材。事实上，明朝社会经过半个多世纪，儒家文化被大力推行到这个时期，其自身也已经有了很大的发展，儒家文化吸收了明朝社会的内容，明朝社会也需要儒家文化。虽然我们很难评价《五经四书性理大全》本身对儒家文化和学说的贡献，但是朱棣借助它在当时的明朝社会推行儒家文化，其社会影响应该不容小视。朱棣在明朝历史上被称为文武两方面建树齐高的皇帝，其"文"一方面的功绩应该与他推广儒家文化密不可分。

从《明太宗宝训》中可以看出，作为对于巩固明朝政权起到决定性作用的第二位君主，明太宗朱棣传承了太祖朱元璋的治国思想，他对儒家文化的接受也是全面而深刻的。无论是处理国家政治、经济、教育事务，还是教育子孙、臣下，朱棣在大小决策中都鲜明地体现了对儒家文化的高度内化和全面实践。他在执政之初就明确提出，"朕惟孔子帝王之师"，认为儒家"仁"的思想是巩固政权的关键，依靠孝悌仁义就可以经纶天下。明太宗把儒家文化推崇到极高的地位，称孔孟之道"开谕后世，其功德在生民，盖与天地日月相为无穷"。于是，他要求君臣礼仪都要谨遵孔孟之道，并且颁五经四书通教于天下学校，希望举国上下从君臣到百姓都自觉接受和践行儒家文化。特别值得注意的是，朱棣已经明确意识到要长期巩固明朝政权，就必须让后世子孙传承和发扬儒家文化，所以他"采圣贤之言若执中建极之类、切于修身齐家治国平天下者"教皇太子，又以三纲五常、孝悌忠信的儒家礼义教皇太孙。正因如此，儒家文化作为明朝社会主流文化的地位才得以巩固下来，并被后来的历代君主所继承和维护。

这里需要说明的是，作为建立和巩固明朝政权的两位君主，明太祖和太宗极其重视树立儒家文化在明朝社会思想文化中的主流地位，因此他们对于依据儒家文化治理国家的必要性论述得相当详细。后来的历位君主都是作为既有政权的继承者而执政的，所以他们关于儒家文化对于治国的重要性论述得相对来说比较少，而基本上已经是在自觉按照儒家文化的要求处理内外事务。这种情况在《皇明宝训》的记载中有非常明显的体现。太祖和太宗的宝训极其详备地记载了两位君主对社会生活各个领域的观点认识，其中，很多都明确强调要树立儒家文化的权威，谨遵孔孟之道。而在以后各位君主的宝训中就越来越少有这种明确强调的论述，更多的是根据儒家文化的要求对具体事务的处理决策，而且有些君主执政期间较多地处理的是国内事务，很少甚至几乎没有遇到需要决定是否使用武力获取国家安全的这种重大战略问题，所以在他们的宝训中就缺少相关论述。这一点在本研究下面的分析中就可以得到证明。

3. 明仁宗对儒家文化的认识

《明仁宗宝训》共 2 卷，41 章。其中涉及明仁宗朱高炽（1424—1425，年号洪熙）对儒家文化的认识的论述有：

○永乐二十二年①十月甲辰

赐衍圣公孔彦缙宅于京师。彦缙数来朝皆馆于民，上闻之，

---

① 明太宗朱棣年号永乐，他在位 22 年，1424 年病死，1424 年 9 月仁宗继位，次年才改年号洪熙。

顾近臣曰："四夷朝贡之使至京皆有公馆，先圣子孙乃寓于民家，何以称崇儒重道之意？"遂命工部赐宅。（卷二　崇儒）

译文：

永乐二十二年（1424年）十月，仁宗朱高炽赏赐衍圣公孔彦缙一所位于京师的宅院。孔彦缙多次进京面圣都是借宿百姓家，仁宗知道后，对身边的大臣说："周边小国进京朝贡的使节在京师都有公馆，先圣的子孙却还要寄宿在百姓家里，这样怎么能表达朕崇儒重道的心意？"于是下令工部赏赐孔彦缙宅院。

〇永乐二十二年十二月己巳

礼部尚书吕震奏，"有旨赐衍圣公孔彦缙一品金织衣，衍圣公是二品，如旨赐之，过矣"。上曰："朝廷用孔子之道治家国天下。今孔子之徒在官有一品服者，孔子之后袭封承先师之祀服之何过？且先帝时，五品儒臣有赐二品服者，亦问过哉？其赐之，用称朕崇儒之意。"（卷二　崇儒）

译文：

永乐二十二年十二月，礼部尚书吕震上奏，"圣上降旨赏赐衍圣公孔彦缙一品金织衣，但是衍圣公官居二品，圣上这样赏赐他似乎过重了。"仁宗说："我朝治理国家天下都是用的孔子的学说。如今孔子的学生都有官居一品的，孔子的后人接受与先师地位相称的祀服有什么过重的呢？更何况，先帝在世的时候，就曾赏赐给五品的儒臣二品的祀服，也没有人说过重呀？就按朕的旨意赏赐吧，这样才能表达朕的崇儒之意。"

仁宗朱高炽的帝王命运可谓非常不顺，前后在位的时间也不足一年。但是他自幼接受了系统的儒学教育，深受儒家文化的熏陶，他本人也在明朝历史上留下了"仁爱"的美名。永乐二十二年，也是朱高炽刚刚登上皇位的这一年，他就两次对孔子的后人孔彦缙行赏，一次是体恤先师后人的辛苦，一次是重赏以表达崇儒的心意和肯定孔子之道对于明朝治国治天下的贡献。应该说，到了仁宗朱高炽执政时，儒家文化的地位已无须论证，崇儒已然成了明朝社会的祖制和既定之规。

○洪熙元年四月丙午

赐皇太子图书，并书谕曰，"朕惟祖孙父子于天伦最重，是以祖之于孙，父之于子，其亲爱，天下莫加焉。亲爱之而期以富贵寿康。盖天下之同情而推明所以长保富贵寿康之道以期之者，圣人之心也。

尔朕嫡长子，皇考太宗皇帝嫡长孙也。自幼岐嶷①粹美，皇考最所钟爱，鞠育提训，朝夕膝下，诚以尔为远大之器而可以付社稷人民之重者也。故随事垂训皆圣人之至道，帝王之大经。恩德广厚譬诸天地之化，岂易名言？

乃永乐甲辰之春，亲征北虏，车驾将发，子孙咸在，天颜穆清，顾尔谓朕曰，'古之令主于盘盂剑几皆有铭，用自警也。人之行莫大于中正，况为人之上者乎？吾以人主中正四字为宝押，师还制以赐之，俾之自勉，逮六师凯旋'。不幸，皇考宾天。朕已承遗命，正大统，册尔为皇太子。皇太子者，天下之本，系主器之重，必有令德用克。钦承惟中与正为德之本。谨遵皇考成志，制为宝押以授尔，其懋敬之哉。

中正，体用一也，不偏不倚，无过不及，天下万善皆原于此。隆古帝王传授之要，皆在于此。人以中正存诸内，则发于喜怒哀乐无非道也。以中正施诸行，则形于动静云为无非德也。而于君人者之施，盖又广矣。中天下而立，以正天下之表，其可不敬于内，不慎于其发哉？故以中正诚身则身尊，以中正治家则家齐。惟中正之言是亲，则君子益进、小人益远。惟中正之言是

---

① 岐嶷（qí nì）：幼年聪慧。

听，则善道日闻而诡①谄②日退。行赏以中正，则恩不滥而人皆懋功。行罚以中正，则刑不滥而人皆畏罪。以中正施政教，则治道可成而俗化可兴。以中正施命令，则万姓服从而四夷效顺。君人之道莫此为要，尔懋敬之。其笃念朕皇考与朕所亲爱期望之心而敬服膺之，以系宗社生民之望于永远哉"。（卷一 教皇太子）

译文：

洪熙元年（1425 年）四月，仁宗将太宗皇帝的题字赏赐皇太子朱瞻基，并写信告诉他："朕认为祖孙父子关系是人间天伦中最重要的，祖父对孙子和父亲对儿子的亲爱之情是天下感情中最浓厚的。因为亲近和疼爱，所以希望他们将来大富大贵、健康长寿。天下人的这种感情都是一样的，所以圣人会探寻长保富贵寿康的方法。

你作为朕的嫡长子，先皇太宗皇帝的嫡长孙，自幼聪慧善良，先皇最为疼爱你。因而也对你悉心调教，日夜留在身边，真心希望你将来能成大器，能够不负江山社稷的重托。正因如此，平时教育你的都是圣人的至理名言和身为帝王的大经大法。先皇对你的恩典与天地一般广厚，这真不是虚言呀。

永乐二十二年春，太宗皇帝亲征北虏，临行前，我们这些皇子皇孙们都在。太宗皇帝表情淡定，看着你，对朕说：'古时候的人常常在器皿、宝剑、桌椅上面题刻铭文，目的是时刻提醒自己记住一些道理。中正之道是人人都要遵循的行事之道，更何况是君主呢？朕特意写了人主中正四个字，准备北征回来制成宝押赏赐给瞻基，以督促其自勉。你们就等朕凯旋回京吧'。不幸的是，先皇太宗皇帝回师途中归天。如今朕已经根据太宗皇帝的遗命登基称帝，并且册立你为皇太子。你身为皇太子，就是将来天下百姓的主宰，肩负着江山社稷的重任，一定要注重品德，勤于

---

① 诡：欺诈。

② 谄（tāo）：隐瞒。

学习。如先皇太宗皇帝所言，中与正是德之根本，朕谨遵太宗皇帝的意愿，将他题写的'人主中正'四个字制成宝押赐给你，你一定要珍惜和重视。

所谓'中正'，就是体用一致，不偏不倚，无过无不及，这是天下一切好事的根源所在。自古以来的帝王们所传授的治理经验，其核心也在于此。做人如果能够始终在内心坚持'中正'的原则，其表现出的喜怒哀乐都会符合情理。用'中正'指导自己的行为，则无论采取什么行动都不会违背道德。身为君主，坚持中正之道又有更广泛的含义。坚持'中'才能立天下，坚持'正'方可成为天下的表率，身为君主，怎么能不内心时刻谨记，而言行格外慎重呢？'中正'的确是修身、齐家的良方。喜好中正之言，可以吸引君子，远离小人。只听信中正之言，就能助长善良诚实的风气，减少虚假欺骗的行为。根据'中正'的原则行赏，既不会造成滥用恩典又可以督促人们争相建功。根据'中正'的原则处罚，既不会引起滥用刑罚还能够使人们都畏惧犯罪。根据'中正'的原则施政和施教，一定会治理有道，而教化纯美。根据'中正'的原则统治天下，一定可以使百姓拥护、四夷归顺。做人和做帝王的道理都是以此为核心的，你务必谨记。更要时刻体谅先皇太宗皇帝和朕对你的疼爱和期望之情，切实履行'中正'之道，从而不辜负江山社稷的重托，确保大明江山永享太平。"

《明仁宗宝训》对仁宗教皇太子的这一段记载非常明确地反映了儒家文化对明朝君主的深刻影响。仁宗首先从祖孙父子的亲情谈起，符合儒家伦理的内涵。然后提到父子两代皇帝对继承人朱瞻基的厚望，希望他成大器，进而不负江山社稷的重托，为了完成这样的使命，必须勤奋学习治国之道，而这个治国之道的核心，就是儒家文化的"中正"原则。太宗皇帝在出征之前对皇长孙的教诲，没有长篇大论，一定是他认为最为重要的原则，他选择了儒家的"中正"作为对"人主"的要求，希望皇长孙自警和自勉。仁宗朱高炽谨遵太宗皇帝的遗愿，教导皇太子，详细阐明了如何做才符合"中正"的原则，以及坚持"中正"之道对于"修身、齐家、治国、平天下"的重要意义。仁宗的分析之透彻，阐述之全面充分显示了他对儒家文化的深刻领悟和认同。

仁宗朱高炽执政的时间不足一年，他的宝训也只有两卷，但是这两卷都明确记载了仁宗崇儒重道的思想和行动，强调"朝廷用孔子之道治家国天下"，因此要尊重爱护儒家后裔和生徒。还转达太宗皇帝的遗愿，教育皇太子谨遵儒家文化"中正之道"，以成为合格的帝王，确保江山永享太平，四夷百姓拥戴归顺。

4. 明宣宗对儒家文化的认识

《明宣宗宝训》共 5 卷，75 章。其中涉及明宣宗朱瞻基（1426—1435，年号宣德）对儒家文化的认识的篇章有：

○宣德元年正月庚子朔

孔颜孟三氏子孙十人来朝，辞归。上谓礼部尚书吕震曰："朝廷待贤当厚，彼皆圣贤子孙，其给道里费。"又谓震曰："孔颜孟三氏旧设教官，训其子孙，必选端重有学行者。尔以朕言谕吏部知之。"（卷三 崇儒）

译文：

宣德元年（1426 年）正月，孔子、颜渊、孟子三位圣贤的子孙后代共十人进京面圣后向宣宗朱瞻基辞行。宣宗对礼部尚书吕震说："朝廷要优待圣贤，这些人都是圣贤的子孙，因此要发给他们回程的路费。孔、颜、孟三家一直都设有专门的官职教导子孙后代，这些教官一定要选品德和学问都优秀的人担任。你把朕的话转告吏部。"

○宣德元年十月癸未

袭封衍圣公孔彦缙来朝，既退。上谕行在礼部尚书胡濙①曰："先皇帝于其来朝，亲定赏赐，盖重圣人之道，师其道则爱及其子孙。今当加倍。"于是，赐彦缙金织纻②袭衣、钞、羊、酒等物。（卷三 崇儒）

译文：

宣德元年十月，衍圣公孔彦缙进京面圣后，宣宗对行在礼部尚书胡濙说："当年先皇帝仁宗皇帝在孔彦缙进京面圣时，曾亲自破格给予他厚赏，以表达崇儒重道之意。我朝学习儒家的治国之道，当然应该爱护儒家的后人，所以现在朕也要加倍赏赐孔彦缙。"随后就赏赐了孔彦缙金织纻袭衣、钞、羊、酒等物品。

宣宗朱瞻基即位之初就多次赏赐先儒的后人，一方面强调赏赐一定要丰厚，以表达新君主的崇儒之意绝不亚于前代；另一方面也不忘交代，对这些先儒后人的教育一定要由品行和学问并重的官员来承担，其目的当然是想让这些儒家的嫡传者继续发扬儒家文化的影响力，保持其社会主流文化的地位，从而也为明朝政权提供持久的思想文化支撑。

○宣德二年三月己酉

上御文华殿，翰林儒臣讲《孟子 离娄章》毕。上曰："伯夷、太公皆处海滨而归文王，及武王伐纣，太公佐之，伯夷扣马而谏。所见何以不同？"讲臣对曰："太公以救民为心，伯夷以君臣之义为重。"上曰："然。太公之心在当时，伯夷之心在万世，无非为天下生民计也。"（卷一 圣学）

译文：

---

① 读 yíng。
② 纻（zhù）：丝。

宣德二年（1427 年）三月，宣宗到文华殿，听翰林儒臣讲完了《孟子·离娄》章后，宣宗问："伯夷、太公原本都是隐居海边，后来都归依了文王。到了武王伐纣的时候，太公大力辅佐，伯夷却扣马进谏，这两人的观点有什么不同呀？"讲臣回答说："太公是救民心切，伯夷看重的是君臣之义。"宣宗说："对了，太公强调的是当时，伯夷强调的是长远，两人都是为天下百姓着想。"

○宣德三年二月癸酉

上退朝御文华殿，翰林儒臣讲《舜典》竟①。

上曰："观二典三谟②，则知万世君臣为治之道不出乎此。……"

……

上曰："是盖天生圣人为后世法程。孔子删书，断自唐虞，使人知有尧舜。诚所谓万世帝王之师也。"（卷一　圣学）

译文：

宣德三年（1428 年）二月，宣宗退朝后来到文华殿，听翰林儒臣讲完《舜典》后，说："读完二典三谟，就会明白历朝历代君臣的治国之道都出自这些经典。……自古圣人都是由上天安排他们来到人间，为后人制定法度的。当年孔子编辑六经，从唐虞时期讲起，从而让人们知道了尧舜的治国之道。孔子的确是历代帝王的老师啊。"

○宣德三年十月庚寅

翰林儒臣进讲《春秋》竟。

上曰："圣人匡世之功，忧世之心，备见此书。当时先王礼乐法度日隳废，乱臣贼子接迹而起。有此书而后天下皆知尊周。"

---

① 竟：完毕。

② 二典三谟：指《尚书》中的《尧典》《舜典》《大禹谟》《皋陶谟》《益稷》。

又曰:"孔子作此书以尊周为本。孟子乃以王天下,劝齐梁之君,何也?"侍臣对曰:"孔子之时,周室虽微,天下犹知尊周。孟子之时,七国争雄,天下不复知有周矣。"上曰:"圣贤之心无非为天下生民之计。孟子时不有王者兴,何以解生民之涂炭?"遂赐讲臣坐,命左右赐菓茗。(卷一 圣学)

译文:

宣德三年十月,宣宗召见翰林儒臣讲解《春秋》,讲完后,宣宗说:"这本书充分体现了圣人的匡世之功和忧世之心。那个时代,古先帝王的礼乐法度一天天被废弃,乱臣贼子接连出现。孔子创作了《春秋》后,天下人就都知道尊重周王朝了。"宣宗又问:"孔子创作《春秋》要求以尊周为本。孟子却劝导齐梁的国君以王道统御天下,这是为什么呀?"侍臣回答说:"孔子的时代,周王室虽然已经衰落,但是天下都还承认和尊重周朝。孟子的时代,已经是七国争雄的局面,天下人早已不知道周朝的存在。"宣宗说:"圣贤们的良苦用心其实都是为天下百姓操劳啊。孟子的时代如果没有以王道统御天下的人出现,怎么能够解救百姓于水火之中呀?"说完后,宣宗给讲臣赐座,还命左右侍臣赏赐了茶点。

作为自幼接受系统的儒家教育的君主,明宣宗不仅喜欢与专业研究儒家文化的臣下探讨儒家的治国之道,而且对儒家文化有自己的见解,他甚至比那些专事学问的儒臣能够更加深刻地领悟儒家治国之道的内涵,因为他是这些治国之道的直接推行者。从《明宣宗宝训》中的多处相关记载可以看出,其中既有宣宗对治道的比较,如"太公之心在当时,伯夷之心在万世,无非为天下生民计也";也有他对典籍的评价,如"观二典三谟,则知万世君臣为治之道不出乎此";还有宣宗对历史的反思,如"孟子时不有王者兴,何以解生民之涂炭?"所有这些不仅清楚证明了这位明代君主对儒家治国之道的深刻领悟和接受,而且表明他对儒家文化已经超过学习的阶段，上升到印证和反思的层面。

○宣德六年十二月丙申朔

上屡诏求贤，虑尚有遗逸，作招隐之诗，以示大臣，又自为之序，其略曰，"朕闻君子之学，将以致于用也。故其未仕，则汲汲以明道。道既明矣，则汲汲以措之天下。伊尹耕于莘，以尧舜之道自乐，然致君泽民未尝忘也。其后，圣莫如孔子，贤莫如孟子，辙还天下，亦欲行其道，岂以独善为高哉？"又曰，"士君子当以伊尹孔孟为法，顾乃卷而怀之。遯①于深山穷谷之中，与麋鹿为伍而废人之大伦，岂得为贤哉？"（卷三　求贤）

译文：

宣德六年（1431年）十二月，宣宗多次下诏寻求贤才，仍然担心还有归隐不肯入世的人才，于是写了一首招隐诗给大臣看，还亲自为这首诗写了序，大体上是说，"朕听说君子求学，都是要学以致用的。因此，没有做官的儒士，都努力做学问，以帮助世人明白圣贤的道理。道理讲明了，就要努力付诸行动，以造福天下百姓。古人伊尹虽然曾归隐田间，独享参悟尧舜之道的乐趣，但是也从未忘记辅佐君王和造福百姓。伊尹之后的圣贤，莫过孔子和孟子，而他们都是心系天下，努力推行其治世之道的，都没有以独善其身为最高追求呀！身为儒士君子当然要效仿伊尹和孔孟，希望你们能够明白其中的道理。隐匿在人迹罕至的深山，日夜与动物相处而背弃了做人的原则，怎么能成为圣贤呢？"

这一记载说的是宣宗求贤若渴，反映的是他作为明君的形象，而这位明君显然是儒家文化培养出来的，他对儒家文化的熟悉和推崇也令人印象深刻。宣宗希望尽收天下的贤才为自己的政权服务，多次下诏求贤后还担心收拢的不够全面，于是又亲自作

① 遯（dùn）：隐匿。

诗，用儒家文化推崇的圣贤人士都"学以致用"服务于天下的例子对尚在归隐的儒士们加以劝导。明宣宗之所以这样不厌其烦地招纳儒士，显然说明了他对儒家文化治国平天下的力量是深信不疑的。而且，该记载其实与《明太宗宝训》和《明仁宗宝训》的相关记载还前后呼应，可以证明当年的皇长孙没有辜负太宗和仁宗两位皇帝的厚望与教导，严格履行儒家治国之道的要求，所以才能成为这样贤明的君主。

根据以上文献分析可以看到，宣宗朱瞻基在执政之初即明确表示要崇儒重道，主张"师其道则爱及其子孙"，对儒家后世子孙都予以了丰厚的赏赐。在位期间，宣宗还始终不忘对儒家文化典籍的学习、领悟和反思，常常与儒臣探讨其中的问题，向儒臣们印证自己在从学习到推行儒家文化的过程中总结的心得。甚至在招揽人才的时候，还自己亲力亲为作招隐诗，向全天下的儒生们讲明践行儒家文化的重要意义。如果不是因为明宣宗自己从心底里认同和接受儒家文化，很难想象他会这样重视，并且自觉地把儒家文化融入自己的言行中。

5. 明英宗对儒家文化的认识

《明英宗宝训》共 3 卷，72 章。其中涉及明英宗朱祁镇（1436—1449，年号正统；1457—1464，年号天顺[①]）对儒家文化的认识的篇章有：

----

① 正统十四年，明英宗贸然亲征来犯的蒙古也先部落，结果在"土木堡之败"中被俘并劫持为人质。随后，英宗的弟弟朱祁钰登基称"景泰帝"，执掌明政权八年。1457 年，朱祁钰去世。英宗重新登上皇位，改年号天顺，直至 1464 年去世。《明英宗宝训》中对天顺年间的记载相对较少，而且基本都是关于对内治理的琐事，出现这种情况很大程度上就是因为英宗经历的此次政权动荡。也正因如此，本书在文献选取时没有找到天顺时期符合本研究需要的记载。

〇宣德十年①四月壬戌

以元学士吴澄从祀孔子庙庭。先是，湖广慈利县儒学署教谕事举人蒋明奏："先儒有功于道学者，皆得从祀。近世之儒若元翰林院学士临川吴澄道尊孔子，学述六经，著书立言，师表当世，其功不下于许衡。既从祀，澄当如之"。

上命行在礼部会官议。于是，少传兵部尚书兼华盖殿大学士杨士奇等议曰："……盖元之正学大儒，惟许衡及澄二人，故卒后皆谥文。正我国家表章四书五经及性理之学，凡澄所言，皆见采录。其发明斯道之功，朱熹以来莫或过之。今若升澄从祀，允惬公议"。

上以崇儒重道正在旌异元贤，命礼部即行两京国子监及天下府州县儒学一体从祀，永为定制。（卷一 崇儒）

译文：

宣德十年（1435 年）四月，明英宗朱祁镇恩准了把元代的儒士吴澄列入孔子庙庭接受祭祀之礼。在此之前，是湖广慈利县儒学署的教谕事、举人蒋明上奏："先儒中在学问方面有贡献的人都要受到祭祀。离我们最近的元朝翰林院学士、临川的吴澄也是孔子学说的继承者，这个人不仅对六经的领悟很深，而且著书立说，在当前的影响很大，其功劳不亚于许衡。既然许衡都受到了祭祀，吴澄也应该得到相同的礼遇"。

随后，英宗命令礼部研究了这件事。少传兵部尚书兼华盖殿大学士杨士奇等人回禀说："许衡和吴澄是元代仅有的两位正宗儒士，且两人的学问堪称大儒，所以两人死后都被冠以'文'的谥号。我朝编制的《五经四书性理大全》中都收录了吴澄的观点。他对儒学的贡献是自朱熹以来无人能及的。现在如果把吴澄列入祭祀庙庭，的确非常合情合理。"

于是，英宗宣布，我朝崇儒重道不会排斥元代的贤才，恩准

---

① 明宣宗在位十年（1426—1435），英宗继位后次年（1436 年）才改年号正统。

将吴澄列入庙庭，接受两京国子监和天下各府州县儒学的统一祭祀，并将这条礼仪定为制度，永不改变。

登基之初的明英宗就在崇儒方面表现出魄力，不顾忌政治的差异，宣布只要是在儒学思想方面做出突出贡献的先儒都应受到尊敬，享受祭祀之礼。于是本来在政治立场上不被明朝认同的元朝儒臣吴澄，在明英宗时期也因为其对儒家文化的重要贡献而开始成为明朝全国上下都要拜祭的先儒。明英宗对这件事的重视以及对吴澄在儒学发展方面所作贡献的肯定，无疑表明他对儒家文化的接受已经达到相当深的程度，所以他才可能摆脱政治立场的束缚，站在传承儒家文明的高度来评价儒士们的功过。

○正统三年三月癸丑

孔颜孟三氏子孙教授裴侃言："天下之庙惟论传道以列位次，阙里家庙宜正父子以叙彝伦。颜子、曾子、子思、子也配享殿庭无繇①。子皙②伯鱼父子也从祀廊庑③匪。惟名分不正，抑恐神不自安。况孔子父叔梁纥④，元已追封启圣，创殿于大成殿西崇祀。而颜孟之父俱封公爵，惟伯鱼子皙仍为侯爵。乞追封为公，偕颜孟之父俱迁配启圣王殿。庶名位胥⑤安，人伦叙攸。"又言："祭告孔子，祝文称王，在天下则可，在子孙则不宜。乞易惟王为'仰惟我祖增深仁厚，泽诒我子孙'二句于'垂宪万世'之下。"

上是其言，命行在礼部行之，仍命翰林院议伯鱼子皙封号以闻。（卷一 叙彝伦）

---

① 繇（yáo）：同"摇"，动摇。
② 读 zhé。
③ 同"无"。
④ 读 hé。
⑤ 胥（xū）：都。

译文：

正统三年（1438 年）三月，负责教孔子、颜渊、孟子三家的子孙的儒士襄侃上奏英宗："天下的孔庙都是按照对儒学的贡献排列受祭祀者的位次，然而孔子故乡阙里的家庙还是要考虑父子的尊卑先后，这样才符合彝伦。如今，颜子、曾子、子思、子也都位列殿庭，子皙和伯鱼也位列祀廊，这些都没什么不对。只是名分不正，恐怕这些神灵自己会感到不安。更何况，当初元代都追封孔子的父亲叔梁纥为'启圣'，并且专门为他在大成殿西侧新建了祭祀的庙宇。现在颜渊和孟子的父亲都已封为'公爵'，只有伯鱼和子皙还是'侯爵'的封号。恳请圣上追封伯鱼和子皙为'公爵'，与颜渊和孟子的父亲一起迁至启圣殿祭祀。① 这样才名位俱符，且合彝伦。另外，祭祀孔子的祀文里把孔子称为'王'，这在天下的通祀中是对的，对孔子的子孙来说却不合适。也恳请圣上恩准把'垂宪万世'这一句后面的'惟王'两个字改为'仰惟我祖增深仁厚，泽诏我子孙'。"

英宗基本肯定了襄侃的说法，随后命行在礼部予以落实，但是关于伯鱼和子皙的封号，英宗要求翰林院复议后再予禀报。

以上两处记载都是关于明英宗执政后，在祭祀先儒的礼仪方面进一步完善，其中有一个共同的特点非常值得注意，就是对元朝崇儒的评价。我们发现，在英宗以前，特别是明太祖和太宗时期，为了突出明朝对儒家文化的大力推崇，常常刻意贬低和指责

---

① 子皙是曾子（名曾参，字子舆）的父亲，名曾点，字子皙，比孔子小 6 岁，是孔子 30 多岁时收的第一批生徒。其子曾参比孔子小 46 岁，是孔子晚年的重要弟子之一，以孝著称，被后世尊称为"曾子"。孔子、伯鱼、子思三人是父、子、孙的关系。据《史记·孔子世家》记载，孔子生鲤，字伯鱼。伯鱼年五十，先孔子死。伯鱼生伋，字子思，年六十二。这一记载中，襄侃上奏的意思是，伯鱼作为子思的父亲，子皙作为曾子的父亲，在祭祀的礼仪方面还不如各自的儿子，所以应该提高，追封"公爵"并且迁至专门用来祭祀父辈的"启圣殿"。

元代，希望借此突出明朝政策的优越，进而证明新政权的合法性及其存在的必然性和长期性。但是到了英宗时期，已经开始比较客观地肯定元朝在崇儒方面也是有一定成绩的，而且还主动引用元朝的政策作为制定新政策的佐证，并不是像明太祖和太宗时期那样，跨过这个最近的朝代而去考证古先帝王的做法。出现这样的变化，一定程度上可以说明，英宗时期，明朝政权已经稳定，崇儒已经成为国家正常运转的组成部分，不像立国之初那样需要刻意强调。而英宗时期明政权之所以能够具备这样的自信，当然与明初以来历代君主大力推行儒家文化，使其深入明朝社会和人心有着直接和必然的联系。

○正统八年八月壬辰

复宋儒周敦颐、程颢、程颐、司马光、朱熹子孙。先是，顺天府推官徐郁言，"诸儒俱有功，圣门后世是赖，宜恤其子孙，俾修祠墓。"上命所司访其后，至是以闻。

上曰："我朝崇儒重道有隆无替，今去诸儒未远，苟弗恤其子孙，岂称崇重之意？然恩典亦不可滥。其嫡孤子孙，宜免差徭。"（卷一 崇儒）

译文：

正统八年（1443年）八月，英宗回复关于抚恤宋儒周敦颐、程颢、程颐、司马光、朱熹的子孙的请求。在此之前，是顺天府推官徐郁上奏："这些先儒都在儒学的发展中贡献突出，他们的子孙后代是我们继续发扬儒家文化的依靠。因此应该对他们大加抚恤，恳请圣上恩准修缮他们祖先的祠墓。"英宗命相关官员走访这些先儒子孙后，现予以批复。

英宗说："我朝的崇儒重道水平只会提高不会降低，这些儒学大家在世的时间距离我朝都还不久远，如果现在就不抚恤他们的子孙了，那怎么符合我们的崇儒重道政策呢？但是，恩典不能滥用，现在只是免除他们嫡系和孤寡子孙的差役、徭役就够了。"

〇正统十二年五月癸丑

监察御史李奎奏："孔子之圣，历代皆有褒赠。国朝自洪武以来，圣驾屡幸于辟雍①，祀典遍行于天下，何独孔子褒赠未有增加？乞勒翰林院参考古制，定以万世莫加之美谥。"

上曰："孔子，万世帝王所尊，功德难名。虽累百言，何足为重？不必增益。"（卷一 明断）

译文：

正统十二年（1447年）五月，监察御史李奎上奏："孔子的圣贤，历朝历代都受到褒赠。我朝自洪武年间以来，帝王多次拜谒太学，祭祀的礼仪也通行于天下。为什么唯独没有增加对孔子的褒赠呢？恳请圣上下令翰林院根据古制，褒赠孔子以万世莫加的华美谥号。"

英宗说："孔子是历代帝王尊奉的先师，其功德之高，不是用言语能够表达的。即使褒赠孔子以数百言的华美谥号，难道就足以体现朕的崇儒之意吗？所以就不必多此一举了。"

正统三年、八年和十二年发生的这三件事有一个共同的地方值得注意，就是，明朝的崇儒政策在英宗时期已经表现出成熟稳定的倾向，一方面表示"崇儒重道有隆无替"，即只会更加重视不会有所减轻，另一方面也强调崇儒的恩典"亦不可滥"，不是追求表面形式。正统三年，尽管英宗基本全部接受了襄侃对增加孔庙祭祀礼仪的请求，但是最后对于子晳和伯鱼的封号，英宗还是要求礼部复议后再上奏，并没有当场定夺。尽管只是封号，并没有涉及财务问题，英宗却如此谨慎，显然是因为他经过了慎重思考，对崇儒的具体政策是否合适都非常认真。正统八年，针对臣下关于抚恤宋儒子孙的请求，英宗先是派人进行了实地调查，

---

① 辟（bì）雍：太学。

而后才酌情增加了非常贴合人性的恩典，即不是修祠墓，而是免差徭。充分体现了英宗的崇儒不是好大喜功，而是非常实际地体恤先儒的子孙。正统十二年，针对臣下要给孔子定"万世莫加之美谥"的请求，英宗则明确表示对孔子的尊崇是难以用语言来表达的，所以增加褒奖的名号没有实际意义。这些做法都说明儒家文化在其执政理念中已经不是仅仅出于功利目的的使用，不是可以无条件地盲目抬高，而是业已内化的根深蒂固的意识，因此在崇儒政策的具体实施方面都是相当理性的。

英宗时期明朝的崇儒政策已经推行了半个多世纪，各种礼仪制度基本全面建立起来，于是就出现了如何完善这些制度的问题。面对这些问题时，英宗一方面强调不会减轻对崇儒的重视，另一方面他又非常客观地评价崇儒的历史，非常慎重地处理当下的崇儒政策，之所以能够表现得如此理性，当然与深刻内化在他意识里的儒家文化密不可分。用儒家（"中庸""仁爱""以民为本"）的方式处理崇儒的问题，可以说是对这位君主已经深刻认同儒家文化的最好证明。

6. 明宪宗对儒家文化的认识

《明宪宗宝训》共 3 卷，63 章。其中涉及明宪宗朱见深（1465—1487，年号成化）对儒家文化的认识的篇章有：

○成化元年四月丁丑朔

孔子五十六代孙克昀以子姓繁衍、日用不给，乞蠲①田租。

上曰："孔子有功于万世，其子孙在所优恤。"命有司减其租。（卷二 崇儒）

译文：

---

① 蠲（juān）：减免。

成化元年（1465 年）四月，孔子第五十六代孙孔克昫上奏称，由于家族人口增加，现日用已不足以供给，恳请减免上缴的田租。宪宗说："孔子的功绩恩泽千秋万代，优抚他的子孙是理所应当的。"于是，命令相关官员降低了孔克昫家的田租。

宪宗朱见深继位之初就积极表达自己对儒家的尊崇，肯定孔子创立儒学的巨大历史贡献，并且减免了其后代子孙的田租。而且，当时孔子第五十六代孙孔克昫申请减免田租的理由是家族的人口增长很快，花费非常大。这从一个侧面也说明了孔子后人在明朝社会受到优厚的抚恤和尊重，所以家族才会人丁兴旺。

○成化九年二月丁丑

上命儒臣考订宋儒朱熹《〈资治通鉴〉纲目》，尽去其后儒所注考异考证诸书，而以王逢集览、尹起莘发明附其后。

既成，上命刻梓以传，亲制序于卷首曰："朕惟朱子通鉴纲目实备春秋经传之体，明天理，正人伦，褒善贬恶，词严而义精。其有功于天下后世大矣。……"（卷一 圣学）

译文：

成化九年（1473 年）二月，宪宗下令考订宋儒朱熹编写的《〈资治通鉴〉纲目》，要求删除朱熹以后所有儒士续写的所谓考证不同或相同观点的文字，只保留王逢的《资治通鉴纲目集览》和尹起莘的《通鉴纲目发明》附在其后。

考订工作完成后，宪宗下令刊印以供传阅，并且亲自在卷首为该书题写了序言："朕以为，只有朱熹的《〈资治通鉴〉纲目》确实具备《春秋》经传的文风，该书明天理、正人伦，褒善贬恶，措辞严谨，见解深刻，对天下人和后世子孙的贡献都是非常深远的。……"

宪宗时期，儒家文化作为明朝社会主流文化的地位是处于平稳发展状态的，于是，作为一国之君的明宪宗也在按照自己的理解诠释和框定儒家思想。他命儒臣考订宋儒朱熹编写的《〈资治通鉴〉纲目》，首先就说明了他对儒家的治国之道非常推崇和重视。再看他对后世儒生们续写和考订的纲目版本所做的评价，就能反映宪宗本人的儒学功底已经很深。

○成化十二年七月辛亥

国子监祭酒周洪谟言："孔子冕服已用天子之礼，宜增笾豆①为十二，佾舞为八，则礼乐相称。"

上曰："尊崇孔子乃朝廷盛典，宜从所言，其笾豆佾舞俱如数增用，仍通行天下，悉遵此制。"（卷二 崇儒）

译文：

成化十二年（1476年）七月，国子监祭酒周洪谟说："祭祀孔子时用的礼服已经达到了祭祀天子的礼仪水平，恳请圣上恩准再增加笾豆为十二个，佾舞②为八行八列，这样才是礼乐相称"。

宪宗说："尊崇孔子乃是朝廷的盛典，朕同意你的请求，笾豆和佾舞都如数增加，而且该礼乐规模要通行天下，各地在祭祀孔子时都要按此标准进行。"

○成化十五年正月己卯

巡抚大同右副都御史李敏奏，"今天下学校俱有乐，以佾祭孔子。大同虽边方，实总镇之所，而乐独缺。乞照例颁降，或容臣制造，令诸生习演奏用。庶边方之远，得以观圣化之美，甲

---

① 笾（biān）豆：古代的礼器。

② 佾舞是古代宫廷乐舞，分别在祭祀天子、公侯、大夫等时演出，最高等级是八佾舞。六佾舞是6行6列，共36人，用来祭拜诸侯及宰相，只有文舞一种。八佾舞是8行8列，共64人，成方阵形，用来祭拜皇帝祖先，有文舞、武舞及文武合一舞三种。

胄①之士亦得以习礼让之风"。

上曰:"国家承平百有余年,文教洽于远迩。大同虽边方用武之地,诸生诵法孔子,与内郡无异。文庙侑②祭可独无乐乎?其亟令所司制造乐器,俾本学生员习用之。"(卷二 崇儒)

译文:

成化十五年(1479 年)正月,巡抚大同右副都御史李敏上奏,"如今天下的学校在祭祀孔子时都有礼乐、佾舞。我们大同虽地处边塞,但也是重镇,现在却缺少礼乐。恳请圣上按规定颁赐大同礼乐,或者恩准我们自己制造,以便儒生们在祭祀时演奏。如此一来,远在边塞的人们也能感受到礼乐教化的美好,习武的将士们也能养成礼让的风气了"。

宪宗说:"我大明江山繁荣昌盛已经有一百多年了,文教礼乐已经普及天下。大同虽然是地处偏远的边防重镇,但是生徒们学习儒学和祭祀孔子的重要性与内陆各地并无差别。大同文庙的祭祀怎么可以缺少礼乐呢?现特命相关官员加紧制造乐器,以便儒生们学习演奏。"

以上两处记载都是反映了宪宗时期,明朝崇儒重礼制度的完善,特别强调了礼乐的相称。关于祭祀孔子的礼乐,其实一直有六佾舞还是八佾舞的争论,明宪宗欣然同意在礼乐两个方面都给予祭祀孔子等同于祭祀君主的规格,并且在全国范围内实施,这不仅体现了当时明朝社会推行儒家礼仪的正规和完善,而且说明皇帝愿意把孔子放在与自己同等尊贵的地位上显然是基于对儒家文化的高度认同。普及礼乐,宪宗时期从地方到朝廷都有人关注,臣子积极纳谏,君主也格外重视,所以像大同这样的边防重镇也没有忽视礼乐相称的祭祀礼仪规范。这些无疑都说明了当时明朝社会崇儒重礼的

---

① 读 zhòu。

② 读 yòu。

盛行。诚如宪宗本人所言，明朝推行儒家文化，实施儒家的治国之道，经过一百多年的发展，到了宪宗时期也的确具备考究礼仪细节的实力。某种意义上说，儒家文化与明朝社会这时候其实是相辅相依的关系，儒家文化推动明朝社会的发展，明朝社会推动儒家文化的繁荣，二者已经相互渗透，密不可分。

〇成化十八年十二月庚午

御制《文华大训》，序曰："朕惟古昔帝王之有天下，必言垂训以贻子孙，俾知修身出治之本、听言处事之要，以承基绪于无穷。……顾念皇太子继承甚重，而身而家而国而天下，事机甚繁，未可悉以口讲而指示之。乃于万几之暇，博阅载籍，自孔孟濂洛诸儒之论述，伏羲神农黄帝禹汤文武以及汉唐宋诸贤君之蹈履，与我祖宗之谟烈、皇考之戒饬，凡有切于储副今日之所学与夫异日之所行，采汇为编，名曰《文华大训》，以授皇太子。……自古圣帝明王以及我一祖四宗，皆诚格于郊庙，敬行于师傅；礼周于百官，仁被于万姓；义感乎蛮夷戎狄，惠及乎鸟兽草木，以致久安长治。后世莫有追配之者，皆由先厚三伦而推之耳。……民之贤率本乎教，教化之行必先于养。制礼以端其俗，立乐以和其志，此教之大方也，故崇教养、正礼乐。……制财用则绝侈靡而经费有常，饬兵戎则戒穷黩而捍御有备，驭夷狄则广威德之施而谨夷夏之辨。此皆制治宏纲，临御要道，不可有一之不明也。……"（卷一 教太子）

译文：

成化十八年（1482年）十二月，宪宗亲自编写《文华大训》一书，并作序指出："朕知道，自古以来执掌天下的帝王都要留下训诫给子孙，帮助他们了解修身和治国的根本，以及作为帝王如何纳谏和行事的关键，从而确保江山社稷的长治久安。……朕考虑到皇太子身负重任，涉及修身齐家治国平天下的诸多事务十分烦琐，朕不可能把所有道理都以当面口授的方式教给他。于是，朕于日理万机的间隙，博览群书，从孔孟濂洛①诸位先儒的论述，到伏羲、神农、黄帝、大禹、商汤、周文王、周武王，以至汉代唐代宋代的诸位圣贤君主，所有这些帝王的实践经验，再加上我朝列祖列宗和先皇的遗训，凡是有益于皇太子现在学习和将来执政的言论观点，朕都一一收录，编辑成《文华大训》一书，用来教授皇太子。……自古以来的圣明君主包括我朝太祖、太宗、仁宗、宣宗、英宗皇帝，都非常崇儒重道，诚心祭奠先师的庙庭，严格履行先师的治道；礼遇百官，仁爱百姓；对待蛮夷戎狄都讲礼义，对待鸟兽草木都格外爱护，正因如此，才确保了江山社稷的长治久安。后世的君王莫不以他们为榜样，并且都是先重视三伦，然后才具体到各个方面。……百姓的贤明都是因为教化有道，要推行教化首先又要爱护百姓。教化的基本途径是，制定礼仪从而端正民风，创制礼乐从而美化民意，这也是为什么治理天下要强调崇教养和正礼乐。……管理财务和开支，才能够杜绝奢侈而又日用充足；管理军队才能防止穷兵黩武，而又确保防御有力；统驭夷狄既要恩威并施，又要防止造成夷夏有别。以上这些都是治理国家的大经大法和君临天下的重要原则，你有一点不明白都是不被允许的……"

与前代的多位君主一样，宪宗朱见深也亲自编写了《文华大训》一书作为培养皇位继承人的教材，有兴趣编写这样一部专门指导皇太子的儒学教材首先就说明宪宗对儒家治国之道的重视和信赖，其次也能反映他本人的儒学功底。在为该书作的序中，宪宗还集中概括并高度评价了儒家治国之道。不仅分析了"仁""义""礼""乐"这些大原则，而且谈到了管理财政和军队、内政和外交这些具体的内容。其分析之全面、透彻比太宗朱棣当年又进了一步，应该能够反映，经过儒家文化的多年熏陶，明朝君

---

① 北宋理学的两个学派。"濂"指濂溪周敦颐，"洛"指洛阳程颢、程颐。

主对治理国家的各个方面可能有了更加深刻的感悟。

○成化二十二年十一月乙卯

礼部以愽①士颜公铉请修颜子庙覆奏。

上曰："颜子，孔门高弟，道德可仰，身先配享而家庙不修，可乎？其令有司以修孔庙工后重为修葺。"（卷二 崇儒）

译文：

成化二十二年（1486年）十一月，礼部再次上奏博士颜铉请求修葺颜子庙的事。宪宗说："颜渊是孔子的高徒，其品德高尚深受世人敬仰。颜渊已经位列庙庭接受祭祀，而他的家庙却还没有修葺，这怎么合适呢？现特命相关官员在修缮孔庙后由同一批工匠再去修葺颜庙。"

这一年已经是执政之末的宪宗朱见深仍然批准对颜子的家庙进行修葺，这种善始善终当然与他内心对儒家文化的崇敬是直接相关的。

明宪宗朱见深执政时期，对崇儒重道政策的践行进一步完善，表现为对儒家后世子孙的优恤，对历代儒家典籍的整理，以及对儒家礼乐祭典的健全和推广。特别值得注意的是，宪宗为教导皇太子，亲自选取儒家文献中有益于治道的内容编辑成书，并且在该书的序言中还明确提到，推行仁义礼教是保证国家长治久安和四夷顺服的根本，治理天下要防止华夷有别，管理军队是为了防御有备而不是穷兵黩武。

7. 明孝宗对儒家文化的认识

《明孝宗宝训》共3卷，48章。其中涉及明孝宗朱祐樘

---

① 读 tuán。

（1488—1505，年号弘治）对儒家文化的认识的篇章有：

○弘治元年三月戊辰

太子太保吏部尚书王恕言："臣近陈愚见，谓皇上视学释奠先师孔子当奠币①，用乐爵当三献，分献官当陪拜奏旨，分献官拜礼准行，其余仍旧。臣窃又以为，我朝列圣即位之后所行之礼有一行而不再举者，惟耕耤②田及视学二事。然耕耤田有奠币、三献、斋戒、省牲之礼，何独与视学释奠而乃不然乎？昔太宗文皇帝将视太学，命礼部详议礼仪。尚书郑赐言，'宋制谒孔子，服靴袍再拜'。太宗曰：'见先师，礼不可简，必服皮弁，行四拜礼。'其事载诸五伦书。人以为太宗尊师重道之意超越前古。今陛下释奠先师而礼比先农，则载诸史册，传之万世，岂不为盛事哉？"……

上曰："尊先师当以礼。成化初既有所举，今惟加币，用太牢，改分奠为分献，其余仪物俱从永乐年例行。"（卷一　议礼）

译文：

弘治元年（1488 年）三月，太子太保吏部尚书王恕对孝宗说："臣最近有些想法，认为圣上到太学祭祀先师孔子时应该用奠币，乐爵当用三献③礼，各分献官都应当陪拜奏旨，分献官拜礼后方可进行下一环节，其他的礼节可不变更。臣以为，我朝历代帝王即位后所行的礼仪中，只有两件是只行一次的，那就是耕耤田和视太学。既然耕耤田都用了奠币、三献、斋戒和省牲的礼仪，为什么唯独释奠太学不用相应的礼仪呢？当年太宗文皇帝在释奠太学之前，就曾命礼部认真研究所用礼仪的细节。尚书郑赐

---

①　币：古人用作馈赠或祭祀的丝织品。

②　耤："藉"的古字。耤田：古代天子亲耕之田。

③　奠币、奠爵是古代祭祀礼中的重要内容。三献是指祭祀礼中行礼的献官分为初献官、亚献官、终献官（如有配位，还可各设一名或多名分献官），依次完成礼仪的三个环节。大体上，祭祀越隆重，环节越复杂。

上奏说，'宋朝的礼仪规定，拜谒孔子时要服靴袍行再拜礼'。太宗定夺，'祭祀先师的礼节不能从简，一定要穿皮弁，行四拜礼'。这件事后来就被载入记述五伦的书中。人们都盛赞太宗尊师重道的高度超过了前代。现在如果圣上释奠先师的礼仪与祭祀先农齐高，一定会被载入史册，流芳千古，这不是件好事吗？"……

孝宗说："对先师的尊崇当然要讲究礼仪。但是，先皇即位之初就已经增加了释奠的礼仪，现在我朝只增加奠币和太牢之礼，改分奠为分献，其他的礼仪和祭品都按照永乐年间的规矩执行吧。"

○弘治元年三月癸酉

上视学行释奠礼，御彝伦堂，授经于祭酒、司业，赐之坐讲。明日，祭酒费訚①率学官、监生上表谢恩。上御奉天殿受之，赐祭酒、司业并三氏子孙及学官、监生袭衣、宝钞等物。……

上赐敕勉励之，曰："朕惟自古帝王本纲常以致治，必以学校为首务焉。学校，所以明人伦也，孔子述经垂教莫先于此。我祖宗奄有寰宇，建学育材，文教诞敷②，治化旁洽。肆朕继统之初，聿③遵成宪，择日视学，祗④谒先师孔子，退即彝伦堂听讲经书，因以劝励师生。夫治本于道，道载于经书，所当讲明而体行者，舍纲常何以哉？朕躬行图治，惟古帝王是。期尔师生其亦以古之贤才自励，于经必究精微之奥，于纲常伦理必尽其允蹈之功。蕴之为德行，指之为事业。大足以尊主庇民，次足以修政立事。冈俾济济之咏专美有周，则我明治化将兴，唐虞于变时雍休

---

① 读 yín。
② 敷：遍布。
③ 聿（yù）：助词，用于句首或句中，无义。
④ 祗（zhī）：敬。

匹矣。钦哉故谕。"（卷一　兴学）

译文：

弘治元年三月，孝宗到太学行释奠礼，然后又到彝伦堂，听祭酒、司业颂讲经书，并给他们赐座。第二天，祭酒费訚带领学官、监生们上表谢恩。孝宗到奉天殿接受他们的谢礼，并且赏赐了祭酒、司业、孔孟颜三家的子孙，以及众学官和监生们袭衣和宝钞等物。……

另外，孝宗还颁勅勉励这些人，说："朕知道，自古以来的君主帝王凡是以纲常为本治国、治天下的，一定先立学校。学校是帮助人们知晓人伦的地方，孔子写书和教学生都是从明人伦开始。我朝列祖列宗自从君临天下以来，也以创建学校培养人才为重，于是文教开始普及，治化趋于美好。如今朕初登皇位，即遵循祖制，择良辰吉日到太学拜谒先师孔子，然后到彝伦堂听儒士讲解经书，以此鼓励师生。治理天下要以道为本，道都记载于经书中，而需要讲明并且身体力行的道除了纲常还有什么更重要呢？朕治理天下一定要以古先帝王为楷模。希望你们也以自古以来的圣贤为榜样，研读经书一定要深入细致，所学纲常伦理一定要落到实处，自我涵养使其成为个人的品行，潜心研修以之作为终身的事业。于上可以回报朝廷造福百姓，于下可以处理好本职及各项事务。如此一来，人们万世传颂的就不只是周王朝了，我朝的治化也将得以振兴，一定强于后来衰败的唐虞时期啊。这也是为什么朕要勉励你们的原因。"

孝宗朱祐樘被认为是明代历史上最符合儒家伦理的君主典范，但是他对儒家文化并非盲目推崇或者一味追求形式。《明孝宗宝训》记载的他登基之初在同一个月处理的两件事充分证明了，孝宗的崇儒政策是非常理性、轻重分明的。弘治元年三月，先是吏部尚书王恕建议孝宗在释奠先师孔子的礼仪上完全可以大胆增益规格，一方面有太宗的先例，另一方面还可以流芳千古。

孝宗对这件事的处理十分慎重，有选择地采纳王恕的建议，既表达了崇儒重礼的原则，又避免了过分增加祭祀的规模。释奠先师之后，孝宗在赏赐儒士和重视学校教育方面却毫不吝啬。在重赏祭祀礼上的儒士和先儒的子孙之后，孝宗还颁赐诏谕，对这些人格外交代，要求他们一定恪尽职守传播儒家文化、培养治国人才。孝宗之所以有这样的重托，是因为他相信，自古以来的圣贤明君都是依靠儒家文化的治国之道才流传千古，明朝政权建立以来所取得的繁荣也是因为坚持用儒家文化教化百姓和治理天下。所以，他希望在自己任内要君臣同心协力，共同将儒家文化发扬光大和落到实处，进而建立堪比周王朝和唐虞时期的太平盛世。

○弘治九年二月壬子

太常寺奏，"释奠先师孔子已准用天子之礼，增为八佾之舞。惟乐器之数尚用诸侯之乐，似为未称。请增文庙乐器人数为七十二人，如天子之制"。礼部请行移所司如数置造，仍通行天下，并南京国子监一体遵行。

上曰："文庙乡祀用天子之礼，而舞已加八佾，乐器乃尚仍诸侯之旧，则尊荣未至而情文亦有未备。所言良是，即如拟行之，以副朕崇先师之意。"（卷一 定乐）

译文：

弘治九年（1496年）二月，太常寺上奏，"圣上已经恩准释奠先师孔子与祭祀天子用相同的礼仪规格，乐舞改为八佾。然而现在乐器的数目仍然是祭祀诸侯的礼仪规格，这样似乎不合适。恳请圣上恩准增加文庙祭祀礼乐用七十二人，与祭祀天子的礼仪规模相同"。礼部请示圣上后，交由相关官员如数制造了所需乐器，并且规定天下学校和南京国子监以后祭祀时一律按此标准执行。

孝宗说："文庙乡祀与祭祀天子的礼仪规格相同，已经用八佾舞，所用乐器却还是祭祀诸侯的礼仪规格，这样既不合礼仪也不符合朕的崇儒之意。太常寺所奏很对，现在就落实这件事，以此表达朕尊崇先师的心情。"

○弘治十七年闰四月丁亥

上御制重建阙里孔子庙碑文，曰："朕惟古之圣贤，功德及人，天下后世立庙以祀者多矣。然内而京师，外而郡邑，及其故乡，靡①不有庙。自天子至于郡邑长吏，通得祀之。而致其严且敬则惟孔子为然。盖孔子天纵之圣，生当周季圣贤道否之日而不得其位以行。乃历考上古以来圣人之君天下者，曰尧曰舜曰汤文武已行之迹，并其至言要论，定为六经，以垂法后世。自是凡有天下之君，遵之则治，违之则否，盖有不能易者，真万世帝王之师也。故自汉祖过鲁之祀之后，多为之立庙，沿及唐宋英明愿治之君屡作，盖遵而信之。孔子之庙遂遍天下，爵号王公礼视诸侯而加隆焉。虽金元入主中国，纲常扫地之时，亦未尝或废。盖天理民彝之在，人有不能自泯也。……"（卷一 崇儒）

译文：

弘治十七年（1504年）闰四月，孝宗亲自为重修的阙里孔子庙撰写碑文，说："朕知道，自古以来的圣贤只要是有功于百姓的，很多人都被天下和后人建立庙宇、予以拜祭。从京师到地方，再到圣贤们的故乡，这种庙宇实在太多了。从天子到地方长官，都对这些圣贤行祭祀之礼。然而，祭祀之礼最为严格，人们最为崇敬的，只有孔子。孔子是上天赐予的圣贤，生于周王朝圣贤之道遭到废弃之时，但却不被重用，无法推行圣贤之道。于是孔子考察自上古以来所有君临天下的圣贤君主包括尧、舜、商汤、周文王、周武王的治国经验，将他们的至理名言及核心理论编辑成六经，用以传授和教导后人。从此以后，凡是得天下的君主，遵循这些治理之道就能繁荣昌盛，违背这些治理之道就会身

---

① 靡（mǐ）：代词，莫。

死国灭，没有人能改变这条规律，因此说，孔子的确是历代帝王的先师。自从当年汉高祖行经曲阜，以太牢之礼祭祀孔子之后，很多帝王都兴建孔庙行祭祀之礼，一直到唐宋时期，凡是英明而有作为的君主全都纷纷效仿，这是因为他们尊奉儒家治国之道，相信尊之则荣，弃之则废。于是，天下各地都有孔庙，对孔子的封号和祭祀礼仪也堪比王公诸侯并且不断抬高。即使是元朝夷狄入主中原，儒家文化惨遭破坏，对孔子的祭祀之礼也没有废止。这是因为对孔子的崇敬符合天理人伦，是不能泯灭的人情。……"

孝宗时期对明朝崇儒的礼仪制度也是进一步完善的。弘治九年，太常寺发现祭祀孔子的礼乐制度仍然不够完善，请求孝宗增加乐器，这是继成化十二年（1476 年）明宪宗恩准增加八佾舞之后，明朝又一次提高祭祀孔子的礼乐规格。时隔二十年，不同的君臣，相同的问题，充分说明了崇儒在明朝社会中的确始终是重要的政策内容，因此才会受到持续的重视。孝宗不仅欣然应允太常寺的请求，还把崇儒放到符合天理人情的高度表达崇儒的重要意义。弘治十七年，已是执政之末的孝宗还亲自为重建的孔庙撰写碑文，并且再次详细阐明了为什么崇儒重道符合天理人情。孝宗相信，孔子创立的儒学已经被历代君王用实践证明，尊奉之则繁荣昌盛，违背之则身死国灭，自古以来无人能打破这条规律。即使是夷狄入主中原的元代，儒家文化遭到破坏，人们的崇儒之情也不能被打消。孝宗将孔子及其学说推崇到如此的高度，当然可以证明他对儒家文化的深刻认同。

明孝宗朱祐樘的崇儒政策也表现出成熟稳定的特点，不是盲目追求形式的增益，而是强调尊崇礼义的实质和推行儒家文化对百姓和国家的意义。从他对儒士和先儒子孙的诏谕中可以看出他对发扬儒家文化的殷切希望，从他亲自书写的孔庙碑文中可以看出他对儒家治国之道的顶礼膜拜。孝宗对儒家文化的推崇是从作为普通人和作为一国之君两个层面论证的，能够有这样深刻的认知，孝宗朱祐樘不愧为明朝历史上因符合儒家伦理规范而留名的君主。

8. 明武宗对儒家文化的认识

《明武宗宝训》共 2 卷，41 章。其中涉及明武宗朱厚照（1506—1521，年号正德）对儒家文化的认识的论述有：

〇弘治十八年①十月己卯

大学士刘健等言："人君之治天下，必先讲学明理、正心修德，然后可以裁决政务、统驭臣民。故累朝列圣嗣位之初，必大开经筵，每月三次令翰林春坊讲说经史，公卿大夫分班环听。又于每日令儒臣讲读，使工夫接续。闻见开广百有余年，太平功业皆由此致。仰惟皇上昔在春宫日勤讲学尧舜孔子之道，固以得其大纲。先帝顾命臣等惓惓②以进讲为念。向来梓宫在殡，圣孝方殷，万几之外不遑③他务。臣等窃恐圣心未有所系，深以为忧。今山陵事毕，祔④庙礼成，即欲请开经筵。……"

上曰："朕以哀疾故久辍讲，今闻卿等述先帝顾命，知讲学诚不可缓，其如期举行。"（卷一 圣学）

译文：

弘治十八年（1505 年）十月，大学士刘健等人说："君主治理天下，一定要先讲学明理，端正心性修养品德，然后才可以处理政务，统驭臣民。所以，我朝历代君主在即位之初，一

---

① 明孝宗在位 18 年（1488—1505），武宗继位后，次年（1506）改国号为正德。

② 惓惓（quán quán）：恳切的样子，忠谨的样子。

③ 遑（huáng）：闲暇。

④ 祔（fù）：祭祀名，新死者在安葬前祭于祖庙。

定会隆重举办经筵①，每月三次由翰林春坊②讲说经史，公卿大夫们分批轮流听讲。与此同时，每天还命令儒臣讲读，以保证学习效果。正因如此，儒学在我朝的发扬光大已有百余年的历史，国家的太平基业也得益于此。臣等记得当年陛下还在太子宫时，每日勤于讲读，学习尧舜和孔子的治国之道，所以对这些圣贤之道已经基本掌握。然而，先帝在世时命令臣等时刻不能忘记以进讲为重任。当初先帝的梓宫③尚未安葬，陛下还在守灵，实在无暇顾及其他。臣等那时已经唯恐陛下忘记讲读事宜，甚为担忧。如今先帝的丧葬之礼已经完成，臣等恳请圣上重开经筵。……"

武宗说："朕当时真是因先帝的去世而悲恸至极，所以才长时间中断了讲读。现在听你们提起先帝的遗愿，才想起学习的事确实不能耽搁，就按你们的提议如期举行经筵吧。"

○正德元年三月甲申

上视国子监。是日，上具皮弁服，躬谒先师孔子，行四拜礼，幸彝伦堂，祭酒、司业讲书毕，驾还宫。明日，赐衍圣公孔闻韶并三氏子孙、祭酒、司业、学官袭衣，及诸生宝钞。

越三日，赐祭酒、司业及诸生勅，曰："朕肇缵④鸿图，率遵

---

① 中国古代皇帝研读经史而举行的御前讲席。宋代制度：每年二月至五月，八月至冬至，每逢单日举行经筵，由讲官轮流入侍讲读，名曰春讲、秋讲。明、清两代基本沿用其制。举行经筵主要目的有两个方面：一是"味道研经"，探究经书中的微言大义；一是"以古证今"，亦即以史为鉴，吸取封建统治经验教训。

② 魏晋以来称太子宫为春坊，又称春宫。翰林春坊是太子宫所属官署名。唐代设置太子詹事府，以统众务；左右二春坊，以领诸局。此后历代相承，属官时有增减。明清时实际成为翰林院编修、检讨开功升转之所。清末废。

③ 古代帝王的丧葬礼仪，是梓宫也就是棺木首先由皇宫移至殡宫，然后才进入寝陵。

④ 缵（zuǎn）：继承。

旧典，特视太学，释奠于先师，嘉①与诸师儒讲论治道。厥②礼告成，惟古帝王在位徽典绥猷③，以成至化，政与教非二也。顾建学置官，职专二法备，所以成德达材，俾为世用，于政亦有资焉。自有经传以来，道在方册，非心领神会，身体而力践之，其何以措诸事业？朕方躬迪彝教，为天下先。尔师生尚懋敦乃学，惟忠孝节义是训是守，以广业弘化，囿四方民物归于太和。庶几复唐虞三代之盛。钦哉。"（卷一 兴学）

译文：

正德元年（1506 年）三月，武宗到国子监拜谒先师孔子。当天，武宗着皮弁礼服，行四拜礼，然后到彝伦堂听祭酒、司业讲经。第二天，武宗赏赐衍圣公孔闻韶、孔孟颜三氏子孙，以及祭酒、司业和众学官袭衣，赏赐诸位儒生宝钞。

三日后，武宗又诏谕祭酒、司业和诸位儒生，说："朕初登皇位，即谨遵祖制，亲自到太学拜谒了先师孔子，并且很高兴听了各位儒士讲经论道。整个礼仪完成后，朕深感自古帝王从修身养性到治国平天下所依赖的都是儒学，从政和明教化都是一样的道理。所以兴学校和设官职，借以培养人才为国家所用，对于治理天下也很有帮助。但是自从这些经传形成以来，大经大法都是记载于书中的，如果不去认真领悟和身体力行，它们怎么可能于己于国产生帮助？朕已经为天下人做榜样，以实际行动表明了尊崇儒学的态度。你们儒生一定要专心学业，严格践行'忠孝节义'，发扬儒学、光大教化，以使天下百姓、苍生万物都趋于和谐，重现唐虞三代的太平盛世。"

武宗朱厚照也是从继位之初就开始了崇儒重礼的行动。弘治

---

① 嘉：喜欢。

② 厥（jué）：其。

③ 徽猷（yóu）：美德、善道。

二十二年，孝宗去世不久，明朝的儒臣们就督促刚刚继位的武宗朱厚照遵循旧制，开经筵，讲明治国之道。之所以如此急迫地开展这项工作，是因为君主要治理天下，首先就要"讲学明理、正心修德"，其后才可以处理具体政务。儒臣们相信，明朝建国以来之所以能取得太平功业，完全是因为遵循了儒家的治国之道。对于这样关系重大的进谏，明武宗当然不敢疏忽，不仅欣然接受，而且很快就主动表达了自己的崇儒之意。正德元年年初，武宗朱厚照遵循祖制，以隆重的礼仪亲自拜谒了先师孔子，赏赐了先儒的子孙和相关的儒士，并且要求这些儒士一定要恪尽职守，传播儒家文化和治国之道，从而不辜负自己崇儒兴学的厚望，以至实现天下和谐的太平盛世。

○正德元年六月辛酉

授孔子五十九代孙彦绳为翰林院五经博士，主衢州庙祀。……

上曰："先圣苗裔在衢者，齿于齐民。朕甚悯之。其授之五经博士，令世世承袭，并减祭田税，以称朕崇儒重道之意。"于是，以博士授之彦绳。（卷一 崇儒）

译文：

正德元年六月，武宗授予孔子第五十九代孙孔彦绳翰林院五经博士的官衔，并任命他主持衢州的庙祀。……

武宗说："孔彦绳身为先圣的后人，在衢州却地位卑微，朕非常同情。今授予孔彦绳五经博士的官衔，恩准其世袭，并且减免孔家的祭田税，这样才符合朕崇儒重道的心意。"因此就授予了孔彦绳五经博士的官衔。

○正德二年十一月丙辰

授三氏学生员孔闻礼为翰林院五经博士，主子思庙祀事。

时袭封衍圣公孔闻韶，奏以"子思庙在邹县南，去鲁五十余里，主祀缺人，请择族中之贤者，授以博士世职，俾主其祀"，且以母弟闻礼名上。

上曰："颜孟二子皆有世官奉祀，而子思庙在邹者独无此阙典也，闻礼可授翰林院五经博士，俾世主其祀。"（卷一 崇儒）

译文：

正德二年（1507年）十一月，武宗授予三氏学生员孔闻礼为翰林院五经博士，任命其主持子思庙的祭祀礼仪。

当时，衍圣公孔闻韶上奏，"子思庙位于邹县的南面，距离鲁地五十多里，无人主持祭祀之礼，恳请圣上恩准挑选孔氏家族中的贤者，授予他世袭的博士官衔，并令其主持子思庙的祭祀"，并且推荐了他的同母胞弟孔闻礼。

武宗说："颜渊和孟子的庙宇都有世袭的礼官专门从事祭祀，邹县的子思庙却唯独缺少祭祀之礼。当然可以授予孔闻礼翰林院五经博士的官衔，并由其世代主持子思庙的祭祀。"

武宗时期崇儒的重要表现之一就是对先儒后人的体恤，因此才会多次授予孔子的后人翰林院五经博士的官衔，并恩准其世袭，专门主持祭祀之礼。这可以说是非常巧妙的崇儒政策，因为这样做其实是从尊重先儒后人的身份地位和学问品德的前提出发，体面地关心了先儒后人的生活，同时又兼顾了崇儒礼仪的完善。

○正德二年七月乙卯

浙江台州府知府徐鹏举奏，"宋儒朱熹仕于浙东，讲明道学，修举荒政，浚河筑堤，民享灌溉。台人德之，立祠以祀。但祀典出于朝廷，岁远则废。乞今有司拨人役护视祠宇，岁供祭品，每春秋祭，主以本府正官。庶报功之典可之，而台人之愿亦伸矣。"礼部议覆。

上曰："朱熹有功斯道，遗爱在台，固宜有祠。其如鹏举所

奏行之。"（卷一 崇儒）

译文：

正德二年七月，浙江台州府知府徐鹏举上奏，"宋儒朱熹当年在浙东任职时，传播儒家文化，完善当地政务，疏通河道、修筑堤坝，造福人民。台州百姓敬仰他，于是为他修建祠堂以供祭祀。然而祀典都是由朝廷主持的，如今已因年代久远而废止了。恳请圣上命相关官员派专人看护祠堂，每年供奉祭品，春秋两季行祭祀之礼，可由台州府官员主持。这样既可以肯定朱熹的功绩，又能够满足台州百姓的愿望。"礼部将此事奏禀武宗。

武宗说："朱熹在践行儒家治道方面的确有功，能够得到台州百姓的肯定，所以也配得上有祭祀的祠堂。就按徐鹏举所奏执行吧。"

○正德四年七月甲辰

三氏学生员颜重礼奏，"三氏子孙自成化初年开贡，迄今颜氏未贡一人，乞定为资格，以均之"。礼部覆议以"孔氏子孙在学者十九，颜孟子孙在学者十一，若孔氏仍旧三年一贡，每及三贡，颜孟轮贡一人，则均矣。"

上是之，且曰："轮贡既均，其毋令废学。当贡者，所司仍慎选以充。"（卷一 崇儒）

译文：

正德四年（1509 年）七月，三氏学生员颜重礼上奏，"自从成化初年孔孟颜三氏子孙参加科举以来，迄今为止颜氏子孙尚未有一人中举，恳请圣上钦定三氏子孙的及第名额，以便平衡其发展。"礼部复议后禀报圣上，"孔氏子孙中，每十人有九人从事学问，颜孟两家的子孙中，每十人有一人从事学问。如果孔氏子孙仍然每三年就有一人中举的话，每当孔氏有三人中举时，就分配给颜孟两家的子孙一人中举的名额，这样就平衡了。"

武宗恩准了礼部的复议，并且说："轮贡平衡了，一定不能放弃对学问的钻研。即使是按名额分配中举的先儒后人，相关官员也要慎重挑选。"

〇正德九年三月甲戌

山东嘉祥县修曾子庙成。巡按御史李玑请以门人子思配享，而以阳肤、子襄、公明仪、沈犹行、公明高、乐正子春、公明宣、单居离列于子思后从祀，且请御制碑文，以垂示无极。礼部议覆。

诏曰："颜子庙先朝已有御制碑文矣。曾庙亦不可无也。其令翰林院制文赐之"。（卷一 崇儒）

译文：

正德九年（1514 年）三月，山东嘉祥县修缮曾子庙的工作完成。巡按御史李玑奏请圣上恩准，将曾子的门人子思列入庙内与曾子同祀，再将其最有名的八位弟子：阳肤、子襄、公明仪、沈犹行、公明高、乐正子春、公明宣、单居离位列子思之后祭祀。同时恩请圣上御制碑文，以垂训千古。礼部复议后奏请圣上。皇帝下诏说："颜子庙早在先帝时就已经有御制碑文，曾子庙当然也应该有。现恩准翰林院御制碑文赐之。"

以上三件事反映了武宗时期崇儒重礼政策的另一个突出特点，即崇儒的面进一步扩大，相应的礼仪制度进一步健全。从设专人看护台州朱熹的祠堂，恢复当地祭祀宋儒朱熹的礼仪；到照顾孔孟颜三氏子孙的发展，分配中举的名额；再到修缮曾子庙，恩赐御制碑文，这些举措的细致和全面足见武宗在位期间对儒家文化的推崇丝毫没有降低水平。尽管其中有些事可能并不是武宗本人亲力亲为，但是武宗本人还是对这些工作非常重视的，比如，在分配孔孟颜三氏子孙的中举名额这件事上，武宗特别交代，即使是分配名额照顾了平衡发展，也不能因此忽视学业，对于中举者一定要严格选拔，不能因为优抚就忽视了对其真才实学的考察。这说明武宗在崇儒政策方面也是相当理性的，并非只追求形式，而是因为看重儒家文化的治国功效才对其倍加推崇的。

明武宗朱厚照在历史上素来因其荒淫无度而备受指责，但是在崇儒方面他的表现并不含糊，仍然坚持祖制，遵循礼仪。这在很大程度上是因为对于已经存在了一百多年的明政权来说，崇儒已经成为既定之规，即使武宗这样不务正业的皇帝，也明白如果忽视儒家文化的力量，无异于自毁江山。更何况，还有一批尽职尽责的儒臣们在督促这位君主，开经筵，视太学，赏赐儒生，体恤先儒后人，修缮祭祀庙宇，这些表达朝廷和帝王崇儒重道之意的工作一样也没有疏漏。

9. 明世宗对儒家文化的认识

《明世宗宝训》共 9 卷，56 章。其中涉及明世宗朱厚熜（1522—1566，年号嘉靖）对儒家文化的认识的篇章有：

○嘉靖六年六月丙午朔

先是上谕内阁，令翰林讲官日轮一员，将经书通鉴撮其有关君德、政事与修省之道者，直录其义以赞所未晓，庶[①]心得其旨而理自通。大学士杨一清等言，"自由经史大义尽具宋儒真德秀所撰《大学衍义》一书中。请修先朝故事，日令儒臣进讲。……"

上曰："讲学为治之首，君道当先。朕虚怀以受。卿等及讲官尽心讲说，开诚启沃，以资朕学。……"（卷三 圣学）

译文：

嘉靖六年（1527 年）六月，此前，世宗下令内阁，每天派一名翰林讲官将经书通鉴中所有论述君主品德、治国之道和修身自

---

① 庶：希望。

省的内容，都选取出来，并且注明其含义以便世宗阅读，希望借此领悟这些经书通鉴的核心思想进而明白其中的道理。大学士杨一清等人上奏世宗，"宋儒真德秀所著的《大学衍义》一书非常全面地概括了所有经史的基本内容。恳请圣上同时恩准编修前朝的历史，每天由儒臣进讲。"……

世宗说："讲学是治国的首务，首先要明白做帝王的道理。朕当然愿意虚心学习。众位爱卿和讲官尽管开诚布公，用心讲说，以帮助朕学习治国之道。……"

○嘉靖六年十月乙丑

日讲毕。上谕辅臣曰："今日讲《论语》又越了一篇。朕知以为曾子将死之事，故不讲。但前日已有论及，今日又未讲。夫生死，人之常，何可忌之？如不可讲也，照前写来。若只忌其不佳，还当补讲。卿等议行，又朕惟相让之风，自古大臣之无逊让之体，即此观之，其心可知道。又每日讲书时，卿等行礼皆六叩头，自今后只是一拜三叩头，退又叩头礼免了。玘①之事可谕他知，俾令务礼让以尽大匡之义。"（卷三 圣学）

译文：

嘉靖六年十月，每天一次的讲读结束后，世宗对辅臣说："今天讲《论语》时又略过了一篇没有讲。朕知道是因为那一篇是关于曾子临死之前的事，但是前一天讲读时其实已经涉及这一篇的内容，今天却又不讲。生死本就是人生的规律，有什么可忌讳的呢？如果实在不能讲，要像以前那样写明理由呈给朕看。如果只是因为忌讳才不讲的，以后还要补讲。另外，众位爱卿和朕都太过谦虚有礼了，从中就可见自古以来君臣之间的这种礼仪传统，由此也能体会为君为臣的道理。然而，每天讲读的时候，诸位爱卿也都行六叩首的礼节，今后就改成一拜三叩首吧，退下时

---

① 读 qǐ。

就不要再行叩首礼了。玑的事你们就转告他吧，还有礼节的事也一并转告他朕的意思。"

明世宗朱厚熜虽然也算不上一位好皇帝，因其迷恋道教和荒废政务也往往备受指责。但是他对儒家文化的学习和传播并没有荒怠，嘉靖六年发生的这两件事足以说明他对学习和践行儒家文化的重视。首先，他主动要求儒臣每天向自己讲解儒家典籍中有关修身治国的道理，并且明确指出讲学是治国的首要内容，对于臣下建议的学习内容，他也都欣然接受。随后，在讲读的过程中，他能够清楚记得儒臣漏讲的篇章，认为不必因为忌讳生死就不讲，甚至还坚持要求补讲。如果不是对儒家文化感兴趣，并且自己也非常熟悉，很难相信世宗会这样认真对待讲读这项任务。更值得注意的是，他特别恩准讲读的儒臣不必拘泥于烦琐的君臣之礼，这样的细节既能体现世宗对儒臣的厚爱，也是因为世宗更关注学习的内容而不是形式。

○嘉靖六年十一月丁丑

上亲制皇考恭穆献皇帝睿功圣德碑其文，曰："……昔我皇考睿宗献皇帝受封安陆，于弘治八年二月至国首临视州学，行释奠先师之礼，命学官讲《周易》，赐诸生宝镪①。顾瞻礼殿损坏，命工修葺之，易棂星门瓦以琉璃。越正德十三年，殿庑久而益圮②。乃出帑③金三百两，命有司重造，壮丽有加。顷者④已升州治为承天府，而学仍其旧。官师生徒睹宫墙，奉俎豆，感念我皇考崇儒重道、嘉惠国之学者，人诵家传，至今如一日焉。……昔

---

① 镪（qiǎng）：钱贯。
② 圮（pǐ）：毁坏。
③ 帑（tǎng）：金帛钱财。
④ 顷（qǐng）者：近来，不久前。

周文王为西伯，化行江汉而丕显之谟，寔①启周祚。我皇考视之周文王同一揆焉。朕尝观于孔子之言，曰：'文王既没，文不在兹乎？'夫孔子，周人也，师法文王而以斯文自任。其发明彝伦之道，载在六经。为其徒者，所当世率循者也。顾后世教学未明，人心弗淑，彝伦或几乎斁②矣。彝伦斁则治化何由而成？今诸士居业于斯，诵法孔子之言，学孔子之道，其可不思尽夫彝伦之实？为子尽孝，为臣尽忠，以辅我国无疆之治，以无负作亲斯学之意。则我皇考圣神在天，庶其少慰矣乎。朕述此文，用谕兹学之士，抑以为天下士者告云。"（卷二　圣孝）

译文：

嘉靖六年十一月，世宗亲自为先皇的睿功圣德碑题写碑文，称："……当年朕的父皇睿宗献皇帝受封于安陆。弘治八年二月，先皇到国首临视州学，行释奠先师之礼，命学官讲《周易》之后，又赏赐了众儒生宝镪。先皇还看到瞻礼殿被破坏，于是下令工匠加以修葺，把棂星门的瓦都换成了琉璃。待到正德十三年，先皇得知瞻礼殿再次年久失修时，于是又自己拿出三百两帑金，命相关官员重新修建，且建得壮丽有加。最近，虽然安陆已经由州治升为承天府，但是州学还在。那些老师和学生们在学习之余看着瞻礼殿的宫墙，还会感念先皇崇儒重道，体恤儒生的恩情。时至今日，当地的百姓们口口相传，从未忘记先皇的恩惠。……昔日周文王任西伯侯的时候，也是在汉江一代励精图治成就了旷世奇功，建立了周王朝。朕的先皇其实就是与周文王一样的君主。朕曾经看过孔子有一句话，说：'文王虽然死了，文不是还在这里吗？'孔子生在周王朝，学习的是文王的治国之道，并且以传播儒家文化为己任，探明了彝伦道理，将其记载于六经中流传下来。此后学习孔子学问的生徒们世世代代都要遵循这些道

---

① 读 shí。
② 斁（dù）：败坏。

理。一旦有教化不明，人心不古的时候，这些彝伦道理也会丧失殆尽。彝伦如果丧失，治化又怎么可能形成呢？如今，各位儒士都是诵读孔子的理论，学习孔子的治道，怎么可以不谨记践行彝伦的实质呢？尔等要为父母尽孝，为国家尽忠，辅佐我朝永保江山社稷，不辜负我朝对儒学的重视和尊崇。只有这样，才能慰藉先皇的在天之灵。朕写这篇文章，既是为勉励儒士，也是为了告谕天下所有致力于学问和事业的人。"

这一记载虽然是世宗歌颂自己父亲崇儒功德的碑文，却充分体现了世宗本人对儒家文化的推崇。碑文首先从儒家伦理的"孝"入手，感念自己父亲当年的功德。然后大书特书孔子创立儒学的深远影响，于人伦于天下都是功不可没的。最后又不忘告诫天下的儒士一定要履行儒家的伦理规范，为治理国家尽心尽力，从而不辜负皇家的崇儒重道之意。世宗之所以这样热情洋溢地歌颂儒家文化的历史贡献和自己父亲的崇儒功德，当然是因为他相信儒家文化对于治国平天下的影响，希望借此证明崇儒既是自己家族的传统，也是朝廷的政策，从而突出自己地位的正统和江山的稳固，突出自己完全符合儒家标准的圣贤君主形象。

　　○嘉靖九年三月甲寅

　　上谕大学士张璁①曰："朕近以新刻真德秀所着②《大学衍义》卷之首记之曰，'格致诚正之方，修齐治平之道'，用以识是书所以教人之方。兹特以赐卿。上于辅赞政机之暇，时为翻阅。当以是书及二典三谟之言朝夕陈之。"

　　璁疏谢，因劝上力行絜矩③之道，以孟子所言"急先务急亲

－－－－－－－－－－

① 读 cōng。
② 同"著"。
③ 絜（xié）矩：言审己以度人。

贤"二语为法。

上曰："阅卿疏，朕当勉之。"（卷三　圣学）

译文：

嘉靖九年（1530年）三月，世宗对大学士张璁说："朕近来在新印制的真德秀所著《大学衍义》卷首写了'格致诚正之方，修齐治平之道'这句话，这应该就是此书想要说明的核心内容。现朕特意把这本书赏赐给你，希望你能在处理政务的闲暇时常翻阅。对于该书以及二典三谟中的训诫，都应该日夜诵读。"

张璁上表谢恩，同时还劝谏圣上审己以度人，尊奉孟子的训诫，以亲贤为急务。世宗说："朕已经看了爱卿的奏折，朕会自勉的。"

这一记载反映的是，世宗对新印制的《大学衍义》感兴趣，能够用心总结其核心思想题写在书的卷首，并将这部儒家典籍赏赐给大学士张璁，勉励他认真学习和贯彻其中的"修齐治平之道"。这说明世宗对儒家文化的学习没有荒废，对儒家文化的修身和治国作用也始终相信。张璁在上疏感谢世宗时，根据孟子所说"急先务急亲贤"规劝世宗要审己而后度人。应该说，张璁的进谏是很大胆的，世宗没有怪罪他"犯上"而是欣然接受了他的规劝。这其中的主要原因很可能是世宗的确还是从心底里认可儒家文化，愿意接受儒家文化的指导。

○嘉靖十二年三月丙辰

上重幸太学，释奠先师孔子，御彝伦堂。祭酒林文俊讲虞书益稷篇，司业马汝骥讲易①卦，赐之坐，讲毕。上宣谕师生，曰："治平之道备在六经。尔诸生宜讲求力行，以资治化。"明日，文俊等率学官诸生谢恩。

---

① 　此处有一字应为卦名，但字迹模糊无法辨认。

上赐之勅，曰："朕惟人君御世抚民，教化为先。朕即位之初，尝亲临太学，祗谒先师，讲论治道，以劝励诸生。兹以祀典厘正载诣孔庙，恭行释奠之礼，且进尔诸生讲解经义。尔等尚懋乃敦学率励，作兴务在椁①本尚实，用赞我国家文明之化。顾不伟欤？於戏②孔子之教，正名是先。大学之道，修己为要。尔师生其敬之。"（卷五 正祀典）

译文：

嘉靖十二年（1533 年）三月，世宗自继位以来第二次视察太学，释奠先师孔子，然后到彝伦堂，听祭酒林文俊讲解了《尚书·虞书益稷》③，司业马汝骥讲解了易卦，并且讲解时世宗都赏赐了座位。讲解结束后，世宗对儒师和生徒们说："治国平天下的方法都记载于六经中，你们要认真研读并身体力行之，以帮助我朝实现治化。"

第二天，世宗颁赐诏谕："朕深知，明教化是君主治理天下和爱护百姓的首要事务。朕刚登基的时候就亲临太学拜谒先师，听祭酒司业讲解治国之道，并且劝励了天下儒师和生徒。现在朕又值厘正祀典之机，再次恭行释奠之礼，并且让你们前来讲解经义。你们身为儒士一定要以身作则，潜心学问，认真践行，帮助国家实现教化之美。这不也是你们的荣耀吗？孔子的学问以正名为首务。大学的道理以修己为关键。你们身为儒师和生徒一定要谨记！"

应该说，就崇儒的礼仪而言，明世宗算是一位称职的皇帝。嘉靖十二年，仅仅是因为孔庙厘正祀典，世宗就再次亲临太学行释奠之礼，听儒臣讲经论道，勉励儒士专心儒学，为国效力。这

---

① 椁（guǒ）：测度。
② 於戏：同"呜呼"。
③ 《虞书》出自《尚书》，著名的二典三谟都出自《虞书》。

些礼仪程序与新皇帝登基时完全一样，之所以这样隆重和有耐心，当然也是基于他对儒家文化的重视。

从《明世宗宝训》的记载中可以清楚看到，世宗本人十分看重儒家文化对于修身和治国的作用，因此他能够非常主动和认真地学习儒家文化，在学习中对于细节的关注和对儒臣的尊重是对世宗积极态度的很好证明。也正是因为看重儒家文化的力量，世宗才会多次勉励天下的儒士，希望他们潜心学术，认真实践，发挥儒家文化的影响，帮助朝廷实现治化，从而不辜负朝廷对儒学的重视。或许世宗本人在践行儒家文化方面的确不称职，他要求天下儒士们去完成帮助国家实现治化的使命，自己却没有兢兢业业治理国家，但是我们并不能因此而忽视他对儒家文化的推崇和认可。

10. 明穆宗对儒家文化的认识

《明穆宗宝训》共 2 卷，40 章。其中涉及明穆宗朱载后（1567—1572，年号隆庆）对儒家文化的认识的篇章有：

〇隆庆元年四月癸巳

命太师兼太子太师成国公朱希忠、少师兼太子太师吏部尚书建极殿大学士徐阶知经筵事。……赐之敕，曰："朕惟帝王修齐治平之道具在经史，然必讲明之无疑，庶几推行之有效。肆①我祖宗列圣法古帝王讲明正学，经筵盛典世世举行。朕以眇躬君临万国，仰丞丕绪，恒思克荷之艰，祗率旧章，冀获多闻之益。……"（卷一 圣学）

译文：

隆庆元年（1567 年）四月，穆宗命太师兼太子太师成国公朱

---

① 肆：所以。

希忠、少师兼太子太师吏部尚书建极殿大学士徐阶上奏开经筵的相关事宜。……

穆宗颁赐诏书说:"朕知道身为帝王'修身、齐家、治国、平天下'的方法都记载于经史中,但是只有经过讲读通晓了这些道理,才可能有效推行之。因此,我朝列祖列宗都效仿古先帝王,世代举行经筵,以讲明经史。朕如今继承大统、君临天下,深知责任重大,一定要遵循祖制,大开经筵,希望借此多多了解治理之道。……"

○隆庆元年八月乙酉

勅谕国子监师生曰:"朕以眇躬缵承洪绪,总亿兆君师之责。深惟古昔帝王临御天下,莫不建学立师,宣明教术,育贤善世,以底①休平。朕甚慕之,思与宇内之士臻于斯路,爰循旧典,纪元之初躬亲太学,祗谒先师孔子,因进尔师生讲解经羕②。厥礼告成,尔师生其曷以称塞朕意。夫学校之设,以明人伦也。五伦之道根于性命之自然,而推及其用则化成天下,恒必由之六经垂宪,炳如日星所以发挥斯道者甚备。会其旨要,身体而力行之以措诸事业,非今日教学之所急与。朕方立极绥猷为天下先。尔等其夙夜祗懋,相与讲求经术之微,惇③叙彝伦之大,期于体立用广,以成化于今。上追古雍熙太和之盛,无令唐虞三代得专其美。不亦善乎?若以徒事辞章,离经畔④道,率忘其性命之实,而靡边于世用,非所望于尔师生者也。钦哉。"(卷一 圣学)

译文:

隆庆元年八月,穆宗颁赐诏书勉励国子监师生:"朕继承大

---

① 读zhǐ,意思是"致,达到"。
② 读yàng。
③ 惇(dūn):重视,崇尚。
④ 同"叛"。

统，肩负了治理天下的重任。深知自古以来的圣贤君主治理天下，都是要兴建学校，任命儒师传道授业，培育人才造福百姓，进而实现太平盛世。朕对此非常向往，希望与天下有志之士致力于此道，遵循古制，朕即位之初亲自到太学拜谒先师孔子，又召见你们儒师和生徒讲解经书，从而完成了这一大礼，你们也非常让朕满意。建学校的目的就是要明人伦。五伦之道都是基于人性而创制，推广开来就能够实现天下治化，但是要先从六经中讲明道理，然后才能够发挥其作用。领悟六经的真谛，并身体力行之，使其有助于事业，当然不是今天你们的教和学能够立刻实现的。朕刚刚君临天下就做出了表率。你们也一定要日夜不忘，追求学问的精深，重视彝伦大体，争取最大限度发挥其影响，帮助我朝实现治化。上可匹及雍熙太和盛世，重现唐虞三代的佳话，岂不是很好吗？但是如果你们只是关注儒学的辞句篇章，违背大经大道，完全忘记了儒学的根本，而追求其细枝末节，这就辜负朕对你们的期望了。你们一定要谨记。"

　　明穆宗继位之初，就主动提出要加强学习儒家"修齐治平之道"，并安排大臣朱希忠、徐阶尽快落实经筵事宜。他认为，明朝自建立以来，世世代代都很重视学习和宣讲儒家文化的工作，这是治国的根本，自己当然也不会例外。值得注意的是，穆宗虽然兴学心切，但是并不盲目，他特意叮嘱国子监的儒士们，学校传播的儒家文化一定要是对教民和治国有益的内容，不能空洞地追求形式，虽然不可能一日见效，但是天长日久地传播和践行儒家文化，就能实现流传千古的太平盛世。这也正是穆宗对儒学格外重视的原因所在。

　　穆宗朱载垕虽然执政时间不长，也没有突出的政绩。但是在仅有两卷的《明穆宗宝训》中，穆宗对于学习和实践儒家文化的重视是显而易见的，他明确肯定了通过学习儒家文化可以得到治国安邦的真理，希望通过以儒家文化为指导的学校教育，使臣民百姓都能够各司其职、各安其所，从而达到长治久安的目的。

二、小结

从仅存而有据可查的十部《皇明宝训》中可以清楚地看到，两百年来明朝历代君主对儒家文化的接受都是全面而深刻的。在他们看来，儒家文化就是治国安邦的最佳指导思想，躬行之则长治久安，违背之则身死国灭。儒家文化已经内化在这些执政者的意识中，成为他们处理家事国事的首要指导原则，所以他们不仅把儒家文化推崇到明朝社会主流文化的极高地位，登基后的首要工作都是要兴学校、明教化，视察太学，祭奠孔子，以表达自己的崇儒重礼之意。而且，这种崇儒并不是追求形式，明朝的君主们确实高度认可儒家文化，已经将儒家文化的精髓和实质内容全面渗透到他们所做的各项大小决策中。在十部《皇明宝训》中，这种对儒家文化的接受和践行可以集中归纳为两个方面，一是他们在言语上对儒家文化的推崇，二是他们在具体决策中对儒家文化的实际运用。我们可以对十部《皇明宝训》再做一个简单的回顾，并从中找到明确支持这两个观点的相关记载。

首先，在言语上对儒家文化的推崇，每部宝训中都有以这个主题命名的篇章，并且对崇儒的主题有详细的论述：

《明太祖宝训 卷二 尊儒术》

〇洪武元年二月丁未

诏以太牢①祀先师孔子于国学，仍遣使诣曲阜致祭。使行。

太祖谕之曰："仲尼之道广大悠久，与天地相并。故后世有天下者，莫不致敬尽礼，修其祀事。朕今为天下主，期在明教化

① 太牢：古代祭祀宴会时，牛、羊、豕三牲具备为太牢。

以行先王之道。今既释奠国学，仍遣尔修祀事于阙里①，尔其敬之。"

《明太宗宝训 卷三 崇儒》

○②

上义师至汶上，饬③将士曰："孔子，万世帝王之师，太平之道所自出。孟子传孔子之道以开谕后世，其功德在生民，盖与天地日月相为无穷。今曲阜，孔子之乡；邹县，孟子之乡。将士毋入其境，敢有入境侵及其一草一木，皆诛不宥④。"

《明仁宗宝训 卷二 崇儒》

○永乐二十二年⑤十二月己巳

礼部尚书吕震奏，"有旨赐衍圣公孔彦缙一品金织衣，衍圣公是二品，如旨赐之，过矣"。上曰："朝廷用孔子之道治家国天下。今孔子之徒在官有一品服者，孔子之后袭封承先师之祀服之何过？且先帝时，五品儒臣有赐二品服者，亦问过哉？其赐之，用称朕崇儒之意。"

《明宣宗宝训 卷三 崇儒》

○宣德元年十月癸未

袭封衍圣公孔彦缙来朝，既退。上谕行在礼部尚书胡濴⑥曰："先皇帝于其来朝，亲定赏赐，盖重圣人之道，师其道则爱及其子孙。今当加倍。"于是，赐彦缙金织纻⑦袭衣、钞、羊、酒等物。

---

① 阙（què）里：地名，相传为春秋时孔子授徒之所，故址在今山东曲阜城内。

② 原文此处无时间。

③ 同"敕"：告诫，教导。

④ 读 yòu，意思是"宽恕，赦免"。

⑤ 明太宗朱棣年号永乐，他在位 22 年，1424 年病死，1424 年 9 月仁宗继位，次年才改年号洪熙。

⑥ 读 yíng。

⑦ 纻（zhù）：丝。

《明英宗宝训 卷一 崇儒》

〇正统八年八月壬辰

上曰："我朝崇儒重道有隆无替，今去诸儒未远，苟弗恤其子孙，岂称崇重之意？然恩典亦不可滥。其嫡孤子孙，宜免差徭。"

《明宪宗宝训 卷二 崇儒》

〇成化十二年七月辛亥

上曰："尊崇孔子乃朝廷盛典，宜从所言，其笾豆佾舞俱如数增用，仍通行天下，悉遵此制。"

《明孝宗宝训 卷一 崇儒》

〇弘治十七年闰四月丁亥

上御制重建阙里孔子庙碑文，曰："……盖孔子天纵之圣，生当周季圣贤道否之日而不得其位以行。乃历考上古以来圣人之君天下者，曰尧曰舜曰汤文武已行之迹，并其至言要论，定为六经，以垂法后世。自是凡有天下之君，遵之则治，违之则否。盖有不能易者，真万世帝王之师也。……"

《明武宗宝训 卷一 崇儒》

〇正德二年十一月丙辰

上曰："颜孟二子皆有世官奉祀，而子思庙在邹者独无此阙典也，闻礼可授翰林院五经博士，俾世主其祀。"

《明世宗宝训 卷三 圣学》

〇嘉靖九年三月甲寅

上谕大学士张璁①曰："朕近以新刻真德秀所着②《大学衍义》卷之首记之曰，'格致诚正之方，修齐治平之道'，用以识是书所以教人之方。兹特以赐卿。上于辅赞政机之暇，时为翻阅。当以是书及二典三谟之言朝夕陈之。"

---

① 读 cōng。

② 同"著"。

《明穆宗宝训　卷一　圣学》

〇隆庆元年四月癸巳

命太师兼太子太师成国公朱希忠、少师兼太子太师吏部尚书建极殿大学士徐阶知经筵事。……赐之敕，曰，"朕惟帝王修齐治平之道具在经史，然必讲明之无疑，庶几推行之有效。肆①我祖宗列圣法古帝王讲明正学，经筵盛典世世举行。朕以眇躬君临万国，仰丞丕绪，恒思克荷之艰，祗率旧章，冀获多闻之益。……"

其次，明代君主在实际决策中对儒家文化的运用，更是涵盖了社会生活的各个领域，我们可以在每部宝训的不同卷中找到关于明朝君主用儒家文化指导不同决策的内容：

《明太祖宝训　卷一　谕治道》

〇吴②元年十月癸丑

右御史大夫邓愈等各言便宜事。

太祖览之，谓愈等曰："……今天下初定，所急者衣食，所重者教化。衣食给而民生遂，教化行而习俗美。足衣食者，在于劝农桑，明教化者，在于兴学校。学校兴则君子务德。农桑举则小人务本。如是为治，则不劳而政举矣。……"

《明太宗宝训　卷二　恤民》

〇永乐元年三月辛丑

南阳郑州官牛疫死者多，有司责民偿，甚急，民贫至有鬻男女以偿者。

事闻，上怒甚，曰："孔子闻厩焚，问伤人否，不问马。盖为人贵于畜。今以人易牛，何其不仁？况畜牛本以为民，今乃毒民如此！"命有司牛死者悉免偿，民所鬻男女偿牛者，官赎还之。

---

① 肆：所以。

② 1356年，朱元璋攻占集庆，并改名应天府，自称吴国公。

仍命法司治有司不奏而擅责民偿之罪。

《明仁宗宝训 卷一 教皇太子》

○洪熙元年四月丙午

赐皇太子图书，并书谕曰："……中正，体用一也，不偏不倚，无过不及，天下万善皆原于此。隆古帝王传授之要，皆在于此。……故以中正诚身则身尊，以中正治家则家齐。……以中正施政教，则治道可成而俗化可兴。以中正施命令，则万姓服从而四夷效顺。君人之道莫此为要，尔懋敬之。……"

《明宣宗宝训 卷三 求贤》

○宣德六年十二月丙申朔

上屡诏求贤，虑尚有遗逸，作招隐之诗，以示大臣，又自为之序，其略曰："朕闻君子之学，将以致于用也。故其未仕，则汲汲以明道。道既明矣，则汲汲以措之天下。伊尹耕于莘，以尧舜之道自乐，然致君泽民未尝忘也。其后，圣莫如孔子，贤莫如孟子，辙还天下，亦欲行其道，岂以独善为高哉？……"

《明英宗宝训 卷一 叙彝伦》

○正统三年三月癸丑

孔颜孟三氏子孙教授裴侃言："天下之庙惟论传道以列位次，阙里家庙宜正父子以叙彝伦。颜子、曾子、子思、子也配享殿庭无繇①。子晳②伯鱼父子也从祀廊庑③匪。惟名分不正，抑恐神不自安。……乞追封为公，偕颜孟之父俱迁配启圣王殿。庶名位胥④安，人伦叙攸。"……上是其言，命行在礼部行之，仍命翰林院议伯鱼子晳封号以闻。

---

① 繇（yáo）：同"摇"，动摇。

② 读 zhé。

③ 同"无"。

④ 胥（xū）：都。

《明宪宗宝训 卷一 圣学》

〇成化九年二月丁丑

上命儒臣考订宋儒朱熹《〈资治通鉴〉纲目》，尽去其后儒所注考异考证诸书，而以王逢集览尹起莘发明附其后。既成，上命刻梓以传，亲制序于卷首曰："朕惟朱子通鉴纲目实备春秋经传之体，明天理，正人伦，褒善贬恶，词严而义精。其有功于天下后世大矣。……"

《明孝宗宝训 卷一 定乐》

〇弘治九年二月壬子

……上曰："文庙乡祀用天子之礼，而舞已加八佾，乐器乃尚仍诸侯之旧，则尊荣未至而情文亦有未备。所言良是，即如拟行之，以副朕崇先师之意。"

《明武宗宝训 卷一 兴学》

〇正德元年三月甲申

上视国子监。是日，上具皮弁服，躬谒先师孔子，行四拜礼，幸彝伦堂，祭酒、司业讲书毕，驾还宫。明日，赐衍圣公孔闻韶并三氏子孙、祭酒、司业、学官袭衣，及诸生宝钞。

越三日，赐祭酒、司业及诸生勅，曰："朕肇缵①鸿图，率遵旧典，特视太学，释奠于先师，嘉②与诸师儒讲论治道。厥③礼告成，惟古帝王在位徽典绥猷④，以成至化。政与教非二也。顾建学置官，职专二法备，所以成德达材，俾为世用，于政亦有资焉。……"

---

① 缵（zuǎn）：继承。
② 嘉：喜欢。
③ 厥（jué）：其。
④ 徽猷（yóu）：美德、善道。

《明世宗宝训 卷五 正祀典》

○嘉靖十二年三月丙辰

上重幸太学，释奠先师孔子，御彝伦堂。……明日，文俊等率学官诸生谢恩。上赐之勅，曰："朕惟人君御世抚民，教化为先。朕即位之初，尝亲临太学，祗谒先师，讲论治道，以劝励诸生。兹以祀典厘正，载诣孔庙，恭行释奠之礼，且进尔诸生讲解经义。……於戏①孔子之教，正名是先。大学之道，修己为要。尔师生其敬之。"

《明穆宗宝训 卷一 圣学》

○隆庆元年八月乙酉

勅谕国子监师生曰："朕以眇躬缵承洪绪，总亿兆君师之责。深惟古昔帝王临御天下，莫不建学立师，宣明教术，育贤善世，以底②休平。朕甚慕之，思与宇内之士臻于斯路，爰循旧典。……"

基于上述文献分析，可以断言，本研究基本假设的第二步验证环节得到了证实：中国明代决策者已经高度内化了中国的主流文化。

---

① 於戏：同"呜呼"。
② 读zhǐ，意思是"致，达到"。

第五章

明代决策者的战略
文化倾向

作为验证本研究基本假设的第三步，作者的设计初衷是寻找"上述历史时期中能够体现该国核心决策者战略思想的重要文献"进行分析。然而，由于选择了中国明代作为研究个案，并且发现了《明实录》中《皇明宝训》这一经典文献，原本复杂困难的文献选择工作反而变得简单。因为，《皇明宝训》全面记载了明代君主关于政治、经济、教育、伦理、国家安全、对外关系等，几乎是社会生活所有方面的思想观点和重大决策。而且，战略问题作为治国的一个重要方面在《皇明宝训》中占有举足轻重的分量。所以，本研究认为，想要了解明代君主对于如何获取国家安全这一重要战略问题的认识，选择《皇明宝训》作为分析对象无疑也是最适合的。这一章就将借助绘制综合认知图的方法对上一章已经选用的十部《皇明宝训》再次进行分析，以确定十位明代君主的战略文化倾向。

一、文献分析

1. 明太祖的战略思想

关于如何获取国家安全这一重要战略问题，《明太祖宝训》中有着十分详尽的论述，大体可以分为两个相关的方面：一是使用武力的效用；二是处理对外关系，也就是华夷关系。

首先来看明太祖朱元璋如何认识使用武力对于获取国家安全的效用：

（1）○己亥春正月乙巳①

太祖既抚定宁越，欲遂取浙东未下诸郡，集诸将，谕之曰："仁义足以得天下，而威武不足以服人心。夫克城虽以武，而安民必以仁。吾师比入建康，秋毫无犯，故一举遂定。今新克婺②城，民始获苏政，当抚恤，使民乐于归附，则彼未下郡县亦必闻风而归。故取天下以不杀为本。吾每闻诸将下一城、得一郡不妄杀人，辄喜不自胜。盖师旅之行势如烈火，火烈则人必避之。故鸟不萃鹰鹯③之林，兽不入网罗之野，民必归宽厚之政。为将者能以不杀为心，惟国家之利，在己亦蒙其福，为子孙者亦必昌盛。尔等从吾言，则事不难就，大功可成矣。"（卷五 谕将士）

译文：

己亥年（1359年）正月，太祖起兵已经攻克宁越，准备趁势拿下浙东其余地区，于是召集诸位将领，并对他们说："凭借仁义

---

① 为了清楚绘制出每一部《皇明宝训》的综合认知图，让读者了解作者根据怎样的文献分析判断出该部《皇明宝训》的观点主张，本章会在选取的每一段文献记载前用括号和数字标注顺序，文献的选取大体按照时间先后顺序安排。根据每一段文献分析判断出的因果关系会由其相应顺序的数字显示在综合认知图中所指的箭头上。

② 读 wù。

③ 读 zhān。

足以取得天下，而如果只是借助武力，都很难博取人心。虽然武力能够夺取城池，但是要安抚城内的百姓就必须推行仁义。当初我们的军队进入建康，就是因为对百姓秋毫无犯，所以才能顺利占领该城。如今刚刚攻克婺城，百姓初得安宁，一定要对其多加抚恤，使百姓乐于归顺我们。如此一来，其他尚未攻克郡县的百姓自然会闻风而来，自愿投入我旗下。正所谓，取天下以不杀为本。我每次听说将士们攻克城池而不随意杀人，就深感欣慰。行军打仗犹如烈火燃烧，火势太大肯定遭人躲避。就好像小鸟从不在有鹰鹯的树林聚集，兽类也从不进入设有陷阱的山野，百姓一定是乐意归顺宽厚的朝廷的。身为将士能够时刻谨记不妄杀人，这是国家的福分，也是于己有利，造福子孙的好事。你们听从我今天的告诫，则我们的事业就不难实现，距离大功告成的日子也就不远了。"

这一记载反映的是明太祖朱元璋在夺取政权的过程中，出兵攻克新城之前对将士们的训诫，叮嘱他们一定不能随意杀人，因为武力攻城是不得已所为，推行仁义才是得天下和得民心的根本，武力夺权的目的是为了得民心，进而得天下。这说明朱元璋在国家安全战略的三个层次中选择的是最温和的方式，即通过仁政实现国家长治久安，这就在"内部改革，国内统治的质量"与"国家安全"之间建立了正向因果关系，同时在"军事准备，使用武力"与"国家安全"之间建立了负向因果关系，也就是说他既把使用武力仅仅看做一种政策选择，同时又明确否定了其对国家安全的作用。不仅如此，他还相信，对已占领郡县的百姓实行仁政，其他尚未攻克郡县的百姓会因向往仁政而自愿归顺，这其实又在"内部改革，国内统治的质量"与"敌人的失败、投降"之间建立了正向因果关系。

(2) ○癸卯九月壬申

太祖平陈友谅还，告庙饮至，论功行赏，赐常遇春、廖永忠田余，将士金帛有差①。因与诸将论鄱阳之战。诸将请曰："自古水战必得天时地利乃为可胜。若周瑜之破曹操，因风水之便，乃能胜之。陈友谅兵据鄱阳，无处上流而待我，是得地利矣。况我劳而彼佚。今胜之，诚未喻也。"

太祖曰："汝不闻古人所谓'天时不如地利，地利不如人和'？陈友谅兵虽众强，人各一心，上下猜疑。矧②用兵连年，数败而无功，不能养威俟时，今日适劳于东，明日又驰骛于西，失众心也。夫兵贵时动，动则威，威则胜。我以时动之师，威不震之虏，将士一心，人百其勇，如鸷③鸟搏击，巢卵俱覆。此所以为吾破也。"诸将皆叹服。（卷五 谕将士）

译文：

癸卯年（1363年）九月，太祖平定了陈友谅，与诸将喝庆功酒，并论功行赏，赐给常遇春、廖永忠良田多亩，及其他将士金帛不等。席间，太祖与诸将谈论鄱阳之战。诸将请教太祖："自古以来，水战都是要凭借天时地利的优势才能取胜。比如周瑜火烧赤壁大败曹操，就是借助了风向和水势。而当时陈友谅占据鄱阳，处于上游，比我军的地理位置显然优越。更何况当时我军疲惫不堪，而陈友谅的军队休息充分。结果现在我们打败了他，实在不明白是何原因。"

太祖说："你们没听过古人有'天时不如地利，地利不如人和'的说法吗？陈友谅的军队虽然人数众多，但是人心涣散，上下猜疑。况且他起兵多年却连吃败仗、徒劳无功，不能树立威信，还要东西征战，因而早已失去军心。用兵一定要找准时机，在士气高涨时出兵，一举便可取胜。我军以这样一支劲旅迎战陈友谅的涣散之兵，全军将士同心协力，一人的勇武可敌百人，就

---

① 差：差别、差等。
② 读shěn，意思是"况且，何况"。
③ 读zhì，意思是"凶猛"。

好比凶猛的大鸟扑上去，当然让陈友谅全军覆没。"诸将听后都深感佩服。

这一段是太祖对战争胜利原因的分析，其中他明确把"人和"放在了第一重要的位置，也就是在"军队士气，人力和物力资源的调动"与"敌人的失败、投降"之间建立了正向因果关系。

（3）○乙巳正月己巳

太祖闻遇春克赣不杀，喜甚，遣使褒之曰："予闻仁者之师无敌，非仁者之将不能行也。今将军破敌不杀，是天赐将军隆我国家，千载相遇，非偶然也。捷书至，予甚为将军喜。虽曹彬之下江南，何以加之？将军能广宣威德、保全生灵，予深有赖焉。"（卷四 仁政）

译文：

乙巳年（1365年）正月，太祖听说常遇春攻克赣州而不随意杀人，非常高兴，遣使送去嘉奖，说："我听说'仁者之师无敌'，那一定是得益于有仁者之将。如今将军破敌不杀，真是天赐将军来辅佐我国家兴旺的，这是千年一遇的好事，绝非偶然。将军大捷的消息送来后，我真为将军感到高兴。即使是当年的北宋名将曹彬①，又怎能与将军相比？将军能广宣威德、保全生灵，朕深感放心。"

---

① 曹彬（931—999）北宋初年大将，字国华，真定灵寿（今属河北）人。后周时以后宫近戚为晋州兵马都监，累官至引进使。北宋建立后，迁客省使兼枢密都承旨，乾德二年（964）以归州行营都监参加灭蜀之役，以不滥杀掠而得到宋太祖赵匡胤的褒奖，授宣徽南院使、义成军节度使。开宝七年（974），受命率军灭南唐，约束宋兵不得肆意杀掠，使南唐都城江宁府（今江苏南京）免遭破坏。回师不久即被任命为枢密使。宋太宗赵炅即位，加同平章事，封鲁国公，益得信任。

这一记载中太祖提到"仁者之师无敌",这其实是在"内部改革,国内统治的质量"与"敌人的失败、投降"之间建立了正向因果关系。

以上三件事说明,早在夺取政权的过程中,朱元璋就反复强调必须贯彻儒家的战略文化思想才能够取得最终的胜利。第一件事,己亥年,尚未接近政权的朱元璋在进行攻城战之前召集众将,不是要求他们奋勇杀敌,而是强调"仁义足以得天下,而威武不足以服人心","取天下以不杀为本"。朱元璋总结经验,认为自己刚刚取得的战斗胜利完全可以归因于"秋毫无犯",抚恤百姓的政策,只要继续执行宽厚的政策,民众自然会接受自己的统治,得天下自然不在话下,"事不难就,大功可成"。之所以得天下不可穷兵黩武,是因为武力"势如烈火,火烈则人必避之",而施行"宽厚之政"不仅能得天下,还一定能带来国家的长治久安,也就是"在己亦蒙其福,为子孙亦必昌盛"。第二件事,癸卯年,军事上取得重大胜利的朱元璋在论功行赏时谈及自己的获胜之道,认为就是遵循了"天时不如地利,地利不如人和"的儒家战略思想。第三件事,乙巳年,朱元璋对常遇春"克赣不杀"的行为大加褒奖,盛赞"天赐将军隆我国家,千载相遇,非偶然也"。这种赞誉不仅是坚持强调自己对"取天下以不杀为本"原则的推崇,同时也表达了自己坚持这样的原则必然能取得合法政权的信心和决心。而之所以能有这种信心,是因为他信奉"仁者之师无敌"的儒家思想。由此也可以看出,早在取得政权之前,朱元璋已经是儒家文化的忠实践行者。

(4)○洪武元年正月癸巳

太祖与诸儒臣论学术。

……

太祖曰:"仁义,治天下之本也。贾生论秦之亡,不行仁义之过。夫秦袭战国之余弊，又安得知此？"

……（卷四　屏①异端）

译文：

洪武元年（1368 年）正月，太祖与儒臣们探讨学术。……

太祖说："施行仁义是治理天下的根本。贾谊的《过秦论》分析秦朝灭亡的原因就是不推行仁义。秦朝当时是承袭了战国时期的弊病，又怎能明白其中的道理呢？"……

朱元璋的这一观点显然是在"内部改革，国内统治的质量"与"国家安全"之间建立了正向因果关系。

（5）○洪武元年七月庚寅

太祖谓中书省臣曰："中原兵难之后，老幼之孤者多有所失，宜遣人赈恤之。"省臣以国用不足为对。太祖曰："得天下者，得民心也。夫老者，民之父母；幼者，民之子弟。恤其老，则天下之为子弟者悦；恤其幼，则天下之为父母者悦。天下之老幼咸悦矣，其心有不归者焉？苟视其困穷而不之恤，民将怃然②曰：'恶在其为我上也'。故周穷之者，不患无余财，惟患无是心。能推是心，何忧不足？今日之务，此最为先，宜速为行之。"（卷五赈贷）

译文：

洪武元年七月，太祖对中书省大臣说："中原地区连年战乱，造成很多家庭只剩下孤寡的老人和孩子，应当派人救济和抚恤他们。"中书省大臣回答说目前的国家财政不足以救济这些人。太祖说："能够得天下，是因为获得了民心。老人都是百姓的父母，孩子都是百姓的子女。抚恤他们的父母，则天下的子女都会高

---

① 读 bǐng，意思是"摒弃，排除"。

② 怃（wǔ）然：怅然失意的样子。

兴；爱护他们的子女，则天下的父母都会高兴。天下的父母和子女都高兴了，难道还有人不愿意归顺吗？如果眼看着他们受苦受难而不加抚恤，百姓一定会失望地说：'我们的统治者都是坏人。'根据周穷救急①的思想，不怕没有多余的财物，只怕没有救济穷人的愿望。能够想到百姓的苦难，还愁财物不足以救济吗？现在的政务，最要紧的就是这项工作了，一定要赶快落实。"

这一记载反映了太祖朱元璋的民本思想，他主张体恤百姓、救济穷人是确保政权稳定的重要和急迫任务，因此是在"内部改革，国内统治的质量"与"国家安全"之间建立了正向因果关系。

以上两件事是说初得政权的朱元璋开始确立自己的治国理念，通过《明太祖宝训》的记载可以清楚地看到其推崇的儒家思想，"仁义，治天下之本也"，"得天下者，得民心也"。朱元璋认为历史上盛极一时的秦王朝之所以灭亡，就是因为没有推行仁义，自己刚刚取得政权，尽管国力贫弱，也一定要赈恤百姓，唯其如此才能够使民心归附，政权稳定。因此，他强调要把抚恤百姓作为当务之急，务必尽快执行。

---

① 出自东汉后期的道教经典《太平经》。《太平经》的作者面对当时社会政治腐败、民不聊生、贫富差别悬殊的现象忧心忡忡，认为这种贫富分化日益严重的趋势不改变，必将引起民众的不满，导致社会混乱，影响政权的稳定。为了缓解贫富之间的矛盾，改善社会关系，统治者的当务之急是实行一些社会救济政策，扶贫帮困，切实解决贫困人口的温饱问题。为此，作者指出："夫饥者思食，寒者思衣，得此心结，念其帝王矣，至老不忘也。思自效尽力，不敢有二心也。恩爱治著民间，如有所得奇异殊方善道文，不敢匿也，悉思付归其君，使其老寿。是故当以此赐之也，此名为周穷救急。夫贤者好文，饥者好食，寒者好衣，为人君赐其臣子，务当各得其所欲，则天下厌服矣。"（王明：《太平经合校》，北京：中华书局，1960年版，第230页。）

（6）○洪武元年八月戊寅

湖广行省平章杨璟等还自广西入见。太祖问广西两江、黄岑二处防务。璟言，"蛮夷人性习顽犷，散则为民，聚则为盗。虽以文治，当临之以兵，彼若始畏服。"

太祖曰："蛮夷之人性习虽殊，然其好生恶死之心未尝不同。若抚之以安静，待之以诚意，谕之以道理，彼岂有不从化者哉？此所谓以不治治之，何事于兵也？"（卷六 怀远人）

译文：

洪武元年八月，湖广行省平章杨璟等人从广西回京，觐见太祖。太祖问他们广西两江、黄岑两地的防务情况。杨璟回答说："蛮夷生性顽劣粗犷，散居时是普通百姓，聚集在一起就为非作歹。虽然已经用文官治理，但是还是要用驻军防范，只有这样他们才会因害怕而服从管辖。"

太祖说："蛮夷之人虽然生性有所不同，但是他们也会希望生存而厌恶死亡，这一点没有区别。如果我们让他们休养生息，对他们坦诚相待，教他们明白道理，难道他们还会不顺服和改变吗？这正是以'不治'来治理，哪里用得着借助军队？"

由此可见，立国之初，朱元璋就明确表达了对待夷狄少数民族的态度，主张以诚相待，反对使用武力。他认为，少数民族只是生活习惯与汉族不同，人类"好生恶死"的本性都是一样的，因此不能借助武力使其"畏服"，而要以诚相待，感化他们，使他们自愿接受明朝的统治。这其实就在"内部改革，国内统治的质量"与"国家安全"之间建立了正向因果关系，同时在"军事准备，使用武力"与"国家安全"之间建立了负向因果关系。

（7）○洪武元年八月壬午

大将军徐达克元都。表至，群臣上表称贺。礼毕，侍臣曰：

"自昔革命之际，以臣取君者多，惟汉高祖取秦起自民间。今陛下不阶①尺土一民以定天下，元主遁归沙漠。兵不黩武，跨越千古。"

太祖曰："朕思三代及汉唐宋历年久者，皆其祖宗仁厚结于人心、植本深固，人不能忘故也。元自世祖混一天下，宽恤爱人，亦可谓有仁心矣。但其子孙无承籍之德，不能以仁爱守之，故至于此。他日吾子孙能持仁厚之心，守而不替②，社稷之福也。"（卷四 仁政）

译文：

洪武元年八月，大将军徐达攻克了元朝首都，捷书送到后，群臣上表祝贺太祖。行礼结束后，侍臣对太祖说："自古以来起兵的，多是臣下弑君夺位，只有汉高祖当年是布衣百姓推翻了秦朝。如今圣上也是出身布衣，不仅没有借助任何领地和臣民就平定了天下，把元朝君主赶回了沙漠，而且反对穷兵黩武。圣上的伟大一定会流传千古。"

太祖说："朕以为，唐虞三代以至于汉唐宋诸朝，凡是能够长治久安的，都是因为那些朝代的开元君主以仁厚为本，体恤民心，因而根基稳固。做人当然不能忘本。元世祖最初统一天下的时候，也实行宽恤爱民的政策，应该说也是有仁爱之心的。然而其子孙即位后没有继承传统，不能以仁政守江山，所以才导致了今天的下场。将来朕的子孙如果能坚持仁厚之心，确保我朝政权长治久安，那才是大明江山社稷的福分。"

这件事是说，大将军徐达攻克元朝首都，赶走了元朝君主后，群臣向太祖祝贺。侍臣也盛赞太祖是位明君，一定会因不穷兵黩武而流传千古。这就在"军事准备，使用武力"与"国家安

---

① 阶：凭藉。
② 替：废弃。

全"之间建立了负向因果关系。太祖本人也指明了他对如何确保政权长治久安的认识，那就是以民为本，实行仁政，体恤百姓。这一点再次肯定了"内部改革，国内统治的质量"与"国家安全"之间的正向因果关系。在得知将军得胜的消息后，太祖君臣之间讨论和推崇的不是军事胜利而是如何以仁政确保江山社稷的长治久安，这件事非常充分地证明了太祖朱元璋在国家安全战略层面并不看重使用武力，而是把最温和的方式作为首选。

（8）〇洪武二年二月壬辰

太祖谓翰林侍读学士詹同曰："以仁义定天下，虽迟而长久；以诈力取天下，虽易而速亡。监①于周秦可见矣。故周之仁厚可以为法，秦之暴虐可以为戒。若汉唐宋之政治亦互有得失，但当取其所长而舍其所短。若概曰汉唐宋，而不审择于是非取舍，则得失混淆矣。"（卷四 评古）

译文：

洪武二年（1369年）二月，太祖对翰林侍读学士詹同说："凭借仁义定天下，虽然需要经过漫长的过程，但是其结果一定长久；凭借诡计和蛮力夺取天下，虽然容易，但是一定会很快灭亡。对比周朝和秦朝的历史就能明显看出这个道理。周朝的仁厚之政是我们应当效仿的，秦朝的暴虐之政则是我们应当引以为戒的。再比如，汉唐宋诸朝的政治，也是各有得失的，我朝应当借鉴其长处，而摒弃其缺点。如果对汉唐宋一概而论，不去认真分辨是非和有选择地学习，那就会混淆其得失长短。"

太祖对如何确保政权长治久安的这一段论述非常清楚地肯定了"内部改革，国内统治的质量"与"国家安全"之间的正向因果关系，同时否定了"军事准备，使用武力"对维持"国家安

---

① 同"鉴"。

全"的积极作用。

从以上两件事可以看出，明初的君臣都相信国家若要维持长治久安，依靠的不能是武力而必须是"仁厚之心"，即"兵不黩武，跨越千古"。太祖朱元璋更是对"仁义定天下"的重要性有着深刻的认同，他认为元朝的灭亡完全是因为君主不能以仁爱守政权。"以仁义定天下"，虽然要经过艰难的过程，但是可以确保国家长治久安；"以诈力取天下"，虽然相对容易，但是很快就会走向灭亡。作为开国君主，朱元璋希望自己的子孙能够"持仁厚之心"守住江山社稷，效法周朝而对秦朝的暴政亡国之路引以为戒。

（9）○洪武四年正月庚寅

太祖谓侍臣曰："推诚心以待人，路人可使。如骨肉以嫌猜而御物，骨肉终变为仇雠。朕遇前元亲族如高昌岐王等，皆授以显职，仍令带刀侍卫，一无所疑。朕待之如此，彼岂肯相负哉？"侍臣对曰："陛下此心实古帝王一视同仁之心也。"（卷五 礼前代）

译文：

洪武四年正月，太祖对侍臣说："只要诚心待人，即使是萍水相逢也能为我所用。假如相互猜忌，即使是亲骨肉也会反目成仇。朕对已亡元朝的旧部高昌岐王等人，都授以显赫的职位，还让他们出任带刀侍卫，对他们一概不予猜疑。朕这样以诚相待，他们怎么可能辜负朕？"侍臣回答说："圣上的胸怀正是古先帝王的'一视同仁'之心呀！"

政权巩固时期的朱元璋仍强调一定要尊重和信任已灭亡元朝的亲族，他相信这样做才能确保这些人不会反对自己的统治。侍臣也赞扬他这样做体现了自古帝王"一视同仁"的美德。在关乎国家安全的这一问题上，太祖和他的臣子们当时都非常明确地赞成用诚心和礼遇来对待可能的反对者或者说是敌人，这当然也是在"内部改革，国内统治的质量"与"国家安全"之间建立了正向因果关系。

（10）　○七月。[①]

是月，有御史自广西还，进平蛮六策，内有曰"立威"。

太祖览毕，谕之曰："汝策甚善，但立威之说亦有偏耳。夫中国之于蛮夷，在制驭之。何如？盖蛮夷非威不畏，非惠不怀。然一于威则不能感其心，一于惠不能慑其暴。惟威惠并行，此驭蛮夷之道也。古人有言以怀德畏威为强，政[②]以此耳。"（卷六 怀远人）

译文：

七月，有御史从广西回来，向太祖进谏平定蛮夷的六项策略，其中提到了"立威"。太祖看后，对他说："你这六项策略很好，但是'立威'的说法还是有些偏颇。中国对待蛮夷，主要是制驭。为什么呢？因为对待蛮夷，不用威严他们不会害怕，不用恩惠他们不会顺服。但是如果只用威严，又不能感化他们的内心，只用恩惠，又不能震慑他们的暴力倾向。只有恩威并施，才是制驭蛮夷的正确方法。古人有句话说，最好是让他们感激你的恩德而畏惧你的威严，说的就是这个道理。"

针对蛮夷外族可能威胁明朝国家安全的问题，朱元璋的主张是两手准备，威惠并行。对待蛮夷的总体指导思想是"制驭"，并非一劳永逸铲除后患。具体打交道的过程中要"威惠并行"，只用威，不能感化蛮夷，只用惠，又无法震慑蛮夷中的暴力举

---

①　文献原文此处缺少年代，本书作者根据其在宝训中的卷次和篇章顺序，将其放在此处 。

②　同"正"。

动，只有怀德畏威才是上策。显然，无论"威"还是"惠"都是国内统治的手段，因此这还是在强调"内部改革，国内统治的质量"与"国家安全"之间的正向因果关系。

(11) ○洪武四年九月甲寅

太祖与侍臣论孙子或曰武之书。

太祖曰："朕观之武之书，杂出于古之权书，特未纯耳。其曰：'不仁之至，非胜之主'。此说极是。若虚实变诈之说则浅矣。苟君如汤武用兵行师，不待虚实变诈而自无不胜。然虚实变诈之所以取胜者，待一时诡遇之术，非王者之师也，而其术终亦穷耳。盖用仁者无敌，恃术者必亡。观武之言与其术亦有相悖。盖武之书必有所授，而武之术则不能尽如其书也。"（卷四 评古）

译文：

洪武四年（1371年）九月，太祖与侍臣讨论《孙子兵法》。

太祖说："朕看孙武的这本书，大多取自古时候的权术之书，但是又不完全是讲权术。书中说：'不仁之至，非胜之主'。这句话说得很有道理。但是书中那些有关虚实变诈的权术就太肤浅了。如果君主都能像商汤、周武王那样用兵，即使不用虚实变诈的权术也一样战无不胜。依靠虚实变诈的权术取得的胜利都只是一时的诡计和巧合，不是王者之师所为，况且那些权术终究会用尽。用仁者才是战无不胜的，依赖权术一定会自取灭亡。看孙武的主张与他提倡的权术也有互相矛盾的地方。因此，《孙子兵法》一定要学，但是书中讲的权术就不能完全照搬了。"

太祖朱元璋通过对《孙子兵法》的分析和评价，表明了自己对如何取得战争胜利的认识，他明确反对依赖权术，而主张仁者之师无敌，相信实行仁政的君主同样在战争中可以取得胜利。这就在"内部改革，国内统治的质量"与"敌人的失败、投降"之间建立了正向因果关系。

（12）○洪武四年九月丙辰

太祖观《大学衍义》至"晁错所谓'人情莫不欲寿，三王生之而不伤'。真德秀释之曰：'人君不穷兵黩武，则能生之而不伤'"。顾谓侍臣曰："晁错之言，其所该者广；真氏之言，其所见者切。古人云：'兵者，凶器，圣人不得已而用之'。朕每临行阵，观两军交战，出没于锋镝①之下，呼吸之间创残伤亡，心甚不忍。尝思为君，恤民所重者，兵与刑耳。滥刑者，陷人于无辜。黩武者，驱人于死地。有国者所当深戒也。"（卷四 评古）

译文：

洪武四年九月，太祖读《大学衍义》，读到"晁错所谓'人情莫不欲寿，三王生之而不伤'。真德秀解释为，'身为君主，如果能做到不穷兵黩武，就是生之而不伤'"这个地方时。太祖对身边的侍臣说："晁错的观点概况很全面，真德秀的解释则非常贴切。古人云，'兵者，凶器，圣人不得已而用之'。朕每次亲临战场，看两军交战，短兵相接，瞬间致人伤残或取人性命，心中都感觉非常难受。朕考虑过，身为君主，要体恤百姓，尤其应当慎重的就是用兵和用刑。滥用刑罚会伤害无辜，穷兵黩武会置人于死地。二者都是身为君主应当严格避免的。"

这一记载直接反映的是太祖朱元璋对使用武力与国家安全的关系的认识，太祖相信"兵者，凶器，圣人不得已而用之"，把武力作为了获取国家安全的最后选择，并且格外强调其危害，强调身为君主应该慎重决定是否使用武力，因为穷兵黩武会直接威胁政权的稳固，影响百姓对君主的支持，当然也不利于国家安全。这就在"军事准备，使用武力"与"国家安全"之间建立了负向因果关系。

---

① 镝（dí）：箭，箭头。

以上两件事同样发生在洪武四年九月，一件是太祖读《孙子兵法》，一件是太祖读《大学衍义》，都是太祖关于战争和国家安全问题的感悟，可以非常清楚地看到，太祖朱元璋对儒家战略思想的认同，这种认同不仅仅是读书的感悟，而是朱元璋身为君主的切身感受。他虽然通过武力的方式夺取了政权，但是却不认为使用武力是维护国家安全的依靠。他始终强调的是"用仁者无敌"，不仅把自己的成功归因于此，而且认为明朝政权的巩固也有赖于此。

（13）○洪武四年九月辛未

太祖御奉天门，谕省府台臣①曰："海外蛮夷之国，有为患于中国者，不可不讨；不为中国患者，不可辄自兴兵。古人有言：'地广非久安之计，民劳乃易乱之源'。如隋炀帝妄兴师旅，征讨琉球，杀害夷人，焚其宫室，俘虏男女数千人。得其地不足以供给，得其民不足以使令，徒慕虚名，自弊中土，载诸史册为后世议。朕以海外诸蛮夷小国，阻山越海，僻在一隅。彼不为中国患者，朕决不伐之。惟西北胡戎，世为中国患，不可不谨备之耳。卿等当记所言，知朕此意。"（卷六 驭夷狄）

译文：

洪武四年九月，太祖到奉天门，对省府台臣们说："海外蛮夷诸国，如果有危害中国的，一定要予以讨伐；如果它们不危害中国，那就不能轻易对其使用武力。古人有句话说：'土地广袤并非国家长治久安的办法，劳民伤财确是导致动乱的根源'。比如，当初隋炀帝轻率用兵征讨琉球，杀害夷人，焚烧其宫殿，俘虏了数千男女。结果虽然夺取了夷人的土地，却不能养活其人民；虽然俘虏了夷人的百姓，却不能有效管理他们。徒有征讨的

---

① 台臣：谏官。

虚名，实际是给中原政权自寻烦恼，还留下了骂名被后人指点。所以，朕以为，那些海外蛮夷小国都远在高山大海之外，偏安一隅。只要它们不危害中国，朕绝对不会主动讨伐它们。只有西北胡戎，世世代代都侵犯中国，对他们不得不谨慎防范。诸位爱卿一定要记住朕的话，了解朕的心意。"

这一记载中，太祖朱元璋主要谈了使用武力与对待海外诸国的关系，认为武力只能用来抵御侵犯，如果主动使用，一定会得不偿失，像隋炀帝一样自取其辱并危害政权。这种积极防御的主张其实是在"军事准备，使用武力"与"敌人的削弱、减少"之间建立了正向因果关系，同时否定了"军事准备，使用武力"对"国家安全"的作用。

（14）〇洪武五年三月

是月，高丽国王王颛遣密直同知洪师范、郑梦周等奉表贺平夏贡方物，且请遣子弟入太学。其词曰："秉彝好德，无古今愚智之殊，用夏蛮夷在礼乐诗书之习，故我东夷之人，自昔以来皆遣子弟入太学。不惟知君臣父子之伦，亦且仰声名文物之盛。伏望皇仁，察臣向化之诚，使五乡之童得齿虞庠之胄，不胜庆幸。"

太祖顾谓中书省臣曰："高丽欲遣子弟入学，此亦美事，但其涉海远来，离其父母，未免彼此怀思。尔中书宜令其国王及群下熟议之，为父兄者果愿遣子弟入学，为子弟者果愿听父兄之命，无所勉强，即遣使护送至京，或居一年半年，听其归省也。"（卷六 驭夷狄）

译文：

洪武五年（1372年）三月，高丽国王王颛派密直同知洪师范、郑梦周等奉表贺平夏贡方物，同时请求送子弟入太学学习。其奏折说："无论古今，无论愚钝还是睿智，人们都应遵循彝伦、喜好美德。蛮夷要学习华夏的地方，正是礼乐诗书。所以，我们东夷民族自古以来都把子弟送入太学，不仅要学习君臣父子的伦理，也要了解中原的盛世。恳请圣上明察臣子向化的诚心，如果能让这些孩子受到教育，臣等将深感荣幸。"

太祖对中书省大臣说："高丽想要把子弟送入太学这也是好事，但是这些孩子跨海而来，远离父母，难免相互思念。你们中书省最好让高丽国王及其臣下认真商议此事，如果作父兄的真心想把子弟送来，作子弟的也真心听从父兄的安排，双方都不勉强，才让他们派使臣把孩子们送来京城，住一年或者半年，随意他们回家省亲。"

这一记载反映了太祖朱元璋时期与高丽王国的友好关系，以及华夏文化对高丽的重要影响。高丽主动学习华夏文化，肯定诗书礼乐对治理国家的积极作用，朱元璋尊重高丽的选择，而且格外体谅高丽子弟远道求学的辛苦，不愿对其有丝毫的强求。这件事充分证明了明朝政权与周边民族的朝贡关系完全是基于文化的力量，坚持自愿的原则，目的是维持双方的和平共处，而并非对周边政权实施控制。因此，这里还是在强调"内部改革，国内统治的质量"与"国家安全"的正向因果关系。

(15) ○洪武五年九月丁巳

靖海侯①吴祯自辽东遣人送故元平章高家奴，知枢密高大方，同佥②高希古、张海马，辽阳路总官高斌等至京。

太祖谕群臣曰："昔元都既平，有劝朕即取辽阳者。朕谓，'力不施于所缓，威不加于所畏。辽地虽远，不必用兵。天下平定，彼当自归已'。而元辽阳行省平章刘益果以其地来降。尚存一二桀骜徘徊顾望，朕亦不问。今高家奴等又相继而至，不劳寸

---

① 侯（hòu）：古代在国境和道路上负责守望、侦探及迎送宾客的官吏。

② 佥（qiān）：签发，签派。

兵，坐底平定。朕思彼皆故元之臣，天运已革，故来纳款①。然自古兴亡之道与治乱相寻。书云：'与治同道罔不兴，与乱同事罔不亡'。元末君臣荒怠，纪纲废堕②，造乱之徒相煽而起，一旦天命不保，此辈遂为朕臣仆。向使其君知天命可畏，兢兢业业，夙夜罔懈，何至沦丧？卿等宜鉴前，执小慎德以匡朕不逮。凡朕有所为，勿以事小不言，使朕勿于所警也。"

群臣皆顿首曰："陛下敬天勤民，圣德日新而拳拳不忘警戒，诚宗社万世之福。"（卷四　警戒）

译文：

洪武五年九月，靖海侯吴祯从辽东派人把已灭亡元朝的平章高家奴，知枢密高大方，同金高希古、张海马，辽东路总官高斌等人押送到京城。

太祖对群臣说："当年攻克元大都后，有人劝朕乘胜拿下辽阳。朕说：'力量不能放在不急迫的地方，威势也不用向已经畏惧者展示。辽阳虽然远在边外，却也不必用兵。待我们平定天下，他们自然会归附我朝。'后来，元朝的辽阳行省平章刘益果然主动归顺于我。对于其他仍然负隅顽抗或者徘徊观望的元朝旧部，朕也不加过问。如今，高家奴等人也相继投降，不劳我一兵一卒，我们只需坐等就收复了那些地方。朕以为，他们都是元朝的旧臣，如今改朝换代，元朝气数已尽，所以他们才主动投诚于我。自古以来，国家兴亡与治乱的规律是一致的。《尚书》中有句话是说：'辅佐治理有序的国家，没有不兴旺的；辅佐混乱无序的国家，结果只能是同归于尽。'元朝到了末年，君臣都荒废政务，纪纲被弃置不用，各地兵变此起彼伏，等到大势已去，这些元朝旧臣也就投靠了我朝。假如当初元朝君主知道天命不可违的道理，兢兢业业勤于朝政，何至于落到今天的下场？诸位爱卿

---

① 纳款：投诚。
② 同"隳（huī）"：毁坏。

一定要以史为鉴，时时处处勤政爱民，以辅佐朕所力不能及。对于朕的所作所为，不要因为事小就不直言，结果让朕不能有所警惕。"

群臣听后，一起叩头，并说："陛下谨遵天命，勤政爱民，圣德每天都有所提高还时刻不忘自警，这真是我大明江山的万世之福。"

这一记载反映了太祖朱元璋对元朝灭亡原因的分析，以及对待元朝旧部的政策总结，非常明确地表达了太祖朱元璋的国家安全观念是反对穷兵黩武，相信以德服人。在推翻元朝的过程中，他只限于夺取元大都，赶走元朝统治者，而不是乘胜追击，完全消灭元政权的有生力量。他不认为武力是导致敌人投降的唯一和最佳途径，而是更愿意"不劳寸兵，坐底平定"，也就是通过良好的国内统治吸引敌人自愿归顺。这就在"军事准备，使用武力"与"敌人的失败、投降"之间建立了负向因果关系，在"内部改革，国内统治的质量"与"敌人的失败、投降"之间建立了正向因果关系。

（16）○洪武五年十一月辛未

靖海侯吴祯还京师。先是，祯督饷定辽，因完城练卒，尽收辽东未附之地，至是乃还。

太祖曰："海外之地悉归版图，固有可喜，亦有可惧。"祯曰："陛下威德加于四海，夫复何忧？"太祖曰："自古人君之得天下，不在地之大小，而在德之修否。元之天下地非不广，及末主荒淫，国祚①随灭。由此观之，可不惧乎？"祯对曰："圣虑深远，臣愚不及此。"（卷四 警戒）

译文：

---

① 祚（zuò）：皇位，国统。

洪武五年十一月，靖海侯吴祯回到京师。此前，吴祯奉命镇守辽东，在完城驻军，收复辽东尚未归顺的地区，直到现在才回京师复命。

太祖说："我朝收复了所有土地，固然可喜，但是也有令人担忧之处。"吴祯说："圣上的威德如今已遍及四海，还有什么可担忧的呢？"太祖说："自古以来，君主治理天下，不在乎土地的多寡，而在乎德行是否美好。元朝时土地不是不广，到了末期，君主荒淫，所以丢失了江山。由此看来，还不令人担忧吗？"吴祯回答说："圣上的远见是臣所不及的呀。"

这里太祖明确引用了儒家的战略观点，认为治天下的关键不是占有多少土地，而在于君主的德行，也就是国家治理的好坏。土地再广，也不能保证国家长治久安，只有君主有德，才能长保江山社稷。这就在"内部改革，国内统治的质量"与"国家安全"之间建立了正向因果关系。

（17）〇洪武九年十一月辛巳朔

太祖与侍臣论及古之女宠、外戚、宦官、权臣、藩镇、夷狄之祸。侍臣曰："自古末世之君，至于失去天下者，常于此。然所以启之者，有渐也。女宠之祸常始于干政，外戚之权常始于蒙蔽，至于国势不振，汉唐以下，覆辙可鉴矣。"太祖曰："木必蠹而后风折之，体必虚而后病乘之，国家之事亦犹是已。汉无外戚阉宦之权，唐无藩镇夷狄之祸，国何能灭？朕观往古，深用为戒。然制之有其道，若不惑于声色，严宫闱之禁，贵贱有体，恩不掩义，女宠之祸何自而生？不牵于私爱，惟贤是用，苟干政，典裁以至公，外戚之祸何由而作？阉寺便习，职在扫除，供给使令，不假其兵柄，则无宦寺之祸。上下相维，大小相制，防耳目之壅蔽，谨威福之下移，则无权臣之患。藩镇之设，本以卫民，使财归有司，兵必合符而调，岂有跋扈之忧？至于御夷狄，则修武备，谨边防，来则击之，去不穷追，岂有侵暴之虞？凡此数事，常欲著书，使后世子孙以时观览，亦社稷无穷之利也。"侍臣顿首曰："陛下此言诚有国之大训、万世之明法也。愿著之常典以垂示将来。"

译文：

洪武九年（1376 年）十一月，太祖与侍臣谈论自古以来女宠、外戚、宦官、藩镇、夷狄贻害国家的历史。侍臣说："自古以来，末世君主丢失天下的，常常是因为这些祸患。但是这些祸患的形成，也是有一个过程的。女宠的危害常常始于干涉政务，外戚篡权常常始于蒙蔽君主，最终导致了国势不振。自汉唐以来，已经有很多这方面的教训。"太祖说："树木一定是被虫子腐蚀了才会被风吹断，身体一定是虚弱了才会被疾病侵入，国家也是这样。汉朝如果没有外戚宦官篡权，唐朝如果没有藩镇夷狄祸国，国家何至于覆灭？朕回顾历史，对这些教训甚为警戒。然而，防止这些祸患的发生是有办法的。如果君主不沉迷于声色，严格后宫的规矩，贵贱得体，恩宠而不失道义，怎么可能产生女宠之祸？如果君主不局限于私爱，惟贤是用，即使有人干预政务，也能秉公制裁，又怎么会产生外戚之祸？宫内的侍臣，职责在于杂务，对他们供养和使唤，但是不给予兵权，也就不会有宦寺的祸患。让各级官员相互制约，防止自己被蒙蔽，也不让自己的威严和恩典流失给大臣，这样也就不会产生权臣的祸患。设立藩镇的本意是为了保护百姓，如果把财富都交给相关官员管理，调兵也一定符合规矩，又怎么需要担心他们专横跋扈？防范夷狄，只需要训练军队，谨慎边防，如果他们入侵就反击，如果他们退兵也不穷追，这样又怎么需要担心他们的侵扰？关于这些方面的行事原则，朕常想写成书籍，留给后世子孙时常翻阅，也一定可以永保江山社稷。"侍臣叩头说："陛下这番话实在是君主的大训、历代帝王都应遵循的法则。恳请圣上恩准将其载入典籍以教育后人。"

这段记载中，太祖在分析前代历史教训的同时也表明了自己对永保江山社稷的看法，特别强调的是加强国内统治的质量，认为国家灭亡的诸多祸患其实都是可以从内部杜绝的，即使是对夷狄的侵犯，也只需加强边防，而不是主动出击消灭其有生力量。所以这里还是在强调"内部改革，国内统治的质量"与"国家安全"的正向因果关系。

（18）○洪武十八年五月戊子

太祖览舆地①图，侍臣有言："今天下一统，海外蛮夷无不向化。舆地之广，诚古所未有。"

太祖曰："地广则教化难周，人众则抚摩难遍，此正当戒慎。天命人心惟德是视。纣以天下而亡，汤以七十里而兴，所系在德，岂在地之大小哉？"（卷四 警戒）

译文：

洪武十八年（1385年）五月，太祖查看地图，侍臣中有人说："如今天下统一，海外蛮夷纷纷归附，我朝的土地之广袤，真是前所未有。"

太祖说："土地广袤则教化难以普及，人口众多则抚恤难以周到，这正是我朝应当谨慎防范的。无论从天命还是人心来看，只有德治才能保全江山。纣王拥有天下的土地结果最终亡国，商汤以七十里的领地最终取得了天下，其中的关键是君主有德，跟土地的大小又有什么关系呢？"

这一记载再次表明，太祖朱元璋的国家安全观念中，重要的是守成而不是扩张，他强调确保国家安全的关键是君主有德，治理有道，而不在于开疆拓土。这也是在强调"内部改革，国内统

---

① 舆（yú）地：地，地图。

治的质量"与"国家安全"之间的正向因果关系。

朱元璋建立明朝取代了蒙古族的元政权，北方蒙古部落的武力侵犯也是整个明朝时期主要的外来安全威胁，但是明政权的创立者朱元璋并不主张用武力一劳永逸地消除蒙古的有生力量，而是确立了怀柔远人的对外战略思想。所以，他在洪武五年提出"辽地虽远，不必用兵。天下平定，彼当自归已"，相信只要自己把国家治理好，蒙古部落自然会接受明朝的统治，国家安全也就完全可以有保障。在面对收复辽东、得胜还朝的将领时，朱元璋不是喜出望外，而是表达了对国家长治久安的长远考虑，强调"自古人君之得天下，不在地之大小，而在德之修否"。这种战略眼光实属难能可贵，同时也清楚地反映了明太祖朱元璋对儒家战略思想的深刻认同。洪武十八年，明朝政权已经相当稳固，朱元璋仍然坚持这样的战略思想，听到侍臣对明朝"舆地之广，诚古所未有"的赞誉，他想到的不是扩疆拓土称王称霸，而是如何用仁德确保国家的长治久安，因为他相信，"纣以天下而亡，汤以七十里而兴，所系在德，岂在地之大小哉？"

(19) ○洪武十一年六月壬子

遣使致祭故元幼主于沙漠。

太祖命礼部臣曰："曩①者元运既终，其末帝能知天命，遁归沙漠。今闻其子爱猷识理达腊没②于彼，可遣使吊祭。"礼部臣对曰："道里辽远，使者难至。况彼久离中华，已变异俗，非典礼所加。"太祖曰："帝王以天下为一家，彼不出覆载之外，何远之有？彼虽异俗，其爱憎之情未尝不同。敬其主则其臣悦，况典礼所加，其孰得违德舍礼哉？"于是，自为文祭之。（卷五 礼前代）

---

① 读 nǎng，意思是"从前"。
② 读 mò，意思是"死亡"。

译文：

洪武十一年（1378 年）六月，太祖派使臣到沙漠祭奠元朝末代君主的儿子。

太祖对礼部大臣说："当初元朝大势已去，其末代君主能够顺应天命，逃回沙漠。如今，朕听说他的儿子爱猷识理达腊死在了那里，所以决定派人前去吊唁。"礼部大臣说："那里实在太遥远，使臣很难到达。况且他们远离中原已经很久，早就改变了风俗，也不需要对其使用典礼了。"太祖说："身为帝王，应当把天下人都视为一家人，他们就在我疆域之内，怎么能说太遥远呢？即使他们改变了风俗，人性固有的爱憎之情没有什么差别。我们尊敬他们的君主，那些臣子一定会高兴。况且我们对其使用典礼，他们怎么可能违背道德舍弃礼仪？"随后，太祖还亲自为爱猷识理达腊写了祭文。

这一记载中，太祖朱元璋不顾礼部的反对，坚持对元朝末代君主的儿子行吊唁之礼，并且亲自为其撰写祭文，之所以这样重视，当然是因为朱元璋相信以礼相待可以换取元朝残余势力对中原政权的认可，进而确保明政权的安定。这还是在强调推行礼仪、实行仁政可以确保国家安全，也就是肯定"内部改革，国内统治的质量"与"国家安全"的正向因果关系。

（20）〇洪武九年三月乙卯朔

太祖谓群臣曰："智力虽足以取天下，而不足以得人心。朕每忆斯言，竟夕不寐。静观往事，无不皆然。朕当取天下之初，论智不如张士诚之狡，论力不如陈友谅之众。而朕一以诚心待之，未尝以诈力加人。然二人卒为吾所擒者，要之智力有穷，惟至诚人自不能达耳。"群臣顿首称善。（卷一　经国）

译文：

洪武九年（1376 年）三月，太祖对群臣说："单凭智谋和力量即使可以取得天下，也不足以取得人心。朕每次想起这句话，常常一整夜都睡不着。静心回忆往事，无不印证这一规律。朕当初起兵，就智谋而言不如张士诚狡猾，就力量而言不如陈友谅强大。但是朕一直以诚心待人，从未对人使用诡计和蛮力。最终这二人都被朕打败，关键就在于他们的智谋和力量终究是有穷尽的，而朕的至诚之心却无人能及。"群臣听后纷纷叩头表示赞同。

太祖朱元璋在对自己取得政权的成功经验进行总结时特别强调的不是武力的强大和军事权谋的高超，而是推崇以诚心待人，认为自己"得人心"是成功的关键。这也表明他在三个战略偏好中选择的是最为温和的方式，在"内部改革，国内统治的质量"与"敌人的失败、投降"之间建立了正向因果关系。

(21) 洪武十二年十二月丁亥

太祖御奉天门，谓左都督丁玉曰："尔近征威茂诸州，幸已成功。然闻尔在军中谋士甚少，间有之又待之不得其心。夫为将必先智谋，智谋必在用士。故推诚待人，则人为我用。若待之不诚，亦孰肯尽心效用哉？盖得士者胜，失人者弱。苟不知此，惟力之是，尚何足以制敌？固有竭万人之力以应敌而不足，有用一人之智以制敌而有余。此用智力之殊也。既往之功，幸焉有成。后将有命，宜审于此。"（卷五 谕将士）

译文：

洪武十二年（1379年）十二月，太祖到奉天门，对左都督丁玉说："你最近收复威茂等地，很幸运取得了胜利。但是朕听说你在军中的谋士很少，偶尔有几个又不能对其充分信任。身为将领，一定要足智多谋，而智谋的获得又在善于用人。只有诚心相待，才能找到可信赖的人才。如果待人不诚，谁会尽心效力呢？有好的谋士才能保证胜利，没人辅佐的将领一定势单力薄。如果不明白这个道理，只是依靠蛮力，怎么能克敌制胜呢？有的军队虽然有万人之众却不能制敌，有的军队靠一个人的智慧就足以降敌。这就是用智谋和用蛮力的区别。你过去取得的胜利真是幸运，将来再奉命出师，一定要注意这一点。"

太祖朱元璋在这里谈论的是如何取得战争胜利的问题，他认为确保胜利的重要因素不是军队人数的众多和力量的强大，而是巧用智谋，这里的智谋当然既可以是军事权谋，也可以是政治和外交权谋，所以就在"军事权谋"与"敌人的失败、投降"之间，"政治、外交权谋"与"敌人的失败、投降"之间建立了正向因果关系，同时也在"军事准备，使用武力"与"敌人的失败、投降"之间建立了负向因果关系。

(22) ○洪武十七年十月壬申

广东都司械送蛮寇余党九十余人至京，法司请治其罪。

太祖曰："蛮夷之人相煽为非，一时诖①误，若悉治其罪，情有可矜②。然既戮其首恶者，胁从之人不必躬治，其宥之。"又曰南人不耐寒，命悉给冬衣而遣之。(卷四 仁政)

译文：

洪武十七年（1384 年）十月，广东都司押解蛮寇余党九十多人到京城，法司奏请圣上对这些人治罪。

太祖说："蛮夷之人互相蛊惑为非作歹，乃是一时的错误，如果一概予以治罪，感觉很是可怜。既然已经处死了头目，其他胁从的人就不要一一惩治了，都赦免了吧。"太祖还说这些南方人不适应北方的严寒，下令一律发给他们御寒的冬衣，再遣返他们。

---

① 读 guà。

② 矜：哀怜，同情。

这件事作为"仁政"的表现被记载在《明太祖宝训》中，充分说明了朱元璋当时对蛮夷外族是主张实行怀柔政策，而不是武力消灭的。确切地说，他根本没有把这些人当做外来的安全威胁，而认为这完全是一时的内乱，所以当然要从内部统治着手来解决问题，也就是充分发挥"内部改革，国内统治的质量"对"国家安全"的积极作用。

（23）○洪武十七年十一月丙寅

江西布政司参议胡昱言："纳哈出名虽元臣，其实跋扈然。其麾下哈喇章、蛮子、阿纳失里诸将各相猜忌，又势孤援绝，若发兵击之，可一举而擒也。"

太祖曰："利其弱而取之，非武也。因其衅①而乘之，非仁也。纳哈出之为人，朕素知之，不过假元世臣之名，以威其众耳。然人心外合内离，亦岂能久？今姑待之，若其一旦觉悟，念昔释归之恩，幡然而来，不犹愈于用兵乎？不然为恶不悛②，将自取覆灭。尔言虽善，然未可遽动。"（卷六 驭夷狄）

译文：

洪武十七年十一月，江西布政司参议胡昱上奏："纳哈出名义上是元朝旧臣，实际却飞扬跋扈。其属下哈喇章、蛮子、阿纳失里等将领都互相猜忌，而且势单力薄没有后援，如果我们发兵攻打，一定可以将其一举俘获。"

太祖说："趁其虚弱时将其拿下，不是勇武的行为。发现其破绽而利用之，也不是仁义的表现。朕一向了解纳哈出的为人，他不过是假借元朝世臣的名义在部下中树立威严。然而其部下早已貌合神离，怎么可能维持长久呢？现在就暂时不要理他，如果他一旦觉醒，感念当初朕对他们的放生之恩，幡然悔悟并前来归

---

① 衅：间隙、破绽、机会。

② 读 quān，意思是"悔改"。

顺，岂不是比我们出兵降伏他们要好？如果他们继续作恶，不知悔改，那就是自取灭亡。你的建议虽然不错，但是不可以急于出兵。"

面对故元旧部的潜在威胁，并且使用武力消除威胁把握极大的情况，太祖朱元璋仍然不主张轻易诉诸武力，而是希望通过仁义和恩德感化他们，等待他们自愿归顺，这当然是因为在太祖朱元璋的国家安全战略选择中使用武力从来被作为最后的选择，而他一直最为看重的则是"内部改革，国内统治的质量"对"国家安全"的积极作用。

（24）○洪武十八年六月甲午

广西都司言："频年猺①寇窃发，皆因居近溪洞之民与之相通，诱引为患。请先捕戮此辈，庶绝其党。"

太祖曰："溪洞之民引诱猺獠②为寇，此诚有之。然其间岂无良善？若一概捕戮，恐及无辜。大抵驭蛮夷之道，惟当安近以来远，不可曰恶以累善。非实有左验，不宜捕戮。"（卷六驭夷狄）

译文：

洪武十八年六月，广西都司上奏："近些年猺獠暴动，都是因为与之相邻的溪洞人与他们交往并引诱他们作乱。恳请圣上准予先捕戮这些人，以消灭其党羽。"

太祖说："溪洞人引诱猺獠作乱确有此事，但是他们中间难道就没有善良的人吗？如果一概捕戮，恐怕会伤及无辜。总体说来，统驭蛮夷的办法只能是安抚离我们近的，以吸引离我们远的，不能因为有作恶者，就连累善良的人。除非确实有证据，不然最好不要捕戮。"

---

① 猺（yáo）：旧时对我国少数民族瑶族的侮辱性称谓。
② 獠（lǎo）：古代少数民族名。

当蛮夷外族有威胁中原安全的举动时，太祖朱元璋也并不主张轻易使用武力，而是尽可能以怀柔政策化解危机。他相信其中有善良的无辜百姓，如果一概杀戮不符合"仁政"的原则，应该坚持"安近以来远"的方针，对其实行感化，促使其自愿归顺。这也是在"内部改革，国内统治的质量"与"国家安全"之间建立了正向因果关系，否定了"军事准备，使用武力"对"国家安全"的作用。

(25) ○洪武十七年十一月庚午

太祖谓礼部臣曰："近命辽东立学校。或曰①'边境不必建学校'。夫圣人之教犹天也，天有风雨霜露，无所不施，圣人之教亦无往不行。昔箕子居朝鲜，施八条之约，故男遵礼义，女尚贞信。管宁居辽东，讲诗书，陈俎豆，饰威仪，明礼让，而民化其德。曾谓边境之民不可以教乎？夫越与鲁相去甚远，使越人而居鲁久则必鲁矣，鲁人而居越久则必越矣。非人性有鲁越之异，风俗所移然也。况武臣子弟久居边境，鲜闻礼教，亦恐渐移其性。今使之诵诗书、习礼让，非但可以造就其才，他日亦可资用。"（卷二 崇教化）

译文：

洪武十七年十一月，太祖对礼部大臣说："近来，朕命辽东兴建学校。有人却说，'边境地区不必设立学校'。圣人的教育犹如苍天，苍天有风雨霜露覆盖着人间的各个地方，圣人的教育也应该无所不在。当初箕子生活在朝鲜，传播八条之约，结果朝鲜人就能够男遵礼义，女尚贞信。管宁生活在辽东，讲授诗经尚书，传播礼仪规范，结果当地的百姓就形成了美好的德行。怎么可以说边境的百姓不能教育呢？再比方说，越国与鲁国相隔很

---

① 或曰：有人说。

远，但是如果越国人居住在鲁国时间久了，他们就会养成鲁国人的习惯；如果鲁国人居住在越国时间久了，他们也会养成越国人的习惯。这不是因为人性本身有鲁国越国的差异，而是风俗变化导致的。更何况那些武臣的子弟们长时间居住在边境地区，很少学习礼教，朕更担心他们慢慢就改变了性情。如今特意让他们诵读诗书，学习礼让，这不仅可以培养他们的才智，将来也可以派上用场。"

太祖朱元璋在处理国家安全问题时坚持的仁政方针不仅体现在应对外来威胁方面，在内政方面也有清楚的表现，就是把儒家教育推广到边境地区，相信只有依靠教化的力量才有利于国家的长治久安。针对有些人不同意在边境地区建立学校的观点，朱元璋予以了反驳，他用古人"箕子"和"管宁"的例子证明，民风都是可以教化的，边境居民完全可以通过学习礼仪而移风易俗，接受并践行礼教。不仅如此，在边境地区建学校的另一个好处是可以让驻守边境的武臣子弟学习礼教，将来才能为国家做出更大的贡献。也就是说，边境安全绝不是单纯依靠武力就能够长期维持的，从长远来看，文治显然比武功更重要。这也是在强调"内部改革，国内统治的质量"与"国家安全"之间的正向因果关系。

（26）洪武二十年十月己酉

太祖与诸将论兵政。

太祖曰："国家用兵，犹医之用药。蓄药以治疾，不以无疾而服药。国家未宁，用兵以戡①定祸乱。及四方承平，只宜修甲兵，练士卒，使常有备也。盖兵能弭祸，亦能召乱耳。犹医家妄以瞑眩之药强进无病之人，纵不残躯殒命，亦伤元气。故为国者

---

①　读 kān。

但当常讲武事，不可穷兵黩武。尔等皆有军旅之寄，宜深体朕意，庶几无失。"（卷五 谕将士）

译文：

洪武二十年（1387年）十月，太祖与众将士谈论兵政。

太祖说："国家使用武力，好比医生用药。用药的目的是为了治病，不会给没病的人用药。国家不安定的时候，使用武力可以平定祸乱。等到国家安定时，就只能修整军队和训练士兵，以保证国家的防御能力。因为，武力既能平定祸乱，也能引起祸乱。如果医生盲目用药给没病的人，即使不会致人伤残或者丧命，也会损害人的元气。所以，治理国家，只能常备武力以做防御，千万不能穷兵黩武。你们都负有管理军队的重任，一定要切实体会朕的心意，确保不犯错误。"

这一记载中，太祖明确表达了自己对使用武力的态度，认为武力只能作为防御的手段，在需要时适当使用，如果穷兵黩武，只会后患无穷，这就在"军事准备，使用武力"与"国家安全"之间建立了负向因果关系。

（27）〇洪武二十三年闰四月乙丑

广西布政使司奏安南国遣使入贡。太祖谓礼部尚书李原吉曰："安南远居海滨，率先效顺，方物之贡岁以为常。朕念彼向慕中华，服我声教，岂在数贡？故尝以海外之国岁一贡献，转运之烦，实劳民力，已命三年一朝。今安南不从所论，又复入贡。尔礼部其速令广西遣还，必三年乃来也。"（卷三 却贡献）

译文：

洪武二十三年（1390年）闰四月，广西布政使司上奏说安南国派使臣前来朝贡了。太祖对礼部尚书李原吉说："安南地处遥远的海滨，率先归顺我朝，每年入贡也已成常规。朕感念的是他们向慕中华，接受我朝教化，哪里在乎其朝贡的次数？朕体谅海外之国一年一次朝贡，长途奔波实在是劳民伤财，所以已经下令他们三年一次朝贡。如今安南不听命令，又来入贡。你们礼部赶快让广西将入贡使臣送回，并令其务必三年方可入贡一次。"

太祖朱元璋在这里明确表示了朝贡本身不是目的，明朝看重的是周边政权对中华文化的尊崇和双方的和平相处。为了不给百姓造成负担，他规定周边政权的朝贡只需三年一次，对于频繁入贡的安南国，太祖坚持拒绝。这也是在强调"内部改革，国内统治的质量"与"国家安全"之间的正向因果关系。

（28）○洪武二十七年四月癸未

太祖谓太子少保唐铎曰："帝王之于天下，体天道、顺人心以为治，则国家基业自然久安。朕每思前代乱亡之故，未有不由于违天道、逆人心之所致也。天之爱民，故立之君以治之，君能妥安生民则可以保天春。卿与朕共事久，夙夜左右，资弼良多。凡朕之事天、子民弗有至者，卿即以为言，使知有所警。苟谓已安，不以为意，治乱系焉。"铎顿首曰："陛下敬天恤民之心拳拳如此，臣虽老，悖敢不尽心。"（卷四 警戒）

译文：

洪武二十七年（1394年）四月，太祖对太子少保唐铎说："帝王治理天下，能够遵循天理，顺应人心，国家自然能长治久安。朕每次思考前朝灭亡的原因，没有不是由于违背天理和人心所导致的。上天因为爱护百姓，才设立君主以管理他们，君主只有能让百姓安居乐业，才能保证自己地位长久。你辅佐朕有多年了，日夜在朕左右，对朕帮助很大。凡是朕在遵循天道、爱护百姓方面有没做到的地方，你一定要告诉朕，让朕有所警惕。假如朕误以为一切都好，不再用心执政，那将会直接导致国家的治乱命运。"唐铎叩首，说："圣上敬天爱民的心情如此诚恳，臣虽然已经年近告老，断不敢有丝毫懈怠。"

这一记载还是在强调太祖朱元璋的勤政爱民形象，虽然已经执政多年，明朝政权基本稳定，朱元璋仍然时时提醒自己和周围的大臣，要以史为鉴，勤政爱民，目的是避免前朝灭亡的命运，确保政权长治久安。这还是在强调"内部改革，国内统治的质量"与"国家安全"之间的正向因果关系。

（29）〇三月丁丑①

太祖谕中书省臣曰："先王之世，不施赏而民劝于善，不施罚而民不为非。若是，何也？有仁义为之本也。夫圣人统驭四海而宰制万物者，仁以居之，义以行之。故贤者乐有仁义，而不肖者有所视效②焉。是故商变乎夏，周变乎商，而仁义未尝改也。天之生民，治乱相继，亘万世而不易者，其惟此乎？故汤武用是而兴，桀纣忽是而亡。今天下纷纭，靡有底定，彼恃夫智力之私而戕贼③于民者，岂复知有仁义哉？卿等职居枢要，所以辅吾者，舍是则无以为治国之本也。卿等勉之。"（卷六 谕群臣）

译文：

三月丁丑，太祖对中书省大臣说："古先帝王的时代，不用赏赐，百姓就乐于行善，不用刑罚，百姓也不施恶。为什么会这样呢？是因为坚持了以仁义为本。圣人们治理天下和万物的方法就是以仁义为指导原则。因此，贤者都喜好遵循仁义，即使不贤者也会有所效仿。也是因为这样，尽管商朝取代了夏朝，周朝取代了商朝，而仁义却始终未变。上天孕育百姓，时局总是治乱更替，但世世代代不会改变的，也只有仁义吧？商汤和周武王遵循

①　文献原文此处缺少年代，本书作者根据其在宝训中的卷次和篇章顺序，将其放在此处。

②　效：模仿，仿效。

③　戕贼：摧残，伤害。

218

仁义，所以兴国。夏桀和商纣王忽视仁义，结果亡国。如今天下纷争，尚未完全平定，那些为满足一己之私而危害百姓的人，哪里知道遵循仁义？诸位爱卿都身居要职，你们辅佐朕如果不依靠仁义，那就不符合治国的根本。诸位务必要以此自勉。"

这里，太祖朱元璋再次强调了坚持儒家仁义原则才能确保国家长治久安的理念，认为这是亘古不变的历史规律，是决定国家兴衰存亡的根本。这也是在"内部改革，国内统治的质量"与"国家安全"之间建立正向因果关系。

从以上两处记载可以看出，晚年的朱元璋已经在有意识地教导侍臣把儒家治国理念传承好，以确保自己建立的明朝政权能够存续长远。他提出，帝王治理国家，遵循"体天道，顺人心"的原则，国家自然能够长治久安。自古统驭四海的圣人明君都是"仁以居之，义以行之"才得以保全天下，名流千古。朱元璋要求辅臣们一定要时刻提醒自己履行这样的治国之道，同时也要求身居要职的这些大臣自勉。晚年的朱元璋之所以这样时时反思历史，吸取教训，推崇"仁义为治国之本"，显然是在考虑明朝政权的延续问题。在他看来，若要确保明朝政权长治久安，必须依赖儒家推崇的仁政。

根据上述文献分析，绘制综合认知图（见下图①），可以清楚地呈现《明太祖宝训》中关于使用武力对于获取国家安全的效用这一重大战略问题的观点主张。

_____

①　基于本书的研究需要，作者在江忆恩原图的基础上作了两处修改：其一，将作者根据所分析文献中的哪些论述画出综合认知图中的因果关系箭头明确展示给读者（详见箭头上的序号及其相应的文献分析部分的引言）；其二，图中实线箭头代表正向因果关系（即表示肯定），虚线箭头代表负向因果关系（即表示否定）。书中以下论证涉及的综合认知图都是按照这两条原则进行的修改，以下不再赘述。

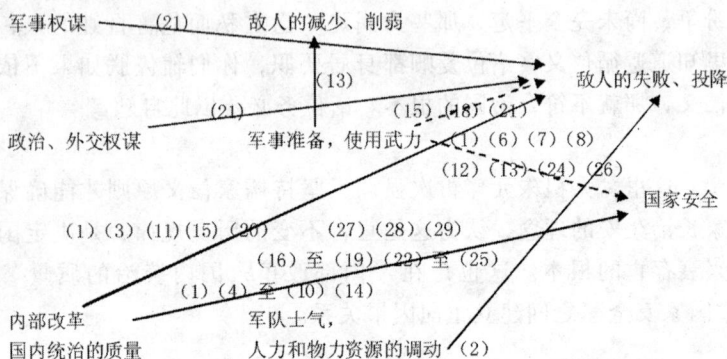

军事权谋 ————（21）———— 敌人的减少、削弱

（13）　　　　　　　　　　　　　　敌人的失败、投降

（21）　　　　　　　　（15）（18）（21）

政治、外交权谋　　　军事准备，使用武力 ＜（1）（6）（7）（8）

（12）（13）~（24）（26）

国家安全

（1）（3）（11）（15）（20）　　　（27）（28）（29）

（16）至（19）（22）至（25）

（1）（4）至（10）（14）

内部改革　　　　　　军队士气

国内统治的质量　　　人力和物力资源的调动（2）

图 5.1

　　非常明显，在明太祖的战略安全理念中，最重要的战略选择是最温和的途径——"内部改革，国内统治的质量"，太祖一再强调的是通过仁政确保国家安全，"军事权谋"和"政治、外交权谋"根本没有作为维护国家安全的选择，而只是当成了在某些情况下迫使敌人失败和投降的途径之一。

　　通过相关文献的分析可以清楚看到，在太祖朱元璋的执政理念中，儒家文化核心的"仁"的思想被推崇到极高的地位，太祖反复强调，"仁义，治天下之本也。""仁义足以得天下，而威武不足以服人心。""自古人君之得天下，不在地之大小，而在德之修否。""帝王之于天下，体天道、顺人心以为治，则国家基业自然久安。"具体到武力的使用问题，太祖相信，"仁者之师无敌"，"天时不如地利，地利不如人和"。他明确指出，"兵者，凶器，圣人不得已而用之。""盖兵能弭祸，亦能召乱耳。""故为国者但当常讲武事，不可穷兵黩武。"在明太祖的治国决策中，施行仁政被认为是固国安邦、求取天下的根本途径，也是他要求臣下、子孙必须谨记和遵循的治国之要。基于上述战略观点，太祖朱元璋在处理对外关系，也就是华夷关系的决策中，同样没有把使用武力作为首选途径，而是认为驭夷狄之道以教化为先，要争取夷狄自愿归附，从而与其和平相处。只有在迫不得已时才动用武力抵御夷狄的侵扰，但是这种使用武力的目的仅仅是防御而不是进攻，更不是扩张或者征服。

2. 明太宗的战略思想

明太宗朱棣是一位文治武功都非常卓越的皇帝，在《明太宗宝训》中对朱棣关于如何获取国家安全这一重要战略问题的记载也相当丰富，而且绝大多数都是他在处理对外关系，也就是华夷关系的决策中阐明的思想观点。

（1）〇洪武三十五年①九月乙未

命右军都督府同知韩观佩征南将军印，充总兵官镇守广西。

赐敕谕之曰："广西蛮民易叛难服，杀之愈多而愈不治。太祖高皇帝灼见其情，故以德抚之，至不得已而后用兵，所以蛮民悦服，边境晏然。今服嗣②位，谨遵成宪。卿往镇之，宜务德为本，毋专杀戮，庶副朕法祖柔远之意。"（卷四 谕将帅）

译文：

洪武三十五年（1402年）九月，太宗命右军都督府同知韩观佩征南将军印，作为总兵官镇守广西。

太宗颁赐诏书对韩观说："广西蛮民多有叛乱，很难驯服，然而越是采用杀戮的办法越不能有效对其进行治理。当年太祖高皇帝深刻认识到蛮民的性情，于是以德治之，万不得已时才使用武力，结果使他们心悦诚服，边境地区也因此安然无恙。如今朕继承大统，一定严格遵循祖制。你前往广西镇守，务必要以德为本，千万

---

① 朱元璋在位31年，其后是皇太孙朱允炆（建文帝）执政的4年，朱棣把这段时间仍然称为洪武年间。

② 嗣（sì）：继承。

不能一味杀戮，希望你体谅朕效法祖制，怀柔远人的心意。"

可以看出，太宗朱棣继位后，严格遵守其父朱元璋确立的怀柔政策对待夷狄外族，在他看来，父亲朱元璋的"以德抚之，至不得已而后用兵"政策非常成功，达到了让蛮夷外族心悦诚服，边境安然无恙的效果。因此自己也要效法父亲，坚持对蛮夷"务德为本，毋专杀戮"。这当然是在强调"内部改革，国内统治的质量"对"国家安全"的积极作用，而否定了"军事准备，使用武力"对"国家安全"的重要性。

(2) ○永乐元年九月甲午
西平侯沐晟奏，"云南车里宣慰司土官刁暹答令其下剽掠威远，虏其知州及民人以归，请发兵讨之"。
上谕兵部曰："兵易动难安，一或轻举，伤人必多。且人有不善，以理告谕，未必不从，果若不从，然后加兵则亦有辞。昔皇考之世，思伦发为其下所逐，初但遣人谕之，彼怙终①不悛②，乃发兵殄之，此成法也。今始遣使赐赉③诸夷而遽继以兵，自此何以取信？且闻车里已纳上威远印，信是悔过之心已萌。可令云南都司移文谕之，若能格心向化，不必发兵。"遂敕晟曰："兵，重事也，危道也。不若，且令云南都司移文谕之。如能格心向化，即兵可止。若谕之不悛，加兵未晚。其训练将士以俟。"（卷五驭夷狄）

译文：
永乐元年（1403年）九月，西平侯沐晟上奏说，"云南车里宣慰司土官刁暹答命令其属下剽掠威远，俘虏了当地的知州和百

---

① 怙（hù）终：仗恃奸邪而终不悔改。
② 悛（quān）：改，悔改。
③ 赉（lài）：赏赐。

姓，恳请圣上发兵征讨"。

太宗对兵部说："军队容易调动却难安抚，一旦轻易出兵，必定伤害很多人。况且如果有人不善，可以晓之以理，这些人未必不听，即使真的不听，再对其用兵也算是师出有名了。当年先帝在位时，思伦发叛乱，先帝派人加以规劝，因其不知悔改，而后才发兵剿灭，这已成一定之规。如今，朕刚刚派使臣赏赐诸夷，如果马上又派兵剿灭，这怎么能取得他们的信任？而且，朕听说车里已经上交威远印，相信他们已经萌发悔过之心。现在可以命云南都司送去诏书规劝他们，如果他们能格心向化，就不必对其用兵了。"随后，太宗又诏谕沐晟："用兵，既是国家大事，也容易带来危害。不可轻举妄动。朕已命云南都司送去诏书规劝他们，如果他们能格心向化，就不必用兵。如果他们不知悔改，再用兵也不迟。你现在只需训练将士，等待命令。"

这一记载反映了太宗朱棣对边境地区侵犯中原的少数民族采取了足够宽容的态度，反对武力剿灭，而希望用仁政感化他们。也就是在"内部改革，国内统治的质量"与"国家安全"之间建立了正向因果关系，同时否定了"军事准备，使用武力"对"国家安全"的作用。

（3）〇永乐元年十月戊辰

赐镇远侯顾成银币。

上谓侍臣曰："汉武帝穷兵黩武以事夷狄，汉家全盛之力遂至凋耗。当时虽得善马，岂足偿中国万一之费？朕今休息天下，惟望时和岁丰，百姓安宁。至于外夷，但思有以备之，必不肯自我扰之，以罢①弊生民。遂成言，今日惟当安养中国，慎固边防。此言甚合朕意。盖斯人老成，非喜功好胜之流，以是特加奖之。"

---

① 同"疲"。

（卷四 奖励臣下）

译文：

永乐元年十月，太宗赏赐镇远侯顾成银币。

太宗对侍臣说："汉武帝当初对待夷狄穷兵黩武，结果导致汉朝江山由盛而衰。即使是抢到了夷狄的几匹良驹，又怎么能够抵偿中原政权付出代价的万分之一呢？朕如今让天下休养生息，只希望四时和顺，五谷丰收，百姓安宁。至于外夷，只可时时防御，一定不能主动进攻而自找麻烦，劳民伤财。正如顾成所说，现在我中原只需安定休养，谨慎巩固边防。此话非常合朕心意。看来顾成这人很稳重，不是喜功好胜之流，因此朕才嘉奖他。"

这一记载中，太宗朱棣明确否定了使用武力对国家安全的作用，认为穷兵黩武得不偿失，休养生息才是治国良策。也就是在"军事准备，使用武力"与"国家安全"之间建立了负向因果关系，在"内部改革，国内统治的质量"与"国家安全"之间建立了正向因果关系。

（4）〇永乐元年闰十二月癸酉

通政司赵彝等引奏山东男子献阵图者。

上曰："自古帝王用兵，皆出于不得已。大驱人以胄①、白刃，鲜有不残伤毁折，其得不死，亦幸也。朕居军旅数年，每亲当矢石，见于锋镝之下者，未尝不痛心，但出不得已耳。今天下无事，惟当休养斯民，修礼乐，兴教化，岂复当言用兵？此辈狂妄，必谓朕有好武之意，故上此图以冀进用。好武者岂盛德事？其斥去之。"（卷三 斥奸佞）

译文：

永乐元年闰十二月，通政司赵彝等人上奏山东有一名男子进

---

① 读 zhòu，意思是"盔甲"。

献行军布阵图。

太宗说："自古以来，帝王用兵都是出于不得已。兵戎相见，很难不致人伤残，即使不死，也属万幸。朕行军打仗多年，每次亲临战场，看到有人死在刀枪剑戟之下，没有一次不痛心疾首的，但是又实在没办法避免。如今，天下太平，当然只能让百姓休养生息，推行礼乐，大兴教化，怎么可以再提用兵的事？这个人乃狂妄之徒，一定以为朕好武，所以才借献图的机会希望获得重用。好武者怎么能有利于盛德？一定要远离这种人。"

这里，太宗朱棣也是明确表达了自己反对穷兵黩武的态度，认为武力的使用都是出于不得已，真正有利于国家安全的治国之道应当是休养生息和礼乐教化。因此，这也是在"军事准备，使用武力"与"国家安全"之间建立负向因果关系，而在"内部改革，国内统治的质量"与"国家安全"之间建立正向因果关系。

以上两件事，一赏一斥，形成了鲜明对比，同时表达了太宗朱棣对使用武力的态度。镇远侯顾成提出"今日惟当安养中国，慎固边防"的建议，太宗对其大加赏赐，表彰其颇有远见，不好大喜功。这种表彰显然是在向世人传达自己"休息天下"、怀柔远人的政策导向。与其形成鲜明对比的是，太宗斥责了向自己进献用兵布阵图的人，认为这个人臆断自己好武，诋毁了自己要推行仁政德治的政策取向。他再次强调，"自古帝王用兵，皆出于不得已"，"今天下无事，惟当休养斯民，修礼乐，兴教化"。这两件事都发生在永乐元年，正是太宗确定自己执政理念和大政方针的时候，通过这一赏一斥，太宗也明确表达了自己强调休养生息，反对使用武力的国家安全观念。

（5）○永乐二年十一月庚戌
上御奉天门视朝西北诸胡来贡，命光禄卿赐食。既罢，礼部尚书李至刚进曰:"西北诸胡陛下抚绥,皆已向化,边境已宁。"

上曰:"人恒言'以不治治夷狄'。夫好善恶恶,人情所同。岂间于华夷?抚人有道,未必不来。虎至暴,扰①之能使驯帖。况虏亦饥食渴饮,具人心者。何不可驯哉?但有来者,推诚待之耳。"(卷五 怀远人)

译文:

永乐二年(1404年)十一月,太宗到奉天门接见前来朝贡的西北诸胡,并命光禄卿赏赐这些人饭食。接见结束后,礼部尚书李至刚来见太宗,说:"圣上已经妥善安抚西北诸胡,他们都已归顺,我朝西北边境也已安宁了。"

太宗说:"人们常说,'以不治治夷狄'。好善恶恶是人类共同的本性,华夷之间岂有不同?只要安抚有道,夷狄未必不肯归顺。就好比再凶猛的老虎,只要驯养还是能够使之温顺。更何况,夷狄也是饥饿时要吃饭,口渴时要喝水,都是有人的感情的。有什么不能驯服的呢?只要其中有前来归顺的,一定都以诚相待就是了。"

这一段君臣对话中可以看出,太宗朱棣和他的大臣都是相信确保国家安全的办法是安抚周边少数民族,也就是通过仁政换取边境的安宁,这就在"内部改革,国内统治的质量"与"国家安全"之间建立了正向因果关系。

(6) ○永乐三年正月乙丑

湖广都指挥谢凤等奏,"招谕答意等五寨生苗皆向化,刻箭为誓,不复叛乱"。

上谓掌前府事隆平侯张信等曰:"蛮夷虽顽犷,然亦有信义。今既向化,当以信抚之,稍有侵扰,彼将不直朝廷。其以所刻箭

---

① 扰:驯养。

付湖广都司藏之，仍戒饬有司务尽怀绥之道。"（卷五　怀远人）

译文：

永乐三年（1405 年）正月，湖广都指挥谢凤等人上奏，"招谕答意等五寨生苗都已向化，并刻箭立誓不再叛乱"。

太宗对掌前府事隆平侯张信等人说："蛮夷虽然生性顽犷，但是也有信义。如今既然已经向化，我们定当以诚相待，假如稍有侵扰，他们一定会不再信任朝廷。你们把五寨生苗所刻之箭交给湖广都司收藏好，同时还要告诫相关官员对他们仍然要尽心抚慰。"

这一记载中，太宗朱棣强调对待蛮夷少数民族要讲信义，即使对已经归顺的，也不能有丝毫怠慢，仍然要推行仁政，抚慰有道才能确保相安无事，边境安宁。再次肯定了"内部改革，国内统治的质量"对"国家安全"的积极作用。

（7）〇永乐五年六月癸卯

上问礼部臣曰："近四夷之情何如？"对曰："蛮夷由来叛服不常。数年，陛下怀之以恩，待之以礼。今皆悦服，无复反侧之意。"上曰："朕素待之以诚，彼或不诚，亦不与校，故亦一有感激愧服者。孔子尝曰，'言忠信，行笃敬，虽蛮貊之邦，行矣'。圣人之言，万世可行。"（卷五　怀远人）

译文：

永乐五年（1407 年）六月，太宗问礼部大臣说："最近四方的夷狄情况如何？"大臣回答说："蛮夷一向反叛无常。近年来，陛下对他们施以恩惠，待之以礼。如今他们都已经心悦诚服，没有再起叛乱的念头了。"太宗说："朕一直待之以诚，即使他们有人没有诚意，朕也不与之计较，所以他们也就感激不尽并因惭愧而顺服了。孔子曾经说过，'言忠信，行笃敬，虽蛮貊之邦，行矣'。圣人的教导真是世世代代都行得通。"

这里，太宗朱棣不仅总结自己处理华夷关系的成功经验是待之以恩惠和礼义，而且表明自己这样做完全是遵循了孔子的教导，也就是强调自己在践行儒家的战略文化思想。这一观点当然是在肯定"内部改革，国内统治的质量"与"国家安全"之间的正向因果关系。

以上三件事都反映了太宗朱棣的怀柔远人政策产生了积极影响，边境蛮夷外族纷纷放弃侵扰，接受明朝的统治。朱棣认为这完全归功于自己的"待之以诚"和宽宥政策。他相信，好善恶恶是人类共同的本性，华夷之间没有差别。"蛮夷虽顽犷，然亦有信义。"只要合理安抚，一定能使其归附。对于已经归附的蛮夷，更要以诚相待，遵守信义，才能确保边境无虞，国家长治久安。朱棣还强调，自己的这种做法完全是在遵循孔子的思想"言忠信，行笃敬，虽蛮貊之邦，行矣"，由此也可见，他对儒家战略文化思想的推崇。

(8) ○永乐七年四月壬辰

勅镇守贵州镇远侯顾成，曰："蛮夷雠杀自昔而然，必务杀之非柔远之道。虽有犷庚难化，然鸟兽之性亦有可驯，姑尽心抚绥。盖天道好生，人情恶死。体天之道，念人之情，则中心恻隐，自有不能已者。卿其慎之。昔李广杀降，终不得侯[1]，祸贻子孙。今卿镇守边疆，必使蛮夷感恩服义、安生乐业，则朝廷得怀远之道，而卿有及人之惠矣。慎之。慎之。"（卷四 谕群臣）

译文：

永乐七年（1409年）四月，太宗诏谕镇守贵州的镇远侯顾成，说："蛮夷自古以来就好杀戮，如果一味消灭他们，不符合

---

[1] 侯（hóu）：封侯，封官。

朝廷怀柔远人的政策。虽然他们大多粗犷暴戾难以感化，但是即使是鸟兽的性情也是可以驯服的，你一定要尽心抚慰。上天善待生命，人情无不厌恶死亡。体会天道，感念人情，就不能不动恻隐之心，自然也会情不自禁。你一定要慎重。当初李广杀了来降的人，结果他最终也没做上官，而且还殃及子孙。现在爱卿你镇守边疆，一定要让蛮夷感恩服义、安生乐业，如此一来，不仅能体现朝廷怀柔远人的政策，你个人也会从中受益。千万千万要谨记！"

六年前，太宗曾因镇远侯顾成"今日惟当安养中国，慎固边防"的建议而对其大加赏赐。时隔六年后，太宗又诏谕顾成，交代他千万慎重对待蛮夷，让他们感恩服义，安生乐业，以体现朝廷的怀柔之道。这不是因为太宗对顾成不放心，而是因为他对怀柔远人的政策太重视，他相信只有切实践行怀柔政策，才能确保边境的安全和政权的稳定。因此，这还是在强调"内部改革，国内统治的质量"与"国家安全"的正向因果关系。

（9）○永乐九年七月丙戌

上谕奉天门，群臣皆侍，语及四夷。上曰："朕初即位，恒虑德不及远。今四方夷狄来归，中心更自警惕，盖虑志得则骄，骄则患生。朕与卿等虽隐微①之际，皆当慎之。古人言不见是图②。"吏部尚书蹇③义进曰："四夷慕圣德而来，陛下笃恭不已，

---

①　这里是引用了《中庸》关于君子慎独的思想，原文为："是故君子戒惧乎其所不睹，恐惧乎其所不闻。莫见乎隐，莫显乎微，是故君子慎其独也。"

②　出自《夏书》中的"一人三失，怨岂在明，不见是图"，也是在讲君子慎独的道理。《夏书》指记载夏代史事的书。《尚书》中《禹贡》《甘誓》《五子之歌》《胤征》共四篇，旧亦称《夏书》。近人多以《禹贡》为后人所作，《五子之歌》和《胤征》为伪《古文尚书》，《甘誓》可能本是《商书》的一部分。

③　读 jiǎn。

华夏蛮貊永有所赖。"（卷一 警戒）

译文：

永乐九年（1411 年）七月，太宗到奉天门，群臣都在，谈起了四方夷狄的情况。太宗说："朕刚登基的时候，一直担心德治不能覆盖远方。如今四方夷狄都来归顺，朕更加警惕，唯恐骄傲自满，以生后患。现在朕与诸位爱卿虽然都还没犯这种错误，但是一定要慎重。诚如古人所言'不见是图'。"吏部尚书蹇义说，"四方夷狄都是仰慕圣上的恩德才前来归顺，而陛下还如此谨慎履行德治之道，这真是华夏和蛮貊民族世代都可依赖的福分。"

太宗在怀柔远人政策方面对自己和臣下的严格要求的确值得肯定，这表明他对以德治安抚夷狄，确保国家安全的战略选择的确是深信不疑的。这也是再次强调了"内部改革，国内统治的质量"与"国家安全"的正向因果关系。

怀柔远人政策很快见效并没有让朱棣感到自满和放松，他仍然经常强调要贯彻对边境蛮夷的优抚政策。永乐七年（1409 年），朱棣叮嘱六年前自己曾嘉奖的镇远侯顾成，一定要代自己尽心抚绥边境少数民族，"使蛮夷感恩服义、安生乐业"。永乐九年（1411 年），朱棣与群臣谈及对待夷狄的问题，认为尽管四方夷狄已经归顺明朝的统治，自己和大臣们也不能放松要求，而应该更加谨慎地处理与夷狄的关系，始终坚持仁政德治。臣下对朱棣的这种态度也十分推崇，盛赞这样一定能确保华夷关系长期稳定。永乐二十一年（1423 年），朱棣带兵驱逐来犯的北方夷狄，回到京师后不是炫耀自己的武功，而是告诫群臣，四夷归顺则中原安宁，但是这种安宁的前提是"敬天恤民，恪勤政务"，也就是要通过良好的国内统治使"百谷丰登，四海万民家给人足"，然后才可能"享治平之福"。

（10）○永乐十一月癸卯

洮①州卫所镇抚陈恭上言，"侍卫防禁宜严外夷异类之人，不宜寘②左右。玄宗几丧唐室，徽宗几绝宋祚，夷狄之患可为明鉴"。

上览毕，以示群臣，曰："所言禁卫宜严，甚是。但天之生才，何地无之？为君用人，但当明其贤否，何必分别彼此？其人果贤，则信任之；非贤，虽至亲亦不可用。汉武帝用金日磾③，唐太宗用阿史那社尔，盖知其人之贤也。若玄宗宠任安禄山致播迁④之祸，政⑤是不明知人。宋徽宗自是宠任小人，荒纵无度，以致夷狄之祸，岂因用夷狄之人致败？……朕为天下主，覆载之内但有贤才，用之不弃。近世胡元，分别彼此，柄用蒙古鞑靼，而外汉人南人，以至灭亡。岂非明鉴？"（卷三 用人）

译文：

永乐十年（1412年）十一月，洮州卫所镇抚陈恭上奏说，"侍卫严防的应当是外夷，而不应是身边的人。玄宗几乎丢失唐朝，徽宗几乎毁灭宋朝，都是因为夷狄之患，历史的教训很清楚呀"。

太宗看后，又把奏折拿给群臣，并且说："陈恭说禁卫一定要严是对的。然而，上天造就的人才，哪里没有呢？身为君主，用人但求其是否贤才，为什么要区分夷夏呢？只要是贤才，就要任用；如果不贤，即使是至亲也不能任用。汉武帝用金日磾，唐太宗用阿史那社尔，都是因为知道他们是贤才。当年唐玄宗宠任安禄山结果招致流离之祸，正是因为他不会看人。宋徽宗更是宠任小人，荒纵无度，结果也导致了夷狄之祸，哪里是因为任用夷

---

① 读 táo。
② 读 zhì，同"置"。
③ 读 dī。
④ 播迁：流离迁徙。
⑤ 同"正"。

狄才最终败国的呢？……朕如今君临天下，所辖之地只要有贤才，都用之不弃。距离我们最近的元朝，因为分别彼此，只用蒙古鞑靼人，而排斥汉人和南人，结果导致灭亡。这不也是历史教训吗？"

这一记载表明，太宗朱棣在处理华夷关系时不仅主张对夷狄事以仁政，更是希望真正做到华夷一家，所以他反对臣下请求防范夷狄的进谏，而是坚持一视同仁。太宗不仅分析了历史上圣贤君主任用夷狄而成功的例子，而且指出元朝的失败与处理华夷关系的错误政策有关。显然这是在说，统治政策的好与坏直接决定了国家的兴衰存亡，因此还是在强调"内部改革，国内统治的质量"与"国家安全"的正向因果关系。

（11）○永乐二十一年十一月甲申

车驾北征还至京师……上乘车辇入，谒告天地、宗庙、社稷毕，御奉天门朝群臣。时诸番贡使咸集阙下，文武群臣上表贺。

上谕之曰："四夷顺则中国宁，然不可恃此有怠意。卿等当相与一心，敬天恤民，恪勤政务，用感召至和，俾雨旸①时。若百谷丰登，四海万民家给人足，然后朕与卿等同享治平之福。"群臣舞蹈呼万岁。（卷一 警戒）

译文：

永乐二十一年（1423年）十一月，太宗北征归来，回到京师……

太宗乘坐车辇进城后，拜谒了天地、宗庙和社稷，然后到奉天门接见群臣。当时诸番前来朝贡的使臣也都聚集在阙下，文武群臣一起上表祝贺。

太宗对他们说："四夷顺服则中原安宁，但是我们不能因此

————————
① 旸（yáng）：天晴。

有丝毫的懈怠。诸位爱卿一定要同心协力，敬天爱民，恪尽职守。如果能感动天地，使风调雨顺，百谷丰登，天下百姓都能丰衣足食，到那时，朕才能与诸位爱卿共享治平之福。"群臣听后一起叩首并高呼万岁。

虽然是北征归来，太宗并未彰显军功，而是与群臣和前来朝贡的周边民族使臣谈起四夷与中原在安全上的相互依存关系，并且告诫群臣一定要敬天恤民，恪尽职守，把国家治理好，然后才可能君臣共享太平之福。这显然还是在强调"内部改革，国内统治的质量"与"国家安全"的正向因果关系。并且可以看出，太宗朱棣在执政期间的确是始终坚持仁政德治是处理华夷关系的首选战略，武力只是不得已时作为防御之用的。

（12）〇永乐二十一年十一月己巳

驻跸天地宁阳侯陈懋以也先土干及其部属入见。也先土干遥望天颜仍有惧色，上命稍前与语，遂备述诚悃久愿来归，但为阿鲁台等牵缀，今幸见陛下，是天赐臣再生之日也。

上曰："华夷本一家，朕奉天命为天子，天之所覆，地之所载，皆朕赤子。岂有彼此？天道恒与善人为君，体天而行，故为善者必赐之以福。尔今顺天道而来，君臣相与，共享富贵，勿忧。"

也先土干及其部属皆叩头呼万岁。命悉赐酒馔。也先土干退谓所亲曰："大明皇帝真吾主也，舍此何适？"

上谓文武群臣曰，远人来归，宜有以旌异之。其封也先土干为忠勇王，赐姓名曰金忠。也先土干之来归也，其甥把台罕实赞之，遂赐把台罕都督，俱赐冠带及金织袭衣。遂赐宴，命金忠坐侯之下伯之上，御前珍馐悉辍以赐之，宴罢，御用金杯等物亦辍赐之。于是左右皆赞美上功德之盛。

上曰："昔唐突厥颉①利入朝，太宗言胡越一家，有矜大自得之意，朕所不取。惟天下之人皆遂其生，边境无虞②，兵甲不用，斯朕意也。"（卷五 怀远人）

译文：

永乐二十一年十一月，驻驿天地宁阳侯陈懋带着也先土干及其部属入朝面圣。也先土干远远看到太宗仍然显出胆怯，太宗命他上前回话。随后也先土干坦诚说道："臣早就想来归顺，但是被阿鲁台等人牵制，今天有幸见到陛下，实在是上天恩赐给臣重生的日子。"

太宗说："华夷本是一家，朕奉天命君临天下，上天所覆盖和大地所承载的百姓都是朕的子民。哪里有彼此之分？天道总是让善人为君，遵循天道行事，只要是行善之人一定会恩赐他福分。如今你顺应天道，前来归顺，我们君臣互敬，共享富贵，不用担忧。"

也先土干及其部属一起叩头高呼万岁。太宗下令赏赐他们酒食。也先土干退朝后对他的亲信说："大明皇帝真是我们的英主，我们不归顺他还要归顺谁呢？"

太宗对文武群臣说："远人来归，当然要特别嘉奖。就册封也先土干为忠勇王，赐姓名金忠吧。"也先土干能够归顺，其外甥把台罕有很大功劳。于是也册封把台罕为都督，并且赏赐二人冠带和金织袭衣。随后太宗赐宴，命金忠坐在侯之下、伯之上，不仅酒宴上赏赐了所有的御前珍馐美味，酒宴结束后，太宗还把御用金杯等物也都赏赐给他。左右臣下因此也都盛赞太宗的功德。

太宗说："唐朝时，突厥颉利进京朝贡，唐太宗说胡越一家，其实有矜大自得的意思，朕不会像他一样。朕只希望天下百姓都

---

① 读 xié。

② 虞（yú）：忧虑，忧患。

能安居乐业，边境安全永无忧患，再也无须使用兵甲，这才是朕的心意。"

"华夷一家"可以说是太宗朱棣给明朝华夷关系定的政策基调，正是因为把夷狄同样看做自己的子民，与华夏子民没有区别，才会始终强调要用德治仁政对待夷狄，即使夷狄侵扰中原，也不能轻易用兵，更不要说穷兵黩武。所以，太宗想要强调的还是"内部改革，国内统治的质量"与"国家安全"的正向因果关系，用仁政和恩惠感化与安抚夷狄。这种政策显然是有效的，不仅获得也先部落的顺服，而且受到臣下的赞赏。最后太宗还指出安抚夷狄的目的是希望"兵甲不用"，也就是否定了"军事准备，使用武力"对"国家安全"的作用。

（13）〇永乐二十二年五月戊子

车驾征阿鲁台，驻驿开平。

上召诸将，谕曰："古谓'武有七德，禁暴诛乱为首'。又谓'止戈为武'。盖帝王之武以止杀、非行杀也。朕为天下主，华夷之人皆朕赤子，岂闻彼此？今罪人惟阿鲁台，其胁从之众有归降者，宜悉意抚绥，无令失所。非持兵器以向我师者，悉纵勿杀。用称朕体天爱人之意。"（卷四 谕将帅）

译文：

永乐二十二年（1424年）五月，太宗率军平定阿鲁台，在开平驻扎。

太宗召集诸将，对他们说："古人言，'武有七德，禁暴诛乱为首'。还有'止戈为武'的说法。帝王用兵都是为了制止杀戮，而不是以杀戮为目的。朕君临天下，天下的百姓无论华夷都是朕的子民，怎能区分彼此？这次叛乱的罪人只有阿鲁台，他的胁从者只要投降的，一律妥善安置，让他们安生乐业。那些士兵只要不是誓死顽抗的，也都赦免不要杀害。这样才符合朕顺应天道爱护百姓的心意。"

　　身处战斗中的太宗想到的不是如何消灭叛乱者，而是告诫将领们使用武力的目的是制止杀戮，对叛乱者要尽量宽宥，显然太宗并不认为"军事准备，使用武力"对"国家安全"有积极作用。他也明确表示，天下的百姓无论华夷，都是他的子民，都应当爱护。他主张尽可能宽宥阿鲁台的追随者，以体现他作为君主体天爱民的心情，这又是在强调"内部改革，国内统治的质量"与"国家安全"的正向因果关系。

　　（14）○永乐二十二年六月癸亥
……
上曰："……古王者制夷狄之患，驱之而已，不穷追也……"
（卷一 神武）
译文：
永乐二十二年六月，
……
太宗说："……自古以来的圣贤君王解决夷狄之患的办法都是赶走他们即可，从不赶尽杀绝……"

　　这一记载还是在否定"军事准备，使用武力"对"国家安全"的作用。由此可见，太宗朱棣执政期间，始终都是主张对夷狄的侵扰，只需要积极防御，不能穷兵黩武，其原因当然是他一直强调的，华夷一家，都是自己的子民，因此都要用仁政去对待。

　　根据上述观点分析，绘制《明太宗宝训》的综合认知图如下：

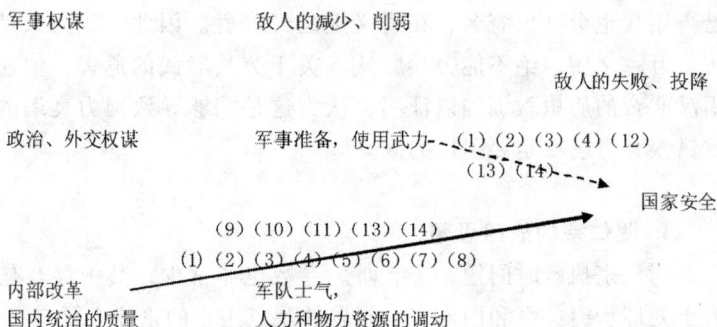

军事权谋　　　　　　　　敌人的减少、削弱

　　　　　　　　　　　　　　　　　　敌人的失败、投降

政治、外交权谋　　　　　军事准备，使用武力--（1）（2）（3）（4）（12）
　　　　　　　　　　　　　　　　　　（13）（14）- - ▶
　　　　　　　　　　　　　　　　　　　　　　　　国家安全

　　　　　　　　　（9）（10）（11）（13）（14）
　　　　　　（1）（2）（3）（4）（5）（6）（7）（8）

内部改革　　　　　　　　军队士气，
国内统治的质量　　　　　人力和物力资源的调动

图 5.2

　　明太宗朱棣虽然是一位文治与武功同样显赫的皇帝，一生中亲自参与的战斗很多，但是从他执政期间的这些大小决策相关记载中可以清楚地看到，他与太祖朱元璋一样，始终否定使用武力对于获取国家安全的作用。从永乐元年不同意对侵扰边境的云南车里宣慰司土官刁暹答用兵，到永乐二十二年亲征阿鲁台时对其胁从者一律宽宥，太宗之所以始终把使用武力放在国家安全战略选择的最后位置，是因为他信奉"华夷一家"的原则。也就是说，他始终没有把边疆少数民族侵扰中原看成是外来安全威胁，始终相信通过仁政德治和怀柔远人的政策就可以安抚他们，消除安全隐患，永保国家长治久安。

　　对于武力本身，明太宗没有丝毫的推崇，而是认为，"兵，重事也，危道也。""自古帝王用兵，皆出于不得已。""盖帝王之武以止杀、非行杀也。""今天下无事，惟当休养斯民，修礼乐，兴教化，岂复当言用兵？"在处理华夷关系时，明太宗谨遵孔子的"言忠信，行笃敬"原则，认为"圣人之言，万世可行"，"蛮夷虽顽犷，然亦有信义"，"抚人有道，未必不来"。面对边境少数民族的侵犯，他始终坚持应当先"以理告谕"，如果他们能"格心向化"，就不要使用武力，如果来犯少数民族执迷不悟，自

237

己再用兵也会师出有名，在道义上已经取胜。因此，武力只是做防备万一之用，绝不能穷兵黩武。关于穷兵黩武的危害，他还引用汉武帝的历史教训加以证明，认为这是能够导致国力衰竭的严重错误，自己一定要引以为戒。

3．明仁宗的战略思想

明仁宗执政时间短，《宝训》卷数也非常少，其中涉及仁宗关于处理华夷关系和国家安全问题的观点主张的论述主要有：

（1）○永乐二十二年九月辛丑

加忠勇王金忠太子太保，二俸俱支。

上谕少传兼吏部尚书蹇义曰："朕嗣位以来，文武大臣皆有进职。此人在列，不无希觊之意，亦宜有以慰安其心。"义对曰："漠北归附之人居京师者甚众，今皆瞻望朝廷待此人如何。虽赐赉已厚，然名爵亦宜略示优待，此怀远之道。"上曰："然其他职名渠①所不谙，虏人所谙者惟三师为重，可与太子太保，但不令预职事尔。"（卷二 怀远人）

译文：

永乐二十二年九月，仁宗封赏忠勇王金忠太子太保②的官衔，并恩赐他双份的俸禄。

仁宗对少传兼吏部尚书蹇义说："朕登基以来，文武大臣都得到了晋升。金忠也是大臣之一，当然希望得到提拔，所以朕要有所表示，以安抚他。"蹇义说："漠北归附我朝的人有很多都居住在京师，他们现在都在观望朝廷如何对待金忠。虽然圣上已经

---

① 渠：代词，表示第三人称。

② 太子太师，太子太傅，太子太保，都是东宫官职，均负责教习太子。太子太师教文，太子太傅教武，太子太保保护其安全。古代不少人的太子太保等头衔只是一个荣誉称号，并不是真的给太子上课。

给了他丰厚的赏赐，但还是要在名爵上表示一下对他的优待，这样才符合怀柔远人的政策。"仁宗说："其他官衔他也不熟悉，胡房人所熟悉的最重要的官职就是三师①了，那就封赏他太子太保的官衔吧，但是不用他从事实际工作。"

仁宗即位之初，在如何对待边境少数民族的问题上就极为重视，考虑到要向世人特别是已经归顺的少数民族表示自己怀柔远人的态度，仁宗特别赏赐了金忠太子太保的官衔，并给予他双份的俸禄。虽然这并不是一次重大而复杂的决策，但是仁宗的考虑和吏部尚书的建议都非常周密，其原因当然是出于对良好华夷关系的期望。因此，这一记载还是在强调"内部改革，国内统治的质量"与"国家安全"的正向因果关系。

（2）○永乐二十二年十一月乙亥

遣齎②敕谕兀良哈官民，曰："皇考太宗皇帝宾天，朕已钦奉天命，继承大位，主宰天下。凡四方万国之人，罪无大小，悉已赦宥。若兀良哈官民能敬顺天道，许令改过自新，仍前朝贡，听往来自在生理"。上因谕侍臣曰："彼有过而不宥之，既无所容，必为边患。吾不吝屈，以安百姓。"（卷二 宥过）

译文：

永乐二十二年十一月，仁宗派使臣送诏书给兀良哈官民，说："朕的父皇太宗皇帝已经升天，朕奉天命继承大统，君临天下。所辖四方万国的百姓，无论所犯罪行的大小，朕都已将他们赦免和宽宥。如果兀良哈官民能够顺应天道，朕恩准其改过自新，仍然像以前那样遵循朝贡之礼，并且来去自由。"仁宗就这件事对侍臣说："他们有错而得不到宽恕，再无处可去的话，一

---

① 中国古代官名，为太师、太傅、太保三个官名的合称。

② 齎（jī）：携带。

定危害边境。朕不吝屈尊，目的是换来百姓的安宁。"

仁宗面对潜在的安全威胁，想到的也是通过仁政和宽容去化解，而不是诉诸武力，显然在他的国家安全战略选择中，首选的也是"内部改革，国内统治的质量"。

（3）○洪熙元年二月辛丑

敕谕千户杨木答兀等曰，"尔等归顺朝廷久效劳勚①。前因都指挥王雄非理虐害，遂生疑惧，挈家逃逸。我皇考太宗皇帝体上天好生之心，遣指挥金声赍敕往谕，宽宥前过。尔等能悔过伏罪，即差人陈悃②谢恩。今朕继承大位，主宰天下，一民失所，时予之责。故凡有罪者，咸赦宥之。今安生乐业，独尔等尚悽悽③在外，未抵宁居。朕甚悯之。盖尔等前过迫于一时所不得已，朕已洞烛尔心。今再遣金声赍敕往谕，其体朕意，即同金声来朝。复尔等官职，仍回本土安其生业，永享太平。勿复疑，以失事机"。（卷二 宥过）

译文：

洪熙元年（1425 年）二月，仁宗诏谕千户杨木答兀④等人说："你们归顺朝廷以来，劳苦功高。当年由于都指挥王雄恶意加害，你们才心生疑惧，举家逃走。先皇太宗皇帝体谅上天好生之心，派指挥金声带去诏谕，赦免你们的过失。你们也悔过认罪，并派人真诚表达了对太宗皇帝的感激。如今，朕继承大统，君临天下，即使有一个百姓流离失所，朕也深感是自己的职责未尽。于是，朕赦免和宽宥了天下所有人的罪行。现在他们都安生

---

① 勚（yì）：劳苦。
② 悃（kǔn）：诚恳。
③ 悽悽（qī）：不能安居的样子。
④ 杨木答兀是女真的一个著名首领，曾为辽东开阳（今开原）安乐州的千户。

乐业，唯独你们还漂泊在外，不能安定下来。朕非常同情。你们
此前所犯的过失，乃是一时迫不得已，朕已经明白你们的心思。
现在，朕再次派金声带去诏谕，希望你们体谅朕的心意，即刻随
金声一同回来。朕将恢复你们的官职，恩准你们回原籍安居乐
业，永享太平。你们就不要再怀疑了，以免错失良机。"

以上两处记载表明，仁宗的宽宥并不局限于可能威胁边境安
全的兀良哈，而且包括已经与明廷相安无事的杨木答兀，之所以
这样细致地做宽宥的工作，当然是出于对国家安全的考虑，希望
尽可能通过仁政消除一切安全隐患，确保边境安宁。所以，仁宗
的宽宥政策，也是在肯定"内部改革，国内统治的质量"与"国
家安全"的正向因果关系。

(4) ○洪熙元年二月辛丑朔

遣中官柴山赍勅往琉球国，命故中山王思绍世子尚巴志嗣中
山王，勅曰："昔我皇考太宗文皇帝躬膺天命，统御万方，恩施
均一，远迩归仁。尔父聪明贤达，茂笃忠诚，敬天事大，益久弗
懈。我皇考良用褒嘉。今朕缵承大统，念尔父没已久，尔其嫡子
宜俾承续，特命尔嗣琉球国中山王。尔尚立孝立忠，恪守藩服，
修德务善，以福国人。斯爵禄之荣延于无穷，尚其祗承无怠无
忽。"仍赐尚巴志冠带袭衣文绮。(卷二 怀远人)

译文：

洪熙元年二月，仁宗派中官柴山带诏谕去琉球国，任命已故
中山王思绍的世子尚巴志继位中山王。诏谕说："当年朕的父皇
太宗文皇帝奉天命君临天下，统御万方，恩泽遍及四海，远近的
人们都归顺他的仁政。你的父亲聪明贤达，茂笃忠诚，敬天事
大，一直都做得很好。朕的父皇对他也多有褒奖。如今，朕继承
大统，感念你的父亲已经去世，你作为他的嫡子应当继承他的王
位，因此特命你继位为琉球国中山王。你一定要树立忠孝观念，

恪守作为藩王的规矩，修德治行善举，以造福你的臣民。如此一来，也会永享爵位和俸禄，世世代代都不用担心王位的传续。"同时，仁宗还赏赐了尚巴志冠带袭衣文绮。

这一记载中，仁宗通过重申太宗朱棣的政策，表明了自己对待夷狄少数民族的政策同样是普及恩惠，希望借仁政吸引远近的人们都归顺自己的统治。他承诺，只要这些地方愿意与明政权维持和平的藩属关系，推行仁政造福百姓，明政权一定会世世代代与其友好。这当然还是在强调"内部改革，国内统治的质量"与"国家安全"的正向因果关系。

根据以上论述，绘制《明仁宗宝训》的综合认知图如下：

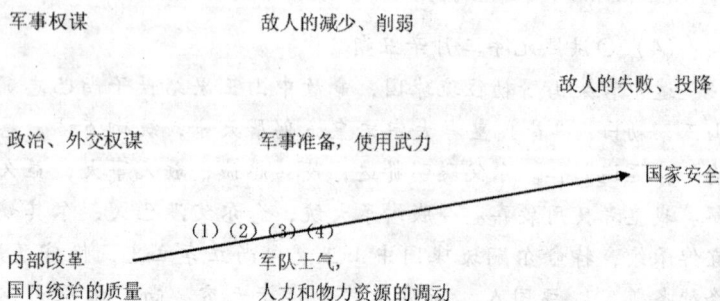

军事权谋　　　　　　　　敌人的减少、削弱

　　　　　　　　　　　　　　　　　敌人的失败、投降

政治、外交权谋　　　　　军事准备，使用武力

　　　　　　　　　　　　　　　　　　　　　国家安全

　　　　　　　　　　（1）（2）（3）（4）

内部改革　　　　　　　　军队士气，
国内统治的质量　　　　　人力和物力资源的调动

图 5.3

实际执政时间不足一年的明仁宗，在位时主要从事的国家安全工作就是安抚周边少数民族。通过《明仁宗宝训》中"宥过"和"怀远人"篇章的记载可以清楚看到，仁宗都是非常主动地与这些周边少数民族打交道，传递友好信息，强调自己的政策取向是用德治仁政换取天下太平，百姓安宁。因此，他对已经归顺的周边少数民族都大加褒奖和赏赐，对尚未归顺的少数民族都极力安抚和宽容，他相信自己的做法是遵循了天道和祖制，在他看

来，也只有坚持宽仁的原则才能确保国家长治久安。

4. 明宣宗的战略思想

明宣宗朱瞻基执政虽然只有十年时间（1426—1435），但他在处理华夷关系和使用武力问题上的决策并不少，相关文献记载主要有：

（1）○洪熙元年七月①辛卯

辽东总兵官武进伯朱荣奏朵颜卫指挥哈剌、哈禄等朝贡不至，请掩击之。

上曰："古者驭夷狄，来不拒，去不追。今虽不朝贡，亦不敢扰边。遽加以兵，非怀柔之道。"遂勅荣曰："驭夷宜宽，用兵宜审。况虏多诈，未可轻忽。但整槊②部伍，谨慎堤备其来，不来不足计也。"（卷五 驭夷狄）

译文：

洪熙元年七月，辽东总兵官武进伯朱荣上奏，朵颜卫指挥哈剌、哈禄等部没有前来朝贡，请圣上恩准发兵攻打他们。

宣宗说："自古以来的驭夷之道是'来不拒，去不追'。如今他们虽然没有前来朝贡，但是也不敢侵扰边境。如果贸然对其用兵，不符合怀柔远人的政策。"随后又诏谕朱荣："对待夷狄要宽容，使用武力要慎重。更何况，胡虏人大多非常狡诈，不能轻视。你只要训练好军队，谨慎防备他们可能的侵犯就可以了，不必计较他们是否前来朝贡。"

朝贡制度可以说是维持明朝政权与周边少数民族政权和平友

---

① 明仁宗在位时间为 1424 年 9 月至 1425 年 5 月，宣宗继位后，次年（1426 年）才改年号宣德。

② 槊（shuò）：兵器。

好关系的重要途径，明宣宗对于不来朝贡的蒙古族部落采取宽容的态度，不同意对其用兵，这说明在他看来，朝贡只是形式，目的是和平相处和边境安宁，既然目的已经实现，所以不必计较形式。他强调的是用怀柔政策换边境安全，这也就是肯定"内部改革，国内统治的质量"与"国家安全"的正向因果关系。同时，他又明确反对轻易用兵，认为这不符合怀柔远人的政策，因此也就否定了"军事准备，使用武力"对"国家安全"的作用。

（2）○宣德元年正月壬寅

行在礼部奏请宴劳外夷朝贡使臣。

上曰："四夷宾服，世所贵也。其使臣今不远万里而来者，皆有慕于中国。饩廪①宴赐必丰，庶昭朝廷优待之意。"（卷五 怀远人）

译文：

宣德元年（1426年）正月，行在礼部奏请圣上恩准设宴慰劳前来朝贡的外夷使臣。

宣宗说："四夷宾服，是历朝历代珍惜和追求的治理状态。如今各方使臣不远万里前来朝贡，都是因为仰慕我朝的统治。所以，酒宴和赏赐务必都要丰盛，以表明朝廷优待四方夷狄的心意。"

执政之初，借四方夷狄前来朝贡的机会，宣宗表明了自己怀柔远人的态度，强调友好的华夷关系是历代统治者追求的治理境界。这当然是在肯定"内部改革，国内统治的质量"与"国家安全"的正向因果关系，希望通过仁政维持与周边少数民族的友好关系，确保国家长治久安。

---

① 饩廪（xì lǐn）：公家按月供给的粮食等生活物资。

（3）○宣德元年四月丙寅

上视朝罢，御文华殿。蹇义、夏原吉、杨士奇、杨荣四人侍。

上曰："太祖皇帝祖训有云，'四方诸夷及南蛮小国限山隔海，僻在一隅，得其地不足供给，得其民不足使令。'又云，'若其自不忖量，来扰我边，彼为不祥。彼不为中国患，而我伐之，亦不祥也。吾恐后世子孙倚中国富强，贪一时战功，无故兴兵伤人，切记不可。'后因黎氏弑其国主，毒害国人。太祖皇帝不得已，有伐吊之师。初意但讨平黎贼，之后即求前王子孙立之。盖兴灭继绝之盛心也。而前王子孙为黎民杀戮已尽，乃徇①土人之请，建郡县，置官守。非出太祖皇帝本心。自是以来，交止无岁不用兵，一方生灵遭杀已多，中国之人亦疲于奔走甚矣。皇考常念及之，深为隐恻，故即位之诏，施恩于特厚。昨日遣将出师，朕通夕不宁，诚不忍生灵之无辜也。反覆思之，只欲如洪武中及永乐初，使自为一国，岁奉常贡，以全一方民命，亦以休息中土之人，如何？"义、原吉对曰："太祖皇帝平定此方，劳费多矣。今小丑作孽，何患不克？若以二十年之勤力，一旦弃之，岂不上损威望？愿更思之！"

上顾士奇、荣曰："于卿两人云何？"对曰："陛下此心固天与祖宗之心。交止于唐虞三代，皆在荒服之外，当时不有其地，而尧舜禹汤文武不失为圣君。陛下天之父母，何用与此豺豸辈校得失耶？"明日，士奇、荣奏事毕。上曰："昨日所论交止事，朕意有在矣。乡两人意与朕同。第②未可以遽③言耳。"（卷二　继绝）

译文：

宣德元年四月，宣宗退朝后来到文华殿。蹇义、夏原吉、杨

---

① 徇（xùn）：遵从。

② 第：副词，但，只是。

③ 遽（jù）：突然。

士奇、杨荣四位大臣都在。

宣宗说:"太祖皇帝在祖训中说过,'四方诸夷和南蛮小国与我们远隔高山大海,偏安一隅,即使得到他们的土地也不能很好地管理,即使得到他们的百姓也不能有效地统治'。太祖皇帝还说过,'假如他们自不量力,侵扰我边境,那是他们不好。假如他们不危害边境,而我们主动讨伐,那就是我们不好。朕很担心后世子孙会倚仗中原富强,贪婪一时的战功,无故兴兵伤人,千万记住不能这样做。'后来,由于交址国黎氏弑君夺位,毒害百姓,太祖皇帝迫于不得已才出兵讨伐。太祖皇帝一开始只是想讨平黎氏叛贼,然后扶正原来国王的子孙。完全是出于拯救交址王室的高尚胸怀。但是,原来国王的子孙已经被黎氏全部杀光,太祖皇帝只好遵从当地百姓的请求,在交址设立郡县,安排官员管理,而这并非太祖的本意。从那以后,交址每年都发生战争,当地百姓饱受其苦,中原地区也为此劳民伤财。先帝在位时,常常想起此事,对百姓甚为同情,所以在即位诏书中对交址格外施恩。昨天,朕派兵出师交址后,整夜没有睡好觉,实在不忍心伤及无辜百姓。朕反复考虑,只希望交址能够像洪武中期和永乐初年那样,自为一国,每年前来朝贡,就可以了,这样既保全了当地百姓,又能够让中原人民休养生息,诸位爱卿认为如何?"蹇义、夏原吉说:"太祖皇帝当年为了平定交址,花费甚多。如今只是些小丑之辈作乱,还用担心打不败他们吗?如果圣上放弃,那就荒废了此前二十多年的辛苦经营,岂不是有损朝廷的威望?恳请圣上重新考虑!"

宣宗又看了看杨士奇、杨荣,问:"二位爱卿的观点呢?"二人回答说:"陛下的想法与上天和祖宗的意思完全吻合。唐虞三代时,交址根本在荒服之外,当时的君王不占有交址的土地,但是尧、舜、禹、商汤、周文王、周武王不一样成为圣贤君主吗?陛下身为天下的父母,何必与那些豺豸之辈计较呢?"第二天,杨士奇、杨荣上奏结束后,宣宗对二人说:"昨天我们谈论交址的事，朕一直在考虑。你二人的想法很合朕的心意，只是当时朕不能立刻表态。"

　　这一记载中，宣宗朱瞻基回顾了自太祖以来，明朝在对待交止问题上的政策，他强调对交止用兵都是出于不得已，不是要占有交止的土地，而是希望帮助交止恢复和平并造福当地百姓。结果事实也确实证明，武力的使用给当地百姓和中原人民都带来了沉重的苦难，让几代明朝君主都深感不安。宣宗认为，如果能够实现造福百姓的目的，根本无须用兵，如果不能实现这个目的，用兵也无意义。无论是宣宗引用太祖的训诫，还是大臣佐证尧舜禹等古先帝王的贤明。这里要强调的都是"军事准备，使用武力"对"国家安全"无益，宣宗希望能够恢复朝贡关系，通过仁政实现国家安全，也就是在肯定"内部改革，国内统治的质量"与"国家安全"的正向因果关系。

　　（4）○宣德二年十月癸未

　　成山侯王通遣指挥阚忠，同前安南国王陈暠三世嫡孙暠[①]所遣人，奉表及方物[②]至京，请复其国。

　　上览表，以示群臣，且谕之曰："昔太祖皇帝初定天下，安南最先四裔[③]朝贡。及贼臣篡弑其主，毒害国人，太宗文皇帝发兵诛之。固求陈氏之后，立之不得，乃郡县其地。我皇考每念陈氏无后，形诸慨叹。数年以来，一方不靖，屡勤王师。朕岂乐于用兵哉？今陈氏既有后，宜与之。"群臣皆曰："陛下之心，祖宗之心也。且偃兵息民，上合天心，与之实便。"上曰："论者不达止戈之义，必谓与之不武，但得民安，朕亦奚恤人言？"于是，

----

　　①　读 gǎo。
　　②　方物：指分辨事物的名实或名分。
　　③　四裔：指四方边远之地。

遣礼部左侍郎李琦等赍诏往交止罢兵，且询嵩果陈氏之后，则复其国。(卷二 继绝)

译文：

宣德二年十月，成山侯王通派指挥阚忠，与前安南①国王陈髯三世嫡孙嵩派的人一起，带着奏折和证据来到京城，恳请圣上帮助安南复国。

宣宗看过奏折后，把它交给群臣传阅，并对他们说："当年太祖皇帝刚刚平定天下，安南就第一个前来朝贡。后来安南出现了叛贼臣子弑君夺位，毒害百姓，太宗文皇帝发兵讨伐了叛贼，并且苦苦寻找原国王陈氏的后人，实在没有找到，才不得已设立郡县接管其土地。先帝每次想起陈氏没有后人，哀伤之情就溢于言表。多年来，安南一直不安宁，朝廷也不得不屡次兴兵。朕难道喜欢打仗吗？如今既然找到了陈氏的后人，当然要把安南交给他。"群臣都说："陛下的想法正是历代祖宗的想法。况且，偃兵息民符合天道，把安南交给陈氏后人有好处。"宣宗又说："对朕有意见的人不明白'止戈为武'的道理，一定会说朕不敢与之交战。朕只求百姓安宁，还怕人议论吗？"随后，宣宗派礼部左侍郎李琦等人带诏书前往交止宣布停战，并且核实嵩果然是陈氏的后人，就帮助其复国。

与安南的关系一直是明朝皇帝处理华夷关系的重要内容之一，宣宗登基后多次表达了对安南用兵自太祖以来都是出于不得已，历代皇帝为此都于心不忍和深感忧虑，因为他们都否定"军事准备，使用武力"可以达到"国家安全"。宣德二年终于找到了原安南国王的继承人，宣宗与大臣们都深感欣慰可以实现"偃兵息民"，都主张要帮助安南复国，这是因为他们相信"内部改革，国内统治的质量"可以实现"国家安全"，也就是通过有效

---

① 安南，交止：都是古代中国对古代越南的称呼。

的治理才能让安南和中原的百姓都获得安宁。

（5）○宣德元年六月癸亥朔

遣使赐琉球国中山王尚巴志皮弁冠服。

上谓礼部尚书胡濙曰：“远夷归诚，固是美事，特赐冠服亦表异恩。古人言，‘招携以礼，怀远以德’。朕与卿等尤当念之。”（卷五 怀远人）

译文：

宣德元年六月，宣宗派使臣赏赐琉球国中山王尚巴志皮弁冠服。

宣宗对礼部尚书胡濙说：“远夷归诚当然是好事，所以朕特地赏赐冠服以表达对他的格外恩典。古人有句话说，‘招携以礼，怀远以德’。朕与诸位爱卿尤其应当谨记。”

宣宗即位之初，对琉球国中山王尚巴志大加赏赐，一方面是延续仁宗时期对尚巴志的肯定，赞扬他治理有道，是优秀藩属国的表率。另一方面也是向天下人传达，自己的华夷政策是以德治统驭天下，坚持怀柔远人。所以这还是在强调“内部改革，国内统治的质量”与“国家安全”的正向因果关系。

（6）○宣德元年十月辛未

遣使以五经四书及性理大全、通鉴纲目赐朝鲜国王李裪。

上谓行在礼部尚书胡濙曰：“圣人之道与前代得失具在此书，有天下国家者不可不读。闻裪勤学，朕故赐之。若使小国之民得蒙其惠，亦朕心所乐也。”（卷五 怀远人）

译文：

宣德元年十月，宣宗派使臣把五经四书及《性理大全》和《通鉴纲目》这些书赏赐给朝鲜国王李裪。

宣宗对行在礼部尚书胡濙说：“圣人之道和前代统治的成败

经验都记载在这些书里，执掌天下国家的人不能不读。朕听说李裪非常勤于学问，所以才赏赐他这些书。如果能让朝鲜的百姓也因此受益，那真是朕所乐意见到的。"

宣宗把当时明朝用于儒家文化教育的教材赏赐给朝鲜国王，希望他也能推行儒家的治国之道，并因此让百姓受益。这其实正是在落实明朝君主们一直强调的政策，即华夷本一家，夷狄可以被教化，教化有助于国家的长治久安。归根结底，宣宗还是希望通过仁政的力量保证国家安全，也就是强调"内部改革，国内统治的质量"与"国家安全"的正向因果关系。

(7) ○宣德二年四月甲戌
广东三司奏琼山县黎寇平，械首贼王观政等至京师。
上命付行在刑部，因谓尚书蹇义等曰："蛮性虽难驯，然好生恶死之心则同。若抚绥有道，彼亦安肯自取杀戮？今之为变，必有所激，致之死地，亦可矜怜。宜严戒抚黎官，宽以驭之。若生事激变，国有常刑。"（卷五 驭夷狄）
译文：
宣德二年（1427 年）四月，广东三司上奏已经平定了琼山县黎寇，并且押送叛贼头目王观政到京师。
宣宗下令将其送到行在刑部，并就此事对尚书蹇义等人说："蛮民虽然生性难以驯服，但是他们好生恶死的心情与我们没有差别。如果对其安抚得当，他们怎么可能自寻死路？如今叛乱，一定事出有因，就这样杀了他们，实在很可怜。务必告诫当地官员，对待黎民要宽容，即使他们真的闹事甚至叛乱，国家自有刑罚处置。"

在面对边境少数民族的叛乱时，宣宗同样不主张一味杀戮，而是认为通过宽宥和仁政就可以消除叛乱的隐患，即使真有叛乱发生，也可以根据国家的刑罚处置。也就是说他在根本上还是把边民叛乱看做内政问题，而不是外来安全威胁，因此当然要从内政角度去解决。所以，宣宗最后的决策不是如何重罚这些叛乱者，而是要求当地官员要勤政爱民，这正是在强调"内部改革，国内统治的质量"与"国家安全"的正向因果关系。

（8）〇宣德二年九月丁酉

缅甸以故宣慰使新加斯无继嗣，请以大头目莽得剌治其地，行在兵部请下云南三司体审。

上曰："远方蛮夷因人情而遂与之，使兵寝民安，亦抚夷之道。其即授为宣慰使，不须再行体审。"（卷五 怀远人）

译文：

宣德二年九月，缅甸上奏说，死去的宣慰使新加斯后继无人，恳请朝廷恩准由他们的大头目莽得剌管理其属地。行在兵部奏请将此事下放给云南三司审议。

宣宗说："远方蛮夷的请求只要符合人情，就满足他们，由此可以休息士兵而百姓安宁，也是安抚夷狄的好办法。这件事就不必再审议了，任命他为宣慰使吧。"

这一记载中，宣宗对缅甸宣慰使的任命表现出足够的慷慨，并不拘泥于繁文缛节，原因是他认为这样可以换来百姓的安宁。这个决策其实与一年前，宣宗在对待交止问题上的表态有一致的地方，说明他的确是把"兵寝民安"作为首要目标，如果说在交止问题上吸取了教训的话，在对待缅甸时，宣宗就避免了不得已而用兵的情况。所以，宣宗看重的是"内部改革，国内统治的质量"对"国家安全"的作用。

（9）〇宣德四年八月辛卯

有献兵书者，上因与侍臣论用兵。

……

上又曰："兵法世称孙武。止于疆霸，曹操亦终不能取吴蜀。所谓桓文之节制不能敌汤武之仁义者是也①。"（卷四 武备）

译文：

宣德四年（1429年）八月，有人进献兵书，于是宣宗与侍臣谈起了用兵的问题。

……

宣宗又说："《孙子兵法》为世代所称道。曹操当年虽然称霸一方，最终还是不能拿下吴国和蜀国。这与《荀子》所说的'齐桓公和晋文公的节制之师还是比不上商汤和周武王的仁义之师'是一样的道理。"

这一记载中，宣宗虽然是在谈论用兵的问题，得出的结论却是"仁者无敌"，这完全是儒家战略文化的核心思想。因此宣宗肯定的是"内部改革，国内统治的质量"与"敌人的失败、投降"的正向因果关系。

（10）○宣德五年三月壬寅

开平守将奏边务数事。上举其可行者付所司施行，因谓侍臣曰："方今海内小康，惟残虏叛服不常。古今制夷狄，惟在守备。若城堡坚固，粮刍②充足，士卒精练，哨瞭严谨。彼亦何能为患？朕屡以此戒饬边将，但虑其因循玩愒③。今春气渐深，政④边民耕作之时，一或农事防废，秋收无望，仰给于转输，则劳矣。"遂

---

① 此句出自《荀子·议兵》篇中的"故齐之技击，不可以遇魏氏之武卒；魏氏之武卒不可以遇秦之锐士；秦之锐士，不可以当桓文之节制；桓文之节制，不可以敌汤武之仁义；有遇之者，若以焦熬投石焉"。

② 刍（chú）：草。

③ 愒（kài）：荒废，苟安。

④ 同"正"。

勑边将严谨备。（卷四　武备）

译文：

宣德五年（1430 年）三月，开平守将上奏了一些边疆防务的事宜。宣宗选取了其中可行的几件交给相关官员落实，并且就这件事对侍臣说："如今四海之内都已太平，只有少数残余的胡虏时而叛乱时而顺服。从古到今制驭夷狄的办法就是加强防范。如果我们城堡坚固，粮草充足，士卒精练，岗哨严密，夷狄怎么可能危害中原？朕多次这样告诫边疆的将士，但是仍然担心他们时间久了会放松警惕。现在春天越来越近了，正是边疆百姓耕种的时候，一旦耽误了农事，秋收没了指望，将来只能全部仰仗供给，那就困难了。"于是，宣宗又诏谕边疆将士一定重视防御。

这里，宣宗明确强调了，确保边境安全的办法是防御而非进攻，而要做好防御，又特别要重视农耕，农耕有保障了，对边境的治理才能有效，进而边疆防御能力也就有了保障。宣宗对边境的治理考虑如此周到，当然是因为他相信"内部改革，国内统治的质量"对"国家安全"的重要作用。

(11) ○宣德六年四月乙未

有言阿鲁台为瓦剌所逼，率家属南奔，请出兵击之者。

上曰："此虏自永乐中归附，贡献不绝，未有大过。今势穷蹙①，义当矜悯，但彼未尝自言，朕亦不欲劳中国之力，以事远夷。若又逼之于险，岂仁者所为哉？"（卷五　怀远人）

译文：

宣德六年（1431 年）四月，有人上奏，阿鲁台被瓦剌逼迫，已经携其家属向南部逃跑，恳请朝廷派兵剿灭。

宣宗说："阿鲁台自从永乐年间归顺朝廷以来，一直坚持朝

---

① 蹙（cù）：减缩。

贡，没有大的过失。如今陷入这种境遇，按理说我们应当同情，但是他自己没有要求，朕也不想耗费中原的国力为远夷服务。倘若朕又落井下石，这怎么符合仁者的作为呢？"

从这件事可以看出，宣宗对待夷狄的政策主张是防御而非进攻，只要边境夷狄没有对中原构成安全威胁，绝不使用武力。即使是附属国发生争端，只要它们不主动要求，宣宗也不主张干涉，更不会用武力干涉。之所以这样，是因为宣宗对自己执政形象的定位是"仁者"，也就是要对天下施以仁政。坚持这样的原则，当然是肯定"内部改革，国内统治的质量"与"国家安全"的正向因果关系，而否定"军事准备，使用武力"对"国家安全"的作用。

(12) 〇宣德六年十月癸卯
副总兵都督方政以新立龙门卫及龙门千户所器械旗鼓等物未备，奏请给用具数，以闻。
上命行在工部如数给之，谕尚书吴中曰："兵甲坚利而后足以制寇，不可不与。然地利不如人和，尤须戒饬主将善抚士卒。人心既和，以守则固，战则胜。边境可永无虞。"（卷四 武备）
译文：
宣德六年十月，副总兵都督方政就新设立的龙门卫和龙门千户所的器械旗鼓等物品不齐全一事上奏。宣宗知道后，命行在工部如数配发，并且对尚书吴中说："只有兵甲坚利了，才能足以制服边寇，所以不能不给他们配发。但是，人和比地利更重要，一定要告诫边防主将善待士兵。有了人心和睦团结的部队，防御必然坚固，出战也必然胜利。如此一来，我朝边境将永享太平。"

这一记载说明宣宗的防御思想强调的是儒家主张的"天时不如地利，地利不如人和"，而不是一味依赖武力的强大和器械的精良。人心的团结显然被宣宗视为了国家安全的决定因素，既决定了防御的水平，也决定了战争的胜负。也就是在"军队士气，人力和物力资源的调动"与"敌人的失败、投降"和"国家安全"之间都建立了正向因果关系。

（13）○宣德七年二月己未

巡按贵州御史陈斌奏，"干子坪生苗梗化，累肆劫掠，请发兵四面攻之，必可殄灭"。

上谕行在兵部尚书许廓等曰："蛮人虽常劫掠，若防守严密，安能为患？何至便兴兵殄灭？天地生物，虎狼蛇蝎，何所不有？岂能尽灭之？但当慎防而已。且彼蛮夷亦好生恶死，宜令授及贵州三司差人抚谕，使改过自新。"（卷五　驭夷狄）

译文：

宣德七年（1432年）二月，巡按贵州御史陈斌上奏，"干子坪生苗顽固不服教化，屡屡大肆劫掠，恳请朝廷发兵围剿，一定可以永绝后患"。

宣宗对行在兵部尚书许廓等说："蛮人虽然时常劫掠，但是如果我们防守严密，他们又怎能危害中原？更何至于我们要兴兵剿灭他们？天地孕育万物，不是也有虎狼蛇蝎这样的害虫吗？怎么可能全都消灭？只要小心防范就是了。更何况那些蛮夷也有好生恶死的天性。所以还是授权贵州三司派人前往安抚和告谕，让他们改过自新吧。"

一方面多次强调，面对蛮夷对边境的侵犯，首先要教化，不能轻易用兵。另一方面当出现蛮夷顽固不服教化的情况时，宣宗又从内部找原因，认为只要严加防范，蛮夷不可能危害边境。这无疑是在强调"内部改革，国内统治的质量"对"国家安全"的作用。他甚至不认为"军事准备，使用武力"可以导致"敌人的减少、削弱"，所以主张对侵犯边境的蛮夷仍然加以抚谕，使其改过自新。

（14）〇宣德七年四月癸卯

甘肃总兵官都督刘广等奏，"初鞑靼脱脱不花等二十余户既降复叛，今在铁门阂①西，请发军掩捕"。

上谕兵部尚书许廓等曰："虏性难驯，朕以宽待之，来者不拒，去者不追。今以二十余家，辄欲兴兵捕之，所得几何？徒自劳费。保境安人要为上策。尔移文，令广慎固封守，勿轻出兵。"（卷五 驭夷狄）

译文：

宣德七年四月，甘肃总兵官都督刘广等人上奏，"当初鞑靼脱脱不花等二十余户已经归顺后又叛乱，如今他们都在铁门阂西，恳请朝廷发兵将其抓获"。

宣宗对兵部尚书许廓等人说："胡虏生性难以驯服，朕都宽容对待，归顺者不拒绝，逃走者不穷追。如今他们区区二十余家，我们就轻易出兵剿捕，能有什么好处呢？只会劳民伤财。保卫边境休养百姓是我们的上策。你们替朕传诏书给刘广，让他务必严加防守，不能轻易出兵。"

这一记载中，宣宗再次申明了对待边境少数民族的政策是"来者不拒，去者不追"，并且强调"保境安人"是最佳选择，坚决反对轻易用兵，否定"军事准备，使用武力"对"国家安全"的作用。

根据上述观点主张，绘制《明宣宗宝训》的综合认知图如下：

---

① 读 tà。

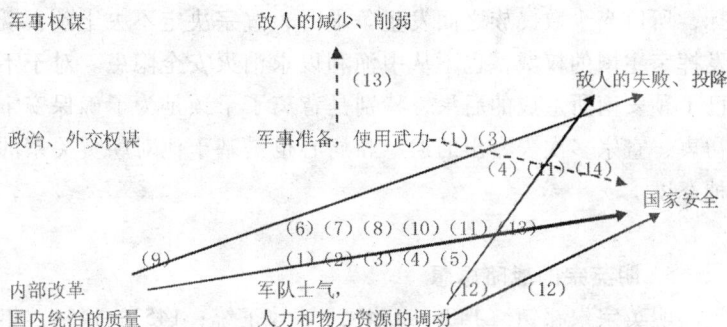

军事权谋　　　　　　　敌人的减少、削弱

敌人的失败、投降

政治、外交权谋　　　　军事准备，使用武力-(1) (3)

国家安全

内部改革　　　　　　　军队士气
国内统治的质量　　　　人力和物力资源的调动

图 5.4

明宣宗朱瞻基执政的时间虽然不算太长，但是他处理的关乎明朝国家安全的决策很多，各种问题比较复杂。面对这些复杂问题，宣宗始终坚持的是"怀柔远人"、"保境安人"政策，即使是对叛服无常、屡屡侵犯边境的夷狄，宣宗都不主张使用武力，而是要求加强防御，并用仁政感化夷狄。即使面对潜在的安全威胁，即使是出兵对明朝有利，宣宗也都拒绝用兵。所以，在《明宣宗宝训》的认知图中，我们看到他最多的战略选择是最温和的方式，即通过施行仁政，提高统治质量来获取国家安全和退却来敌。他多次明确指出，"驭夷宜宽，用兵宜审"，"蛮性虽难驯，然好生恶死之心则同。若抚绥有道，彼亦安肯自取杀戮？"所以要"怀远以德""使兵寝民安"，才能使"远夷归诚"。他明确否定了使用武力的作用，认为穷兵黩武并不能制服来犯夷狄和确保国家安全；相反，四书五经和仁义教化的力量才是更有力和长远的保证。

宣宗的很多决策还反映了他对朝贡关系的态度，朝贡制度只是明朝用来维持与周边少数民族政权和平友好关系的一种途径，其目的并非控制周边少数民族政权，所以，宣宗关心的不是它们朝贡与否，而是双方是否和平相处。正因为"和平"是第一目标，所以当少数民族之间发生争端时，宣宗决定不去干预，既不发挥宗主国的权威，也不从中渔利以求消灭安全隐患。对于不得已干预安南所造成的后果，特别是背离了干预是为了确保安宁的初衷，宣宗多次表露出的遗憾和痛心也是基于他对朝贡关系的这种态度。

5. 明英宗的战略思想

明英宗朱祁镇（1436—1449，年号正统；1457—1464，年号天顺①）先后在位共 22 年，正统年间处理了许多与边境少数民族关系的事务，正统十四年贸然亲征来犯的蒙古也先部落遭遇了"土木堡之败"，八年后再次登基并改年号天顺。《明英宗宝训》中能够反映英宗战略思想和决策的记载都集中在正统时期。

（1）〇宣德十年六月乙卯

勅谕福馀卫都指挥安出等曰："昔尔等诚心归附，我祖宗置卫建官，许于缘边，生理休息而免饥寒杀戮之虞。夫何尔等不知感恩，乃纵部属指挥头目阿克土魁歹卜儿等屡至边境剽窃马牛，杀伤军卒。边将屡请加兵。朕体上天好生之心，不允所请。特遣使齎勅往谕尔等，其拘各人悉追，所掠之物送还辽东。若恃顽不悛，即系赴京问罪。庶见尔至诚归附之意。"（卷三 优远人）

译文：

宣德十年（1435 年）六月，英宗诏谕福馀卫都指挥安出等人说："当初你们诚心归附我朝，我祖宗特意在边境设立卫所和官职，让你们安居乐业、远离了饥寒和杀戮的担忧。你们为何不知感恩，放纵部属指挥头目阿克土魁歹卜儿等屡屡到边境偷盗马

---

① 正统十四年，明英宗贸然亲征来犯的蒙古也先部落，结果在"土木堡之败"中被俘并劫持为人质。随后，英宗的弟弟朱祁钰登基称"景泰帝"，执掌明政权八年。1457 年，朱祁钰去世。英宗重新登上皇位，改年号天顺，直至 1464 年去世。

牛、杀伤士兵。边防将士多次请求出兵。朕感念上天的好生之心，不肯答应将士们的请求。如今特地派使臣带诏书前去告谕你们，希望你们追究相关人员的责任，并把所抢的东西送回辽东。如果那些人顽固不化，就将其押赴京城问罪。这样才可以表明你们诚心归附朝廷的心意。"

即位之初，英宗对侵犯边境的夷狄采取了宽容的态度，不愿使用武力打击，而是规劝他们改过。说明他相信仁政可以感化夷狄，肯定"内部改革，国内统治的质量"与"国家安全"的正向因果关系，而否定"军事准备，使用武力"对"国家安全"的作用。

（2）〇宣德十年七月庚午

甘肃总兵官都督同知刘广奏，"近差指挥把台等赍勅往赐沙州卫都督困即来等礼币，并送回哈密、瓦剌顺宁王脱欢等处，使臣道经赤斤①等卫，被番达贼寇劫掠彩币、马驼、器械，请发兵征剿"。

上曰："戎狄宜涵容之，但勅其头目，令追获原掳诸物，给与使臣护送出境，其劫掠之罪悉宥不问。"（卷三 优远人）

译文：

宣德十年七月，甘肃总兵官都督同知刘广上奏，"最近派指挥把台等人带诏书前去赏赐沙州卫都督困即来等人礼币，并送回哈密、瓦剌顺宁王脱欢等处，使臣途经赤斤等卫时，被番达贼寇劫掠了彩币、马驼、器械，恳请朝廷发兵征剿之"。

英宗说："对戎狄还是要宽容，只要告谕其头目，令其追回劫掠的东西还给使臣并护送出境，朝廷对其劫掠的罪过就宽宥不予追究了。"

---

① 此处有两字应为地名，但资料原文文字迹模糊，已经无法辨认。

即使遭到夷狄的侵犯，英宗也并不主张使用武力将其消灭，而是坚持告谕和宽宥，规劝其与中原保持友好关系。对夷狄的宽容说明英宗当时还是在坚持怀柔远人的政策，也是在肯定"内部改革，国内统治的质量"与"国家安全"的正向因果关系。

（3）〇宣德十年十月乙卯

镇守辽东太监亦失哈等奏，"近者朵颜三卫纵其部落数来扰边，乞举兵征剿"。

上曰："军旅一出，必害及无辜。但勅谕三卫头目，使严加约束，毋取灭亡之祸。"（卷三 优远人）

译文：

宣德十年十月，镇守辽东太监亦失哈等人上奏，"最近朵颜三卫纵容其部落多次前来侵扰边境，恳请朝廷发兵征剿"。

英宗说："军旅一出必然伤及无辜。只要告谕三卫头目，让他们严加约束部属，不要自取灭亡，就可以了。"

对多次侵扰边境的蒙古部落，英宗还是坚持了宽宥政策，原因是他担心使用武力会伤害无辜百姓，相信用仁政和教化能够换取国家安全。这也就是否定了"军事准备，使用武力"对"国家安全"的作用，而肯定了"内部改革，国内统治的质量"与"国家安全"的正向因果关系。

（4）〇正统二年五月乙亥

广西总兵官右都督山云奏，"柳州怀远县板江等寨蛮寇韦潮振等一千七百余徒，啸聚行劫，恐滋蔓为患，宜调兵剿之"。

上勅云曰："治夷与中国殊，其先遣人抚谕，若肆恣不服，剿之未晚。"（卷三 优远人）

译文：

正统二年（1437年）五月，广西总兵官右都督山云上奏，"柳州怀远县板江等寨蛮寇韦潮振等一千七百余人聚众抢劫，恐怕会逐渐发展成为祸患，最好请朝廷发兵剿灭之"。

英宗诏谕山云说："治理夷狄与治理中原不同，你先派人抚谕，如果他们拒不悔改，再发兵剿灭也不晚。"

这里，英宗还是强调了对来犯边境少数民族要格外宽宥，以抚谕为先，说明他还是相信仁政对国家安全的作用的，也就是肯定了"内部改革，国内统治的质量"与"国家安全"的正向因果关系。

（5）○正统三年六月己未

云南总兵官黔国公沐晟等奏，麓川宣慰思任发累侵南甸、干崖、腾衡、潞江、金齿等处。

上勑思任发曰："近者南甸等处皆奏尔侵占地方，虐掳百姓，抢象马，害官吏，掠官船，守江口，仍筑山寨以绝往来。镇守总兵等官以尔不遵法度，屡请官军问罪，欲一鼓而扑灭之。朕体上天好生之心，虑大军一出，不免伤及无辜，离人父母妻子，于心不忍。兹特遣人抚谕。尔能革心向化，遵守法度，人民掳掠者释之，地土侵占者归之，则悉宥尔罪。若怙终不悛，必兴兵征剿。尔追悔无及矣"。（卷三 优远人）

译文：

正统三年（1438年）六月，云南总兵官黔国公沐晟等人上奏，麓川宣慰思任发多次侵犯南甸、干崖、腾衡、潞江、金齿等地。

英宗诏谕思任发说："最近南甸等地都上奏你侵占土地，掳掠百姓，抢劫象马，杀害官吏，抢夺官船，占据江口，还修筑山寨切断来往的道路。镇守当地的总兵和其他官员纷纷上奏你不遵法度，屡次恳请朕发兵，要一举消灭你们。朕体谅上天的好生之心，考虑一旦用兵，不免伤及无辜，造成父母妻子的分离，很是于心不忍。所以，特此派人抚谕，只要你能革心向化，遵守法度，释放那些被掳掠的百姓，归还那些被侵占的土地，朕将宽宥你的一切罪行。如果你不知悔改，朕一定兴兵征剿，到时你就追悔莫及了。"

对侵扰边境已经相当猖獗的思任发，英宗还是坚持先对其进行抚谕劝告，只要其愿意改过，朝廷就宽宥其罪行并且不会对其用兵。原因是英宗担心使用武力不仅会伤及无辜，而且破坏百姓的安定生活，不符合仁政的治理原则。所以这里还是在肯定"内部改革，国内统治的质量"与"国家安全"的正向因果关系，而否定"军事准备，使用武力"对"国家安全"的作用。

(6) ○正统七年九月丁卯

永平等处总兵官都督同知王彧等奏，"兀良哈三卫往往假以牧放射猎为名，因而犯我边境，今后遇有近边者，欲便剿杀，以败其计"。

上勅彧等曰："三卫头目亦有尊朝命、不为非者，岂容一概剿杀？况田猎乃其衣食所关者乎？卿等其念之"。（卷三 优远人）

译文：

正统七年（1442年）九月，永平等地总兵官都督同知王彧等人上奏，"兀良哈三卫常常假借放牧和打猎的名义侵犯我边境，今后他们如果再接近我边境，应当一律剿杀，以挫败他们的阴谋"。

英宗诏谕王彧说："兀良哈三卫的头目也都是朝廷任命的，如果不是为非作歹之徒怎么可以一概剿杀？何况田猎还是关系他们衣食的活动？诸位爱卿应当体谅他们。"

对兀良哈三卫侵犯边境的行为，英宗更是表现出很大的宽容，不仅照顾他们的声誉，而且体恤他们的生活。这说明英宗相信仁政可以确保国家安全，因此不去计较边境少数民族的小规模侵扰。这里也就是在肯定"内部改革，国内统治的质量"与"国家安全"的正向因果关系，同时否定"军事准备，使用武力"对"国家安全"的作用。

(7) ○正统九年正月丁丑

建州卫都督佥①事李满住等奏，"本卫指挥郎克苦等久逃高丽潜住，去岁带领男妇大小二百二十余口回卫，甚饥窘，乞加赈恤"。

上谓户部臣曰："怀柔远人乃治天下之大经也。况克苦等久亡他国，今慕义回还，可不赈恤乎？速令辽东都司量拨粮米给济。"（卷三 优远人）

译文：

正统九年（1444年）正月，建州卫都督佥事李满住等人上奏，"本卫指挥郎克苦等人逃亡高丽多年，去年带领男女老少二百二十余人回来，非常穷困，恳请朝廷给予救济和抚恤"。

英宗对户部大臣说："怀柔远人是治理天下的重要原则。何况郎克苦等人流亡他乡这么多年，如今仰慕道义回到中原，为什么不加以救济和抚恤呢？赶快命令辽东都司按人口配发粮食给他们。"

英宗的这一决策既是遵循了明朝君主一向主张的对待边境少数民族"来不拒，去不追"原则，又充分表明了朝廷对远夷的宽容和抚恤，因此还是在肯定"内部改革，国内统治的质量"与"国家安全"的正向因果关系。

(8) ○正统十二年十一月癸丑

考郎兀卫都指挥哥哈遣指挥撒赤哈奏言，黑龙江诸部野人欲入朝贡，乞以勑付撒赤哈，令诣其地招之。

上谓礼部臣曰："黑龙江去辽东路甚远。朕不能劳人以事远

---

① 读 qiān。

夷。其自愿来朝者，固不拒也。尔等其以朕意谕之。"（卷三 驭夷狄）

译文：

正统十二年（1447年）十一月，考郎兀卫都指挥哥哈派指挥撒赤哈上奏说黑龙江多个部落的夷狄希望前来朝贡，恳请朝廷颁赐诏书给撒赤哈，让他前去招安这些人。

英宗对礼部大臣说："黑龙江距离辽东很远。朕不愿为远夷的事劳累臣下。如果他们自愿前来朝贡，朕也不拒绝。你们把朕的意思告诉他们吧。"

这里，英宗重申了明朝对待边境少数民族的"来不拒，去不追"原则，接受少数民族的朝贡并非出于好大喜功，而是但求和平的交往，所以，对边境少数民族的朝贡都是坚持对方自愿原则，并不主动对其加以控制。这还是在强调"内部改革，国内统治的质量"与"国家安全"的正向因果关系。

根据上述文献分析，绘制《明英宗宝训》的综合认知图如下：

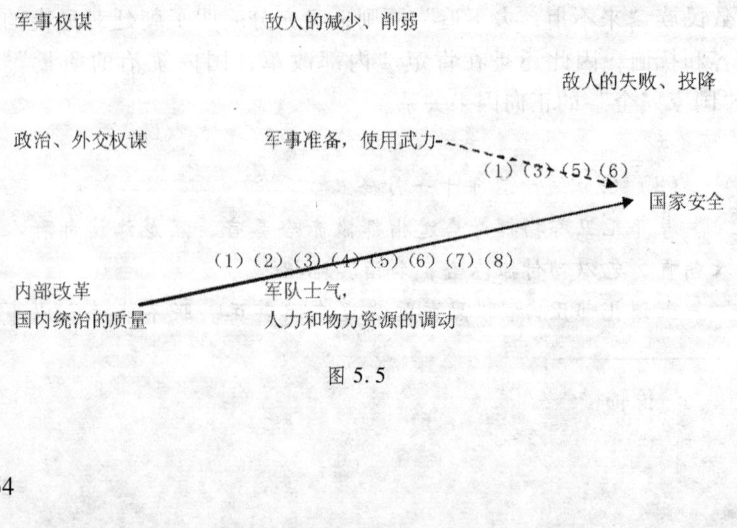

军事权谋　　　　　　　　敌人的减少、削弱

　　　　　　　　　　　　　　　　　　敌人的失败、投降

政治、外交权谋　　　　　军事准备，使用武力- - - - - - -
　　　　　　　　　　　　　　　（1）(3)(5)(6)
　　　　　　　　　　　　　　　　　　　　　　　　国家安全

　　　　　　　　　（1）（2）（3）（4）（5）（6）（7）（8）

内部改革　　　　　　　　军队士气，
国内统治的质量　　　　　人力和物力资源的调动

图 5.5

从《明英宗宝训》的相关记载中可以看出，正统时期，英宗面临与周边少数民族关系的诸多决策几乎都与少数民族侵犯中原、威胁边境安全有关。面对这些情况，英宗表现出了足够的宽容，坚持了"怀柔远人"和"来不拒，去不追"的原则，用仁政德治维持着国家安全。在《明英宗宝训》的综合认知图中，他的观点结构非常清楚明确，就是主张依靠"内部改革，国内统治的质量"获取"国家安全"，而否定"军事准备，使用武力"对"国家安全"的作用。

遗憾的是，面对不断出现的边境安全威胁，以及主战派大臣的怂恿，年少的英宗最终没有坚持上述原则，于正统十四年（1449 年）贸然亲征来犯的蒙古也先部落，不仅没有取得军事胜利，还遭遇了被俘的耻辱。如果不是其兄朱祁钰接管明朝，很可能也就丧失了明政权。"土木堡"的教训其实恰好证明了轻率使用武力的危险，同时也就强化了历代明朝君主坚持的儒家战略文化思想的正确性。从《明实录》的记载中也可以清楚地看到，景泰帝朱祁钰，英宗再次执政的天顺时期，以及英宗之后的明朝执政者们都格外重视"土木堡"的教训，更加强调远离武力的战略意义。

6. 明宪宗的战略思想

明宪宗朱见深（1465—1487，年号成化）执政的 22 年也处理了很多与周边少数民族有关的事务，既涉及使用武力的问题，也有仁政教化的内容。相关记载主要有：

（1）○成化元年一月辛巳
迤^①北虏酋奏欲朝廷遣使。
上复书谕之曰："自天地开辟以来，地方各有界限，人民各

---

① 读 yí。

以类聚。我中国居四方之正，必有大德圣人，然后上应天命为中国君主，抚治人民，统御四方，子孙能守先业者，多传世永远。若以力窃夺者，天命不与，终莫能久。我太祖高皇帝受天明命，承中国帝王大统，主宰天下，世世相传，人民仰戴。朕嗣祖宗大统，视天下万世为一家，凡政事悉遵太祖高皇帝成宪。今尔欲中国遣使往来，洪武间旧无事例；正统中虽尝遣使，仅失和好；天顺初非不遣使，扰边如故，英宗皇帝深自悔悟，遂不复遣。朕遵祖宗之意，不敢有违。盖欲两处和好，久远不失，非有他故。尔宜顺天道，敬朝廷，每年差人朝贡，朝廷如例优赏，不肯亏薄，与尔共享太平之福，彼此垂声永久。特书以答，其亮之。"（卷三驭夷狄）

译文：

成化元年（1465 年）一月，迤北虏酋奏请朝廷派遣使臣。

宪宗回复诏书说，"自有天地以来，各地都有自己的界限，人民也都分类而聚居。我中国位于四方的正中间，一定会有大德圣人产生，然后上应天命成为君主，管理百姓和统御四方，其中子孙能够守住祖先基业的，大多都传世久远。如果是通过蛮力夺取的江山，就不符合天命，最终也不能长久。我太祖高皇帝接受天命，继承中国帝王大统，主宰天下，世代相传，备受人们敬仰和爱戴。朕如今继承祖宗大统，也把天下万世都视为一家，所有政事都遵循太祖高皇帝的既定之规。现在你想让中国派使臣与你往来，而这在洪武年间并没先例；正统时期曾经尝试派遣使臣，结果却损害了双方的友好关系；天顺初年并非没有遣使，你们还是侵扰我边境，于是英宗皇帝甚为后悔，并不再派遣。朕也要遵循祖宗的意思，不敢违抗。只是因为朕希望我们双方友好，永远不再失和，没有其他原因。你应当顺应天道，尊敬朝廷，每年派人前来朝贡，朝廷也会按例优恤和赏赐，不会亏待，进而与你们共享太平之福，彼此都流芳千古。特此诏谕，希望你能明白。"

宪宗即位之初所表达的这种对待华夷关系的态度非常符合明朝政府对朝贡关系的历代政策，就是以和平共处为目的，不好大喜功贪恋土地的广阔。特别值得注意的是，宪宗从英宗的政策中吸取了教训，认为一旦有违背祖制的做法，哪怕不是贸然出兵，也没有换来和平的结果，所以更坚定了他对明朝传统政策的坚持，也就是希望用仁政确保国家安全，肯定"内部改革，国内统治的质量"与"国家安全"的正向因果关系。

（2）○成化三年二月丁酉

毛里孩三上书求入贡。

上遣通事詹升斋勅奖谕之，曰："朕受天命，承祖宗大业，为天下主。内华外夷皆朕赤子也，弗率循治化者，有怒之而无终拒绝焉。服则舍之，且待以仁恩。尔毛里孩昔年尝来廷矣，昨者忽扰我边陲，今又悔过归诚，累求朝贡。在边诸将俱厉兵秣马，以待奏功；在廷文武亦谓宜从边将之言。朕以天覆九有为心，特允尔来。命通事指挥使詹升赍谕尔。勅至，尔即率领部落退处边外，戒令守法，安静住牧，所遣朝贡使臣无得过三百人，亦须戒令，遵依我边将约束，毋得在途恣肆。夫好生恶杀者，天之道，朕之所奉以子民也。尔能仰体朕心，朕将锡福于尔，俾永享太平之乐，岂不美欤？"（卷三 驭夷狄）

译文：

成化三年（1467 年）二月，毛里孩三次上书请求纳贡。

宪宗派通事詹升带诏书前往嘉奖他说："朕依照天命，继承祖宗大业，君临天下。无论华夏还是远夷的百姓都是朕的子民，对不服管辖者，朕尽管可能生气但是终究不会拒绝。只要顺服，朕都不予追究，并且待之以仁恩。你毛里孩当年曾经朝贡，最近突然侵扰我边境，如今又悔过想要归顺，多次请求朝贡。我边防将士都已厉兵秣马待立军功，朝廷的文武官员也赞同将士们的建议。但是，朕体谅上天的好生之心，特恩准你前来。朕现命通事指挥使詹升带去诏谕。诏书一到，你就率部落退到边外，遵守法度，安生乐业。每次派来朝贡的使臣不能超过三百人，而且也要严格纪律，服从我边境将士的管理，不能在途中惹是生非。好生恶杀既是天道也是朕对待子民的原则。你能体谅朕的苦心，朕也将赐福于你，让你永享太平之乐，岂不是美事吗？"

宪宗对叛服无常、多次扰边的毛里孩部落表现出足够的宽容，不是诉诸武力消除安全隐患，而是大度地再次接受其朝贡，以换取双方的和平相处。这说明宪宗对以仁政获得国家安全的信任，肯定了"内部改革，国内统治的质量"与"国家安全"的正向因果关系，而否定了"军事准备，使用武力"对"国家安全"的作用。

(3) 〇成化三年四月己亥

上以辽东有警，勒谕考郎兀等四十四卫都督撒哈良等曰："尔女直诸卫乃我祖宗所设，世授尔以官职，积年朝贡，所得赏赐亦已厚矣。正当感恩图报，以全臣节。今乃纵其部下犯我边境。边将屡请起调大军直捣尔境。朕念尔人民俱是朝廷赤子，其间有善有恶，不可概行诛戮。特广天地之量，姑置不究，仍降勒示尔。尔宜敬顺天道，深体朝廷好生之德，戒谕部属，令其革心向化，改过自新。即以原掠人畜一一送还，以赎前罪。自今依时朝贡，永享太平之福。若仍长恶不悛，大军一出，追悔不及。尔其钦承朕命，毋忽！"（卷三 驭夷狄）

译文：

成化三年四月，宪宗因辽东边防出现警情，诏谕考郎兀等四十四卫都督撒哈良等人说："你们女直各卫所乃是我祖宗设立的，不仅世代授予你们官职，多年来朝贡对你们的赏赐也非常丰厚。你们本该感恩图报以保全身为臣子的名节，如今却纵容部下侵犯我边境。边防将士多次请求朝廷发兵直取你属地。但是，朕感念你的百姓都是朝廷的子民，其中有好人也有坏人，不能一概诛杀。因此特以天地的宽大胸怀，不追究你们的过失，还颁赐诏谕向你们讲明道理。你们一定要敬顺天道，切实体谅朝廷的好生之德，告诫部属，使其革心向化，改过自新。即刻把原来劫掠的百姓和牲畜都一一送回，以赎前罪。并且从现在起按时朝贡，永享太平之福。假如仍然作恶不知悔改，一旦朝廷用兵，尔等将追悔莫及。希望你们谨遵朕的命令，不要怠慢！"

面对辽东边境出现的安全威胁，宪宗还是坚持了宽宥原则，耐心诏谕犯边少数民族改过自新，避免朝廷用兵伤害无辜。这显然是因为，宪宗相信"军事准备，使用武力"不利于"国家安全"，他还是认为仁政能够感化边境少数民族，换来和平，也就是肯定"内部改革，国内统治的质量"与"国家安全"的正向因果关系。

（4）○成化三年四月癸亥

建州左卫女直都督董山等以听招抚来朝贡。

上以山等尝纵部落犯边，遂召集诸夷于阙下，谕之曰："尔等俱系朝廷属卫，世受爵赏，容尔在边住牧，朝廷何负于尔？今却纵容下人斗合毛怜等处夷人侵犯边境。谕祖宗之法本难容恕，但尔等既服罪而来，朕体天地好生之德，姑从宽宥。今尔还卫，务各改过自新，戒饬部落毋仍前为非，所掠人口搜访送还，不许藏匿。再不悛，必兴师问罪，悔将何及？其省之，念之！"于是，诸夷皆顿首输服。（卷三 驭夷狄）

译文：

成化三年四月，建州左卫女直都督董山等人听从招抚前来朝贡。

宪宗考虑董山等人曾经纵容部落侵犯边境，于是召集诸夷到阙下，对他们说："你们都是朝廷的属卫，世代接受封爵和赏赐，允许你们在边境居住和放牧，朝廷何时亏待过你们？如今你们却纵容属下斗合毛怜等处的夷人侵犯边境。根据祖宗的法度，这本是难以饶恕的罪过，但是既然你们已经认罪并前来朝贡，朕感念天地好生之德，姑且宽宥你们。现在你们回到各自的卫所，一定要改过自新，戒饬各自的部落不能像以前一样为非作歹，所劫掠的人口也都要找到并送回边境，不许藏匿。如果再不知悔改，朝廷一定兴师问罪，到时候后悔还来得及吗？尔等务必反省之，切记之！"这时，诸夷都叩首表示接受。

犯边少数民族接受招抚重新前来朝贡，这本身就说明宪宗一直坚持的宽宥政策的确产生了效果。宪宗对他们的再次告谕中不仅讲明了实行仁政的好处，而且强调了朝廷兴师问罪的危险。这一记载同时肯定了"内部改革，国内统治的质量"与"敌人的失败、投降"和"国家安全"的正向因果关系。

(5) ○成化三年七月甲子

赤斤蒙古卫指挥敢班初数侵掠边境。边将以计致之京师，请安置远方。

上以夷狄不足较，特宽宥之，仍命译者谕之曰："尔等数扰边疆，揆①之国法，在所必诛。纵用轻典，亦宜编置南徼②，以惩不肃。今姑贷尔，仍加优恤，尔其体朕至意，各安职业，以为外御。若恃恩再犯，决不轻恕。"（卷二 宽宥）

译文：

成化三年七月，赤斤蒙古卫指挥敢班初多次侵掠边境。边防将领向京师献计，请求将其安置远方。

宪宗主张不与夷狄计较，特别宽宥了他们，还令译者告诉他

---

① 揆（kuí）：度量，考察。
② 徼（jiào）：边界，边塞。

们说："尔等多次侵扰边疆，依照国法一定是死罪，即使是从轻判处，也要发配到南部边境，以惩罚你们的不肃之罪。如今姑且宽宥你们，还特别优待和体恤，你们一定要体谅朕的苦心，各司其职，驻守边疆。如果不知领恩再犯边境，朕决不再轻易饶恕。"

这一记载表明，宪宗在宽宥侵犯边境的蒙古卫所的同时，还表达了他希望边境少数民族安居乐业以确保国家安全的意愿，希望通过优待和抚恤换取双方的和平相处，这就明确肯定了"内部改革，国内统治的质量"与"国家安全"的正向因果关系。同时他还希望通过宽宥制止夷狄的侵扰，也就是相信"内部改革，国内统治的质量"有助于"敌人的失败、投降"。

（6）○成化五年七月乙巳

建州左卫都指挥佟那和劄①等奏，乞命都督董山子脱罗、李古哈纳侄完者秃各袭其父伯之职事下。兵部请裁处。

上曰："虏酋背恩忘义，罪当族灭。今首恶已诛，余皆悔过向化。朕体上天好生之德，悉加宽宥。脱罗等，既众人奏保，其授脱罗都指挥同知，完者秃都指挥佥事，令统束本卫人民，依前朝贡，再犯不贷。"（卷二 宽宥）

译文：

成化五年（1469 年）七月，建州左卫都指挥佟那和劄等人上奏，恳请朝廷任命都督董山的儿子脱罗、李古哈纳的侄子完者秃各自继承其父亲和伯父的职位管理属下。兵部上报朝廷裁决此事。

宪宗说："虏酋背恩忘义，论罪当诛杀全族。但是如今其首恶已经处死，其他人也都悔过自新。朕体谅上天好生之德，对这些人一律宽宥。脱罗等人既然是众人保举的，那就任命脱罗为都

---

① 读 zhā。

指挥同知，完者秃为都指挥佥事，让他们管理本卫的百姓，按照原来的规矩朝贡，如果再犯，就不再饶恕了。"

这里，宪宗沿袭了明朝前代君主对叛乱夷狄的政策，只惩罚首恶而宽宥其余人，并且应他们的请求任命新的管理者。宪宗这样做显然是想继续维持对当地的有效治理及其与朝廷的友好关系，所以还是在肯定"内部改革，国内统治的质量"与"国家安全"的正向因果关系。

(7) 〇成化十一年六月甲辰

湖广总兵左都督李震等以蔡溪、清水江等处苗贼攻掠，乞统调京营及云贵四川南直隶兵，会剿殄灭，使无遗类。

上曰："蛮夷滑①夏，自古有之。要在边将羁縻得宜，使不敢越境为乱而已，何②尝以殄灭为快？其令震等与四川、贵州、广西参将土官人等，各督兵民，分屯要害以御之。仍相度机，彼或肆行拒敌则加剿杀，或闻风畏灭则加抚谕。若将来贼势果炽，必欲统调官军，宜俟转输既足。具奏裁处。"（卷二 谕将帅）

译文：

成化十一年（1475 年）六月，湖广总兵左都督李震等人上奏，蔡溪、清水江等地苗贼犯边和劫掠，恳请朝廷调集京师部队和云南、贵州、四川、南直隶的驻军合围消灭，将这些苗贼斩草除根。

宪宗说："蛮夷侵扰中原是自古就有的事。关键是边防将士能够有效防范，使他们不能跨越边境作乱就可以了。什么时候有过除之而后快的做法呢？现命李震等人与四川、贵州、广西的参将土官们各自管理好自己的士兵和百姓，据守要塞以抵御苗贼。

① 滑（gǔ）：扰乱。
② 资料原文此处有一字因模糊无法辨认，"何"字为笔者根据文意尝试补充。

同时还要见机行事，如果他们肆意横行拒不服从，就予以剿灭；如果他们听到消息后有所收敛，就对他们加以抚慰和告谕。假如将来形势恶化，朝廷一定调集官军，但是最好等供给充足的时候。结果如何，要详细上报朝廷。"

这里，宪宗对夷狄侵犯边境表现出更大的宽容，认为只要不进入中原作乱就可以，也就是把确保国家安全作为底线，并不计较时常出现的侵扰，其目的当然是想通过宽容换取和平相处。所以，他反对用武力消灭其有生力量，而是督促边疆地区加强防范，这当然是肯定"内部改革，国内统治的质量"与"国家安全"的正向因果关系。即使是在不得已而用兵时，宪宗也特别强调的是"军队士气，人力和物力资源的调动"对"军事准备，使用武力"的作用，而不是强调用单纯的武力强大去彻底消灭敌人。

（8）〇成化十二年十二月己丑

兵部侍郎马文升言，"辽东诸夷朝贡者，宜厚其宴待，以恩怀之"。

上曰："宴待诸夷本柔远之道，所以尊隆国体，起其瞻仰，非但饮食之而已。必具器整齐，品物丰洁，始称。今后筵宴并酒饭处，令光禄寺堂上官视之，仍以礼部官一员督察，敢有不遵者，并治以罪。"（卷三 优远人）

译文：

成化十二年（1476年）十二月，兵部侍郎马文升说，"辽东诸夷前来朝贡的，最好用丰厚的酒宴款待他们，以体现朝廷的恩惠。"

宪宗说："设宴招待夷狄本来就符合怀柔远人的政策，目的是弘扬国家的礼仪，让他们敬仰，而不是仅仅为了吃饭。所以，酒宴一定要器具整齐，食物丰盛，这样才相称。今后设宴和准备的地方都要让光禄寺的官员视察，礼部也要派一名官员监督，假如有人敢不遵守规矩，一律治罪。"

这一记载是专门强调怀柔远人的礼仪制度，宪宗对款待朝贡周边少数民族的酒宴非常重视，特别强调要符合礼仪规矩，这说明他相信通过礼仪教化的力量可以维持与周边少数民族的和平友好关系，也就是肯定"内部改革，国内统治的质量"与"国家安全"的正向因果关系。

(9) ○成化十四年六月癸丑

贵州总兵官都督吴经以普定等处蛮夷时出劫掠，请发湖贵云南兵击之。

上曰："兵凶战危，岂可轻动？蛮夷为患，自古有之。但在防御有术而已。若大发兵，恐首恶未得，徒伤无辜。况贵州山菁茂密，纵使兵至，岂能得志乎？其勒巡抚都御史陈俨亟往相度事势缓急，应否调兵，奏来处置。"（卷三 慎用兵）

译文：

成化十四年（1478年）六月，贵州总兵官都督吴经上奏，普定等处蛮夷时常劫掠，恳请朝廷派湖贵云南的驻军予以打击。

宪宗说："出兵作战必然带来危害，怎么能轻易用兵呢？蛮夷侵扰边境是自古就有的，只要防御得当就可以了。如果大举发兵，恐怕不能擒获首恶，还白白伤害无辜。何况贵州山林茂密，即使大军前往，怎么能占据优势？还是派巡抚都御史陈俨火速前往察看形势的缓急，待其回禀后再决定是否用兵吧。"

这里，宪宗明确指出了使用武力的危害，强调"军事准备，使用武力"不利于"国家安全"，甚至也不能导致"敌人的失败、投降"，所以宪宗对是否使用武力对付周边少数民族对边境的侵犯十分谨慎，仍然强调只要"防御有术"就可以确保国家安全。

（10）○成化十七年二月癸酉

巡抚云南右副都御史吴诚奏，乞令土官衙门各遣应袭子于附近府学读书，使知忠孝礼义。庶夷俗可变而争袭之弊可息。仍禁约师生不许索其束修馈送。礼部覆奏，以为有益风化，事在可行。如地远年幼者，督令开一社学，延邻境有学者以为之师，仍听提学官稽考。

上曰："然云南土官世修职贡，无敢违越，但争袭之弊往往有之。盖虽由于政而未化于教也。其令土官各遣应袭子就学。如巡抚官及尔礼部所言，使蛮貊乖争之风潜消，而华夏礼义之化远暨①。顾不美欤？"（卷二　兴学）

译文：

成化十七年（1481年）二月，巡抚云南右副都御史吴诚上奏，恳请朝廷恩准土官衙门各自派遣其将继承职位的子弟前往附近的府学读书，让他们明白忠孝礼义。希望这样可以改变夷俗，平息他们争夺世袭职位的弊病。同时还要约束这些师生，不允许索要束修②馈赠。礼部复议后上奏，认为这样做有益风化，可以实行。如果这些子弟中有年幼并且远离府学的，可以下令为其开设社学，寻找附近有学问的人做老师，但是仍然要由提学官予以监督和考核。

宪宗说："虽然云南土官们世代恪尽职守、按时朝贡，没有违规和越轨的行为，但是他们往往存在争夺世袭职位的弊病。这是因为他们尽管已经从事政务，却还没有接受教化。就让他们各自送自己应当继承职位的子弟去学习吧。正如巡抚官吴诚和你们礼部所说，这样有助于逐步消除蛮貊之邦的纷争之风，而推广华夏的礼义。这不是很好吗？"

---

① 暨（jì）：至，到。
② 古代学生与教师初见面时，必先奉赠礼物，表示敬意，名曰"束修"。

这一记载表明，宪宗及其臣下都希望通过礼仪教化的力量使边境少数民族移风易俗，进而更好地实施统治，使其与中原政权和平相处。这显然是在肯定"内部改革，国内统治的质量"与"国家安全"的正向因果关系。

(11) ○成化十八年四月甲辰

琉球国中山王尚真奏，乞以其陪臣之子蔡宾等五人于南京国子监读书。礼部按洪武、永乐、宣德间例以闻。

上曰："海南远夷向慕文教。朕甚嘉之。矧在先朝已有旧制。其令蔡宾等于南监肄业①。有司岁给衣服廪馔②，毋令失所。务俾通知中国礼义，永遵王化。"（卷二 兴学）

译文：

成化十八年（1482年）四月，琉球国中山王尚真上奏，恳请朝廷恩准其陪臣之子蔡宾等五人到南京国子监读书。礼部把洪武、永乐、宣德年间的制度告诉宪宗。

宪宗说："海南远夷向往文教，朕非常高兴。何况前代也已经有相应的制度。就让蔡宾等人到南京国子监学习吧。还要让相关官员配给衣服和饮食，不能让他们生活困难。一定要让他们通晓中国的礼义，进而永远遵循王道。"

周边少数民族主动要求到中原学习，宪宗不仅大加赞赏，而且特别要求对这些人给予照顾，目的是让他们通晓中国的礼义后能够遵循王道，也就是维持与明政权和平友好的朝贡关系，这当然还是在肯定"内部改革，国内统治的质量"与"国家安全"的正向因果关系。

---

① 肄（yì）业：进修学业。
② 馔（zhuàn）：饭食。

（12）○成化十八年五月壬午

巡抚四川右副都御史孙仁等奏，"松潘叠溪茂州空心恶笤等寨番贼多据要途，劫掠粮饷，请发兵剿捕"。兵部以为已尝剿其甚者，再举恐非宜。

上曰："兵犹火也，不战将自焚。松潘贼已尝剿杀，其渠魁亦知警矣。若又纵兵恣杀，彼番寨猬聚，岂能悉灭乎？贪功以启边衅，诚非所宜。其令二人等乘兵灭方振之余，遣人抚谕，果负固不服，乃用兵剿之未晚也。"（卷三 慎用兵）

译文：

成化十八年五月，巡抚四川右副都御史孙仁等人上奏，"松潘叠溪茂州空心恶笤等寨的番贼很多都占据重要道路，劫掠粮食和饷银，恳请朝廷发兵剿捕之"。兵部认为，已经剿灭了其中非常猖獗的番贼，如果再发兵恐怕不合适。

宪宗说："发兵犹如点火，即使不打仗也会损伤自己。对松潘的贼寇已经剿杀过，其头目也知道自警了。如果再次用兵，那些番寨都联合起来，怎么可能将其全部消灭呢？只因贪图军功就挑起战争，实在不应该。就让他们趁着上次用兵的余威还在，派人前去抚慰和告谕番贼，如果他们真是顽固不知悔改，再用兵剿灭也不晚。"

面对周边少数民族的侵犯和安全威胁，宪宗明确反对轻率用兵，认为用兵只是辅助手段，不是目的，"军事准备，使用武力"既不能导致"敌人的失败、投降"，也不利于"国家安全"。所以他主张还是先抚谕威胁边境安全的少数民族，希望他们改过自新。

（13）○成化十八年十一月癸亥

甘肃总兵官王玺等奏，罕东卫番贼雍众杀掠阿思等簇且犯边，乞调兵剿捕。

上曰："罕东诸夷比尝听调，协取哈密，未有携贰之心。今小肆侵掠，若遽加兵，似失怀柔之义。宜遣人往谕，俾改过自新。如果负固不服，亦止宜顿兵境上，使之畏威听抚为便。"（卷三 慎用兵）

译文：

成化十八年十一月，甘肃总兵官王玺等人上奏，罕东卫番贼聚众杀掠阿思等族，并且侵犯我边境，恳请朝廷调兵剿捕。

宪宗说："罕东各夷狄部落过去曾经听从朝廷指挥，帮助拿下了哈密，他们并没有叛变的想法。如今只是犯了侵扰和劫掠的小错误，如果急于对其用兵，似乎有失朝廷怀柔远人的信义。应当先派人前去告谕，使其改过自新。如果他们顽固不知悔改，也只要在边境屯兵，让他们畏惧朝廷的威严而听从安抚就足够了。"

这一记载中，宪宗对少数民族侵扰边境的行为更加宽容，认为相对于叛乱来说，这只是小错误，只要不影响双方的和平共处，都不足以构成对其用兵的理由。宪宗相信，告谕和显示武力就足以制止边境少数民族的侵犯行为。这还是在强调仁政的力量，相信"内部改革，国内统治的质量"可以导致"敌人的失败、投降"以及获取"国家安全"。

（14）○成化十八年十二月庚午

御制《文华大训》，序曰，"……制用则绝侈靡而经费有常，饬兵戎则戒穷黩而捍御有备，驭夷狄则广威德之施而谨夷夏之辨。此皆制治宏纲，临御要道，不可有一之不明也……"（卷一 教太子）

译文：

成化十八年十二月，宪宗亲自编写《文华大训》，并为之作序："……管理财务和开支，才能够杜绝奢侈而又日用充足；管理军队才能防止穷兵黩武，而又确保防御有力；统驭夷狄既要恩威并施，又要防止造成夷夏有别。以上这些都是治理国家的大经大法和君临天下的重要原则，你有一点不明白都是不被允许的……"

宪宗在教导皇太子的《文华大训》中还特别提到，治理军队要防止穷兵黩武同时又做到防御有力，制驭夷狄要广施威德同时又防止造成夷夏有别。这也是在强调"内部改革，国内统治的质量"与"国家安全"的正向因果关系，同时否定"军事准备，使用武力"对"国家安全"的作用。

根据上述文献分析，绘制《明宪宗宝训》的综合认知图如下：

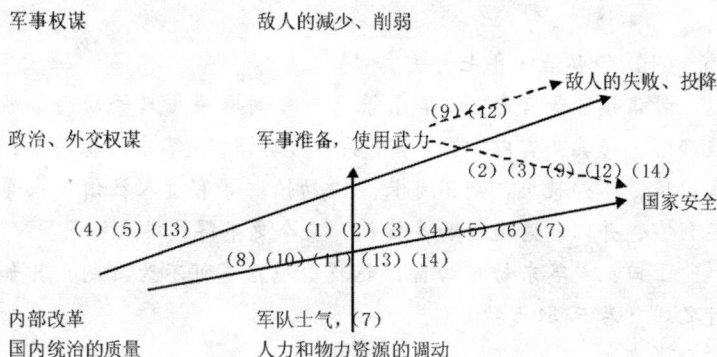

军事权谋　　　　　　　敌人的减少、削弱

　　　　　　　　　　　　　　　　　　　　敌人的失败、投降

政治、外交权谋　　　军事准备，使用武力
　　　　　　　　　　　　　　　(9)(12)
　　　　　　　　　　　　　(2)(3)(9)(12)(14)
　　　　　　　　　　　　　　　　　　　　　　国家安全
(4)(5)(13)　　　　　(1)(2)(3)(4)(5)(6)(7)
　　　　　　　　(8)(10)(11)(13)(14)

内部改革　　　　　　军队士气,(7)
国内统治的质量　　　人力和物力资源的调动

图 5.6

明宪宗朱见深在位的 22 年，虽然没有什么卓著的功绩，但是在对外关系方面，还算是起到了守成的作用，特别是在其父英宗犯下贸然出兵、被俘"土木堡"的错误后，宪宗在对待侵犯边境的少数民族时特别引以为戒，一直强调要遵循祖制，坚持宽宥政策，始终反对使用武力。宪宗明确表示，"兵凶战危，岂可轻动？蛮夷为患，自古有之。但在防御有术而已。"在他看来，"兵犹火"，不仅不能克敌制胜，也不能获取国家安全，只有宽仁的政策才能确保国家长治久安。所以在《明宪宗宝训》的综合认知图中，宪宗的国家安全战略选择都集中在最温和的"内部改革，国内统治的质量"这个层次，认为仁政的力量不仅有助于国家安全，而且能够退却犯边的少数民族。而对于"军事准备，使用武力"，他则是明确否定其对于"敌人的失败、投降"和"国家安全"的作用。

7. 明孝宗的战略思想

明孝宗朱祐樘（1488—1505，年号弘治）在位 17 年，《明孝宗宝训》中记载他处理与夷狄关系的事务并不多，主要反映的是他的怀柔远人政策：

（1）○弘治四年七月壬寅

甘肃镇守等官奏，"罕东等卫头目剌麻朵儿只等劫西番哑阿族部落，掠其头畜以归"。事下兵部覆奏谓，"罕东劫掠西番，越我边境，不知畏忌，渐不可长。请勒镇巡等官遣人往谕罕东等从违利害，并以此意遍告西番诸族，自今更不得构怨启衅"。

上曰："罕东劫掠西番，越我边境，不可不为之制，其如议行之。"（卷三 驭夷狄）

译文：

弘治四年（1491 年）七月，甘肃镇守等官员上奏，"罕东等卫所的头目剌麻朵儿只等人劫掠西番哑阿族部落，抢走了他们的头畜"。事下兵部复奏说，"罕东劫掠西番，进入我边境而不知畏忌，这种风气不能助长。恳请朝廷下令镇守和巡抚等官员派人前往告谕罕东等卫，使其知晓利害关系，并且把朝廷的意思转告给西番各族，也让他们不要因怨恨而挑起边境纷争"。

孝宗说："罕东劫掠西番并且进入我边境，的确不能不制止，就按你们商议的办法执行吧。"

这一记载表明，孝宗时期针对边境少数民族的纷争，即使是兵部的大臣们都主张采取抚慰和告谕的政策，而不是急于用武力解决这种安全隐患。由此可见，当时明朝政府对以仁政获取国家安全战略的认同，这也就是肯定了"内部改革，国内统治的质量"与"国家安全"的正向因果关系。

（2）〇弘治六年九月丁酉

云南孟琏长官司土官舍人刁派罗死，其妻招曩猛年二十五，守节二十八年无玷。云南都指挥使司奏其事。礼部覆奏，以为宜出常例，不俟核实，即与旌表，以顺夷情。

上曰："朕以天下为家，方思弘名教，以变夷俗。其有趋于礼义者，乌不可加奖励。孟琏刁派罗妻招曩猛贞节既可嘉，宜即令所司显其门间①，庶使远夷益知向化。"（卷二 表节义）

译文：

弘治六年（1493 年）九月，云南孟琏长官司土官舍人刁派罗死时，其妻招曩猛当年只有二十五岁，此后一直为其守节长达二十八年。云南都指挥使司将这件事上奏朝廷。礼部复奏，认为这件事不必遵循惯例，不用等待核实就要予以表彰，这样做才符合夷狄的实际情况。

孝宗说："朕把天下百姓都视为一家，所以才希望弘扬名教，进而改变夷俗。夷狄中有遵循礼义者，当然不能不予以奖励。孟琏刁派罗的妻子招猛曩坚守贞节的确值得表彰，应当现在就命相关官员在她家门前刊石立碑，希望能够促使其他的远方夷狄也都知道接受教化。"

---

① "门间"代表家庭的社会地位。"显其门间"就是提高家庭的社会地位。"刊石立碑，显其门间"是古代表彰贞节女子的通常做法。

地方官员主动上报边境少数民族遵循礼义的事迹，并且得到礼部和孝宗的一致赞同与表彰，这说明当时的君臣都非常看重礼仪教化对维持友好华夷关系的作用，也就是强调"内部改革，国内统治的质量"与"国家安全"的正向因果关系。

(3) 〇弘治七年九月壬子

朝鲜国海南夷十一人以捕鱼为飓风漂其舟至福建漳州府，时无译者，莫知其所自来，福建守官送至京。大通事①译审，乃得其实。上命给之衣食，候其国进贡陪臣还日归之。（卷三 恤远人）

译文：

弘治七年（1494年）九月，朝鲜国海南夷十一人在捕鱼时遭遇飓风，将其渔船吹到了福建漳州府，当时没有译者，因此也没人知道他们来自何处，福建守官只好将他们送到京城。大通事经过翻译和调查后，才知道事情的原委。于是，孝宗命人赏赐他们衣服和食物，并且让他们等待朝鲜国进京朝贡的时候随陪臣一起回国。

这一记载反映的是当时明朝政府与附属国朝鲜的友好关系，对其百姓也倍加体恤，反映了明朝君主一再强调的"华夷一家"主张，其目的当然是想通过仁政确保国家的长治久安，因此也是在肯定"内部改革，国内统治的质量"与"国家安全"的正向因果关系。

(4) 〇弘治八年二月甲戌

广西上思州头目黄政斋弘治七年冬至节表笺过期始至，且不由本布政司类进，礼部请治其罪。

上曰："思州去京师道里甚远，进表笺过期，兼不由布政司

---

① 通事即翻译官，大通事是指级别很高的翻译官。

类进，不为无罪，但念其远人，其特宥之。"（卷三 恤远人）

译文：

弘治八年（1495 年）二月，广西上思州头目黄政带着已经过期的弘治七年冬至节朝贡的表笺来到京城，而且不是通过其布政司类进京的。礼部奏请将其治罪。

孝宗说："思州距离京师路途十分遥远，黄政进京的表笺已经过期，加之他不通过布政司类进京，虽然不能说无罪，但是鉴于其乃远人，就特赦他吧。"

对于没有严格遵守朝贡制度的远夷，孝宗也特别给予宽宥，当然是因为在明朝政府看来，朝贡的目的是维持和平关系，只要这个目的实现了，孝宗认为可以不必计较形式，他还是希望通过仁政确保国家安全，也就是在强调"内部改革，国内统治的质量"与"国家安全"的正向因果关系。

（5）○弘治八年十月丁丑

占城国王古来奏其国累被安南侵地杀人不已，因遣从子沙古性诣阙，请命大臣往为讲解，词甚哀下。廷臣集议，谓故事无遣大臣为外夷讲和者。请下两广守臣移文安南，谕令敦睦邻好，返其侵地，兼谕古来抚绥人民，修饬武备，为自立之计。事定，令两国各具实以闻。议上。上意欲遣官大学士徐溥等。言春秋传曰，王者不治夷狄，盖驭夷之法与治内不同。安南虽奉正朔，修职贡，终是外夷，恃险负固，违越侵犯之事往往有之。累朝列圣大度兼包，不以为意。若占城尤小而疏，今若降勒遣官远至其国，徒掉口舌，难施威力，海岛茫茫，无从勘验，彼岂能翻然改悔？举数十年之利，一旦弃之，小必掩过饰非，大或执迷抗令，致亏国体，贻患地方。当此之时，何以为处？若置而不问，则损威愈多，若问罪兴师，则后患愈大。况今国计之虚实何如？兵马之强弱何如？而欲费不赀之财，涉不毛之地，为无益之举，尤不可也。盖夷狄相攻，乃其常性。今占城名号如故，朝贡如故，境土侵夺，有无诚伪，尚未可知。情虽可矜，理难尽许。但令有司行文谕之足矣。何必上瀆①圣虑，特为遣官？况朝廷大事未有不询于群臣者。今众口一辞，以为未可。臣等居密勿之地，膂腹心之托，若不为皇上言之万一，事有乖张，死莫能赎，所以不避烦渎者，实为宗社生民计，非敢苟同与众也。如时势可为，事理无害，臣等自当赞皇上行之，何敢故为此逆耳之言哉？上嘉纳之，遂从众议。（卷二 听言）

译文：

弘治八年十月丁丑，占城国王古来上奏说其国多次被安南侵犯，土地被掠夺，人民被杀害，因此才派其次子沙古性来到京城，请求朝廷派大臣前往安南为其讲和。古来的言辞十分哀怨。大臣们集体商议，认为自古以来没有派大臣为夷狄讲和的先例，应当派下两广的守臣给安南发诏谕，令其与邻国修好，归还侵占的土地。同时也诏谕古来，安抚人民，整饬武备，增强自我保护能力。事情办妥后，还要命令两国如实上奏。大臣们就此与孝宗商议。孝宗有意派遣大学士徐溥等人前去讲和。于是大臣们又说："春秋传中有言'王者不治夷狄'，是因为为治理夷狄与治理中原的方法不一样。安南虽然遵守规矩，按时朝贡，但终究是夷狄，往往会仗势侵犯邻国。历朝圣主都包容大度，不与其计较。何况占城是如此小国，即使朝廷不远万里降敕遣官，白费口舌，也很难施加影响。而且，当地是茫茫海岛，根本不能验证是否有侵占事实，安南又岂能翻然改悔？享用了几十年的好处，一旦丢失，安南势必不从，轻则拒不承认，重则公然抗令，从而导致危害国家和百姓的后果。果真出现这种局面，该如何处理？如果置若罔闻，一定损害国威，如果兴师问罪，一定后患无穷。况且，皇上也知道如今的国力虚实和兵马强弱，浪费钱财，远涉不毛之

---

① 通"勤"。

地，从事这样毫无益处的举动，实在不可行。更何况，相互攻击是夷狄的本性使然。如今，占城名号未变，仍旧如期朝贡，有没有被安南侵夺领土的事情还无从证实。虽然值得同情，但却未必占理。只需让相关官员诏谕他们就是了，何必烦劳皇上操心，还特地派遣官员？又何况，朝廷大事没有不征求大臣们意见的。如今大臣们一致认为不可行。臣等身居要职，受朝廷重托，如果不向皇上讲明是非，一旦出事，罪不能赦。之所以如此劝谏皇上，实在是为社稷百姓考虑，决不敢人云亦云。假如真是形势允许，且不违背事理，臣等当然会支持皇上，又怎敢故意说这些逆耳之言？"孝宗对此表示赞许，随后接受了大臣们的建议。

这一记载充分表明了，在朝贡体系下，作为核心的明朝政府维持与周边少数民族政权朝贡关系的目的是确保和平，而非控制小国。尽管历史上也有中央政权应小国之请为其出兵抵御侵犯之敌的事实，但是作为中央政权的君主和大臣们，努力追求的是体系内各国的和平共处，无论是用和平还是武力的方式，中央政权其实都不希望对周边政权予以干涉，对干预周边事务都持极其慎重的态度。这一记载中，孝宗皇帝对占城与安南的和平非常关心，所以愿意派重臣前去帮助讲和。大臣们同样是出于国家安危的考虑，力劝孝宗不予干涉，并且鲜明指出了过多干预得不偿失，招致武力更是危害国家安全。君臣两方的主张虽有不同，观点都是肯定"内部改革，国内统治的质量"与"国家安全"的正向因果关系，否定"军事准备，使用武力"对"国家安全"的作用。

（6）○弘治十六年十月辛丑

先是琉球国王遣使人吴诗等乘舟之满剌加国，遇风舟覆，诗等一百五十二人漂至海南登岸，为逻卒所获。广东守臣以闻。上命运诗等于福建守臣处，给粮养赡，候本国逆贡使臣去日归之。（卷三 恤远人）

译文：

弘治十六年（1503 年）十月，此前，琉球国王派使臣吴诗等人乘船到满剌加国，结果遭遇风暴打翻了船，吴诗等一百五十二人漂流到海南上岸，被巡逻的士兵抓到。广东守臣把这件事上奏朝廷。孝宗乃下令吴诗等人就留在福建守臣处，由朝廷给他们配发粮食，等待琉球国前来朝贡的使臣一起回国。

该记载一方面反映了明朝政府与琉球国的友好关系，另一方面也体现了明朝政府的怀柔远人政策。孝宗对落难中原的琉球国使臣如此优恤，当然是基于通过实行仁政确保国家长治久安的考虑，所以还是在强调"内部改革，国内统治的质量"与"国家安全"的正向因果关系。

根据上述文献分析，绘制《明孝宗宝训》的综合认知图如下：

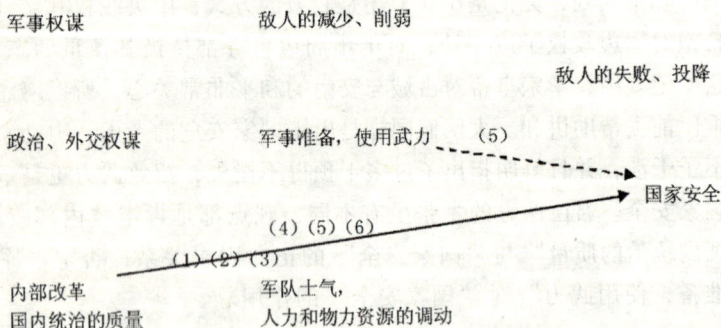

图 5.7

明孝宗朱祐樘在明朝历史上是一位励精图治的皇帝，在位期间实现了明朝中期的太平盛世，史称"弘治中兴"。尽管他在位的 17 年处理华夷关系的事务并不多，但是观点主张非常集中明确，就是通过实行仁政确保国家安全。所以在《明孝宗宝训》中的相关记载，都是反映他对边境少数民族和朝贡国的体恤与优待，以及希望通过教化的力量获得国家长治久安的努力。《明孝宗宝训》的综合认知图也非常简单，就是在"内部改革，国内统治的质量"与"国家安全"之间建立了正向因果关系，同时也否定了"军事准备，使用武力"对"国家安全"的积极作用。

8. 明武宗的战略思想

明武宗朱厚照（1506—1521，年号正德）是明朝历史上因其荒淫无度、不理朝政而备受批评的皇帝，《明武宗宝训》中对他处理华夷关系的记载非常少：

（1）○正德二年五月己酉

命朝鲜国李隆之弟晋城君怿署理国事。

隆病无嗣，奏请以国事付怿。礼部议移文核实。至是，其国议政府县举国公议申请。礼部又言："隆虽病，必其不愈而果于无嗣也。况怿既有贤称，亦岂肯自处于薄？宜令暂署事，务以忠孝自存，俟隆卒，乃具奏议封。"

上从之，赐之勅曰："尔兄国王隆以世子觟①天亡，哀恸成疾，无他子姓。令尔权署国事，请命于朝。尔国宗戚群臣咸奏，'尔为王亲弟，孝友好学，夙有令望，宜代承先绪'。而尔乃以不敢自明益增隃越为辞。上下之间交尽其道。顾封国事重，特下礼官及廷臣佥议。以为古者兄弟有相及之义。但尔国素号秉礼，而尔方执谦处厚。兹特命尔署理本国大小庶务，以国王体统行事。尔尚益教孝睦以系群望、统厥臣，庶绥尔家邦。朕将有后命焉。钦哉。"（卷二 驭外国）

译文：

---

① 读 huǎng。

正德二年（1507年）五月，朝廷任命朝鲜国王李隆的弟弟晋城君李怿处理国事。李隆病重且没有子嗣，于是他奏请朝廷把朝鲜国事交给其弟李怿处理。礼部审议后要求予以核实。这时候，朝鲜国的议政和府县官员们又奏请朝廷任命李怿为国公。礼部则说："李隆虽然病了，其不能康复一定是因为失去了子嗣。况且，李怿既然以贤者而闻名，又怎能置自己于不义？还是让他暂时处理国事，务必尽忠尽孝，等将来李隆死后，再上奏朝廷讨论册封的事"。

武宗接受礼部的建议，并诏谕李怿说："你的兄长李隆因为儿子李䫬夭折而太过伤心以至病倒，而他又没有其他子嗣，所以才请求朝廷任命你来处理国事。你国的皇族和大臣们也都上奏说：'你身为国王的亲弟弟，既谨遵孝悌又十分好学，一向很有威望，完全可以继承王位。'而你自己则以唯恐有负众望而相推辞。可以说，你们君臣之间都做得很符合道义。鉴于册封国王事关重大，朕特命礼部和朝廷的大臣们共同商议。他们认为兄弟之间继承王位符合自古以来的道义。但是你朝鲜国一向坚持礼仪，你本人也谦虚仁厚。所以，现在朝廷就特别任命你处理本国大小事务，按照朝鲜国王的规矩行事。你一定要更加明教化，讲孝悌，以保持声望，统领群臣，进而治理好你的国家。朕将来自会正式任命你。"

这一记载反映的是当时朝贡关系中的双方：明朝政府和朝鲜国都非常尊崇礼仪，说明明朝政府坚持对周边少数民族推行仁政和教化的政策效果显著，而正是这种仁政和教化确保了双方的和平友好关系。所以，这一记载还是在强调"内部改革，国内统治的质量"与"国家安全"的正向因果关系。

（2）○正德三年十月丙子

礼部以大通事王喜奏，"云南百夷缅甸及宣慰土官衙门例用三年一贡，今皆不通，宜移文镇巡等官，以时促之"。

上曰："土官贡赋自有旧制，其勿纷扰，仍行各省镇巡等官知之。"（卷二 优远人）

译文：

正德三年（1508年）十月，礼部转呈大通事王喜的奏折，说："云南百夷缅甸及宣慰土官衙门都是沿用三年一贡的制度，现在都行不通了，恳请朝廷通知巡抚、镇守等官员，督促他们增加朝贡。"

武宗说："关于土官的贡赋问题已经有既定的制度，不仅不能给他们增加负担，还要让各省的镇守和巡抚官员们都知道朕的意思。"

这一记载反映的是武宗坚持对周边少数民族的怀柔远人政策，不同意增加朝贡进而增加周边民族的负担，这说明在武宗看来朝贡也是只是形式，目的是维持与周边民族的和平友好关系，所以这还是在强调"内部改革，国内统治的质量"与"国家安全"的正向因果关系。

根据以上论述，绘制《明武宗宝训》的综合认知图如下：

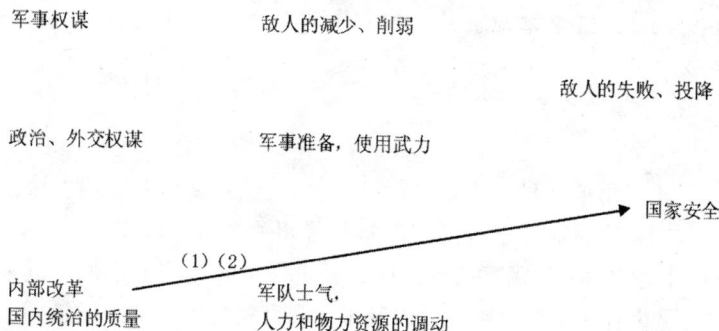

军事权谋　　　　　　　敌人的减少、削弱

　　　　　　　　　　　　　　　　　敌人的失败、投降

政治、外交权谋　　　　军事准备，使用武力

　　　　　　　　　　　　　　　　　　　　　　　　　　　国家安全

　　　　　　　　　　（1）（2）

内部改革　　　　　　　军队士气，
国内统治的质量　　　　人力和物力资源的调动

图 5.8

通过《明武宗宝训》对武宗处理对外关系事务仅有的这两处记载，我们可以清楚看到他的战略主张非常明确就是通过实行仁政和礼仪教化的力量确保与周边少数民族的和平相处，也就是肯定"内部改革，国内统治的质量"与"国家安全"的正向因果关系。尽管崇尚武功，一心向往建功立业的这位君主在其执政中后期主要镇守在北部边境，并且因此而疏于朝政，备受批评，但是他对待与周边少数民族朝贡关系的态度也只是基于和平的目的，并不希望主动控制和干预周边政权。另外，武宗驻守北部边境也只是防御少数民族来犯，并未主动进攻消灭其有生力量。所以，他的国家安全战略主张与其前代君主们还是一脉相承的。

9. 明世宗的战略思想

明世宗朱厚熜（1522—1566，年号嘉靖）虽然执政时间很长，但是《明世宗宝训》中关于他处理对外关系事务的记载并不多，能够找到的相关记载主要是：

（1）○嘉靖元年二月乙巳

工部以急缺赏赐夷人衣服段疋，请行各抚按严督所属查解。

上曰："赏赐夷人段疋，轻重尺度俱有定式。迩来有司纵令侵克，以致滥恶不堪，殊失朝廷怀柔至意。该部备查先年罚俸、降调事例通行，各抚按管申明禁约，有侵欺违误者，如例罪之。"（卷九 怀远人）

译文：

嘉靖元年（1522 年）二月，工部就急缺赏赐夷狄的衣服段匹一事，奏请朝廷要求各抚按严格监督相关部门进行调查。

世宗说："赏赐夷狄的段匹，轻重尺度都是有规定的。近来相关官员纵容属下肆意克扣，以至于赏赐夷狄的段匹都品质极差，很不符合朝廷怀柔远人的心意。责令工部按照往年的规矩予以罚俸、降职或调离。各抚按也要申明禁约，有违规者一律按例处罚。"

　　对朝贡的周边少数民族给予赏赐是明朝政府怀柔远人政策的重要内容，世宗要求对克扣这些赏赐的人员予以处罚是因为他们的行为损害了朝廷的怀柔远人政策，进而也就可能影响华夷关系的友好，甚至可能危及国家安全。所以这还是在强调推行仁政的作用，也是肯定"内部改革，国内统治的质量"与"国家安全"的正向因果关系。

　　（2）〇嘉靖三年二月庚子

　　上谕礼、兵、工三部，"迩来女直并朵颜等卫进贡夷人经过地方府县、卫所、驿边等衙门，多有不行照例应付管待，及至到京赏赐段疋①等物又多稀松短少，不称朝廷抚待远人之意。你各衙门便查点旧规，议处来说"。已三部臣各议上。上谕礼部曰："今后各处夷使朝京，着光禄寺用心照例管待。应得赏赐你部里随即开领给与上紧发回，免致迟留在馆。"谕兵部曰："各处朝贡夷人经过去处，各该巡抚都御史依拟出榜晓谕各属，查照旧例应付管待，以称朝廷怀柔远人至意。有违误侵克者，提问发遣俱依拟行。"谕工部曰："今后解到段疋，如有纰松短少不堪赏用及违误限期者，务要查照先年罚俸、提问、降革事例，严加惩治，不许徇情轻纵。"（卷九 怀远人）

　　译文：

　　嘉靖三年（1524年）二月，世宗诏谕礼、兵、工三部说，"近来女直和朵颜等卫进京朝贡的夷狄经过地方府县、卫所、驿边等衙门时，很多衙门都没有按规定招待他们。等来到京城后，朝廷赏赐给他们的段匹等物品又有很多是品质差或者不够数量的。这实在不符合朝廷怀柔远人的政策。现命你部各衙门参照原有的规定，上报朝廷如何处理"。三部的大臣们分别上奏后。世

---

　　① 同"匹"。

宗诏谕礼部："今后各地进京朝贡的夷狄使臣，都命光禄寺按规定用心招待。应给的赏赐，你部要立刻领取并发放，其余则速交回，不能滞留在驿馆。"世宗诏谕兵部："各处朝贡夷狄经过的地方，相关巡抚和都御史都要榜示通知相关部门，按照原有的规定给予接待，务必尽到朝廷怀柔远人的心意。如果有人违反规定从中克扣，一律按例审查和处理。"世宗诏谕工部："今后送到的段匹，如果有品质不好或数量不够不能用于赏赐的，或者是送到的期限延误了的，务必要按照往年的罚俸、审查、降职和革职规定予以严惩，不得徇私情而从轻发落。"

世宗就对朝贡周边少数民族的招待和赏赐问题特别诏谕礼部、兵部和工部，要求三个部门拿出具体的解决方案，然后又分别指示三个部门严格执行相关规定，对违规者严惩不贷。这件事无论就决策的程序还是处理的程度来说，都反映了世宗对怀柔远人政策的高度重视，也说明了他非常肯定"内部改革，国内统治的质量"对"国家安全"的作用。

(3) ○嘉靖六年十二月癸亥

土鲁番款①关求贡。上下廷臣议未决。尚书桂萼疏，"请乘其来而急抚之，因贡以献还哈密城池，时不可失"。

上然之，谕大学士杨一清曰："萼所奏哈密事情甚说得是，待议来，如果可，即奏行。若彼有不顺之词，我则选将出师，伐其罪状，复其忠顺之爵，西边之患方得宁息。朕意以此，未知何如，预与卿计。"一清奏请及其求和之时，遣使宣谕，许之自新。而中国因以其间修守战之备，庶恩威两得，后患可弭。

上报曰："卿昨具议回奏甚详。但欲夷情伏顺，必先将我边失事人员悉以问罪，方可服夷酋也。而土鲁番上逆天道，背负祖宗厚

———————————

① 款：至，到。

恩，轻我中国，害我边民，其罪甚大，当要遣将征剿，方示中国之威。但恐滥及无罪。为今之计，以朕意，内则选将练兵，一面委官前去整理粮草，就着暗整兵备；一面将求和夷使留质边方；一面将先今失误国事勾惹边患的通行拿问，治以重罪；一面选委有胆力、通夷情、练达通事一人赍①持抚谕诏书亲谕速坦满苑儿，如果悉遵诏命，悔罪来降，方宥罪如故⋯⋯"（卷九　驰夷）

译文：

嘉靖六年（1527年）十二月，土鲁番到边关请求朝贡。朝廷上下不知如何决策。尚书桂萼上疏，"请求朝廷趁机对其加以安抚，并借朝贡的机会要求他们归还哈密城池，切勿丧失时机"。

世宗同意桂萼的提议，并对大学士杨一清说："桂萼所奏关于哈密的事情很有道理，你们商议一下，如果可行，就上奏朝廷予以落实。如果他们还是不肯归顺，我们就选将出师，讨伐他们的罪行，另立忠顺的王爵，从而平息西部的边患。这是朕的意思，不知是否妥当，希望与你商量。"杨一清恳请圣上等土鲁番求和的时候，派使臣告谕，允许他们改过自新。在此之前，则要严加防范，以确保恩威政策两手准备，进而可以消除后患。

世宗再赐诏书说："爱卿昨天回复的奏折非常详细。但是，想要让夷狄顺服，首先要将有过失的边防人员一律问罪，这样才可能取得夷狄首领的信任。土鲁番违背天道，也辜负我祖宗的厚恩，轻视我中国，危害我百姓，其罪过之大，朝廷本该出兵征剿，才能够显示我中国的威严。然而，朕又担心出兵会伤害无罪之人。如今的办法，朕以为我们要选将练兵，一面派官员前去边关整理粮草，同时也整理军队和装备；一面将前来求和的土鲁番使臣先留在边关；一面将此前耽误国家大事，勾结夷狄招惹边患的人全部捉拿审查，治以重罪；一面选派一位既有胆力又了解夷狄的情况，且经验丰富的通事带着朝廷的抚谕诏书亲自去劝慰速

---

① 赍（jī）：持有、携带。

坦满苑儿，如果他们都遵守诏命，悔罪来降，朝廷就像从前一样宽宥他们……"

面对叛服无常的土鲁番部落，世宗及其大臣们进行了非常谨慎的决策，既考虑边疆安全，又兼顾朝廷的怀柔远人政策。为了不诉诸武力，世宗更是非常详细地安排了多重准备，既从内部整治着手增强防御能力和取得边境少数民族的信任，同时又积极抚慰土鲁番部落，宽宥其犯边的罪行，目的就是希望恢复双方的和平关系。由此可见，世宗对以仁政获取国家安全的坚持，所以这也是在肯定"内部改革，国内统治的质量"与"国家安全"的正向因果关系。

(4) ○嘉靖八年正月丙午

上谕大学士杨一清曰："兹提督官张永故。朕求堪代彼者，不得一人。夫武备今已废，甚恐未副我祖宗列圣建立之意。但思永乃卿与璁所荐，今欲求代之者，卿可与璁勿自负前忠，即举二三来用。亦勿以已行者为阻。"

……上复报曰："前日所论用人一事，急难于得，且待大祀毕，别议，故朕谕承勋等行事。又近岁星变，人皆欲用人以待征讨为必然之势。朕谓此非星变，实妖星也。朕无德所致，恐不重务用兵，大为民害，只可内修德政，外抚边境，存恤百姓，以消祸变。而专务用兵以备征讨，实逼乱之机。武备固不可不整，亦恐临期无益，要当常加修饬可也。卿勿惑听人言，当加之思。昨世宁之意亦为是焉。马昊恐为滥用。"（卷九 饬兵政）

译文：

嘉靖八年（1529年）正月，世宗对大学士杨一清说："如今提督官张永死了，朕想找可以替代他的人，却一位也找不到。我朝的军事防御现在已经荒废，朕十分担心会辜负我祖宗列圣建立武备的初衷。想到张永乃是爱卿与张璁推荐，现在朕想找人接

替他的职位，爱卿与张璁不要背弃了以往的忠诚，即刻为朕再推
荐二三人来吧。当然也不排除已经任用的人。"

　　……世宗再赐诏书说："前天我们讨论的用人之事，太过着
急恐怕很难找到，还是等祭祀大典结束后再商量吧。朕已经派承
勋等人先代行职务了。另外，最近发生的星变，人们都说预示着
朝廷必然要出兵征讨。朕则认为这不是星变，其实是妖星。朕即
使再无德，恐怕也不会穷兵黩武，伤害百姓。朕以为，只需对内
修整德治，对外安抚边境，体恤人民，这样就能够消除祸患。只
考虑用兵以备征讨，那实在是迫不得已要平息叛乱的情况下才会
采取的措施。武备当然不能不整饬，但是等到用时才整饬恐怕就
没用了，关键是平时要常加修建。爱卿不要盲目听信别人的话，
任何时候都要自己思考。昨天世宁也是这个意思。马昊恐怕就是
滥用武力的例子了。"

　　这一记载反映了世宗的积极防御思想，强调确保国家安全的
办法是"内修德治，外抚边境"，而反对轻易使用武力。世宗还
特别指明了穷兵黩武的危害，不仅有损君主的统治形象，而上祸
及百姓，不利于国家的长治久安。这就是在肯定"内部改革，国
内统治的质量"与"国家安全"的正向因果关系，同时否定了
"军事准备，使用武力"对"国家安全"的作用。

　　(5) ○嘉靖十年二月壬申

　　改东北夷正旦朝贺于冬至。谕礼部曰："洪惟我圣祖高皇帝
混一区宇，奄有万方，华夷蛮貊罔不在籍。今朕遵圣祖之制，于
每岁冬至祗行天祀之礼①成庆宴。此时无尔朝鲜国及大宁等卫使
臣在，故今岁未得与宴。尔礼部便行文与朝鲜国等处，如彼克遵
故典，可每岁元旦之贡移于冬至之前入贺，然不有负我圣祖柔远

---

① 资料原文此处有一字无法辨认。

待夷之意。"（卷九 怀远人）

译文：

嘉靖十年（1531年）二月，朝廷把东北夷狄朝贡的时间由元旦改到冬至。世宗诏谕礼部说："伟大当属我圣祖高皇帝，统一天下，坐拥四海，华夷蛮貊无不臣服。如今朕谨遵圣祖之制，于每年冬至时行天祀之礼并设宴庆祝。这时候朝鲜国和大宁等卫的使臣都不在，所以今年也没能与他们共同宴饮。你礼部可以送诏书给朝鲜国等处，如果他们愿意遵循旧制，就让他们把每年元旦的朝贡改到冬至之前进京吧，这样也不辜负我圣祖怀柔远人的心意。"

世宗羡慕太祖高皇帝的丰功伟绩，希望把怀柔远人的恩惠尽可能推广，所以他要求把朝鲜国等东北地区少数民族的朝贡时间改到冬至，以便让他们参加行天祀之礼后的宴饮。显然，世宗是希望通过仁政的力量加强与周边少数民族的和平友好关系，也就是肯定"内部改革，国内统治的质量"与"国家安全"的正向因果关系。

（6）○嘉靖二十一年十一月丙辰

安南夷目莫福海述其故祖登庸遗命，愿始终恭顺天朝，乞准袭职。巡抚蔡经以闻。

上曰："莫登庸未授职而死，观其属纩①之言犹切恭顺，亦可矜悯。着蔡经会同总督等官查堪死无故，及莫福海是否系伊真正嫡孙。务得的实，方将降去勅印，许令赴阙亲领回司袭职。事就，着保勘明白，别具奏来。"

已而经等勘实。上命福海袭安南都统，使赐之勅，曰，"朕惟帝王以天下为家，欲使万物各得其所，无间遐迩。尔安南逸处南服，世修职贡。近年朝贡不致，实惟尔祖登庸之罪。已命官往

———
① 属纩（zhǔ kuàng）：病重将死。

勘征讨。尔乃能悔罪改过，恭上降表备陈私相授受之非，愿献土地人民听朝廷处分。尚书毛伯温等奏报兵部集议，题请谓尔祖登庸畏威感德，输情待罪。朕仰体上帝好生之德，俯顺下民欲逸之情。一切赦之，革去国号王封，授以都统使之职，赐从二品银印，俾奏正朔朝贡，许其子孙承袭世守地方，实为尔类永利也。兹该镇巡官奏称尔祖登庸病故，尔系嫡孙，且能备陈尔祖纳款之诚，属纩之言，亦可谓善承祖志者矣。特命袭尔祖都统使之职，仍降勅谕尔其益竭忠诚，恪修职贡，抚理夷众，安静地方，以称朝廷怀柔至意，用副尔祖恭顺之诚，永为多福，顾不美钦？"（卷九　驰夷）

译文：

嘉靖二十一年（1542 年）十一月，安南夷狄的首领莫福海根据其已故祖父莫登庸的要求，愿意始终恭顺朝廷，恳请朝廷恩准其继承职位。巡抚蔡经上奏这件事。

世宗说："莫登庸还没有被授予职位就死了，看他临终前的话甚为恭顺，也非常可怜。现命蔡经与总督等官员一起调查莫登庸的死亡是否正常，以及莫福海是否真是他的嫡孙。务必核实以后，才能授予勅印，并让他进京亲自领取然后回去继承职位。这件事办完后，要向朕详细汇报。"

蔡经等人已经调查清楚了。世宗才任命莫福海继承安南都统的职位，并颁赐诏书对他说："朕身为帝王，视天下为一家，只希望世间万物各得其所，不分远近。你安南偏安南服，世代朝贡。最近拒绝朝贡，的确是你祖父莫登庸的过错。朝廷已派官员前去讨伐。你能够反省错误并改过自新，在给朝廷的降表中详细承认了私相授受的过错，自愿把土地和人民交还给朝廷。尚书毛伯温等人上奏了兵部的集体意见，恳请朕体谅你祖父莫登庸能够畏威感德，对你们从轻发落。朕对上感念苍天好生之德，对下体恤百姓希望安定生活的心情。决定对你们的罪行一律赦免，只革除安南国号和王位的册封，改任安南都统使一职，赏赐从二品银印，允许在正朔①时朝贡，并恩准子孙世代继承职位。这实在是对你们的永久恩惠。现在，当地镇巡官员上奏说你祖父莫登庸病故了，你是他的嫡孙，而且能详细陈述他归顺的诚意和临终的遗言，由此可见你能继承祖父的遗志。故特任命你继承祖父的都统使职位，并且诏谕你务必忠诚于朝廷，恪尽职守按时朝贡，治理好百姓，保地方平安，既符合朝廷怀柔远人的心意，也不辜负你祖父恭顺的诚心，进而永享太平之福，岂不是好事?"

与安南的关系一直是明朝对外关系中的重要内容之一，从几代明朝君主的宝训记载中可以看到，他们都希望平息安南的内乱，与安南和平相处。世宗对莫福海请求接管安南的决策格外谨慎说明了他对明朝政府与安南关系的重视，他和兵部大臣们都主张对安南的叛乱予以宽宥，决定与安南恢复朝贡关系，希望借此安抚百姓，确保国家安全。这当然是在强调"内部改革，国内统治的质量"与"国家安全"的正向因果关系。

根据上述文献分析，绘制《明世宗宝训》的综合认知图如下：

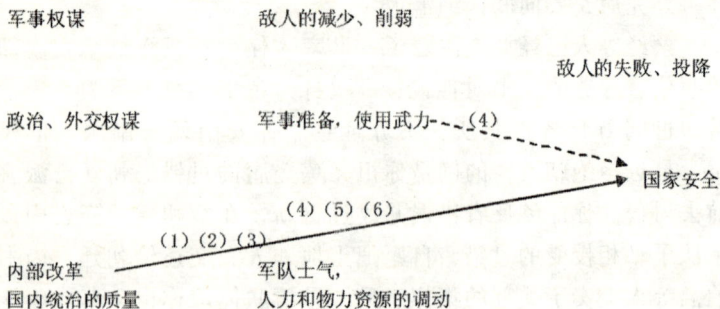

图 5.9

---

①　正朔：指一年的第一天开始的时候。正和朔分别为一年和一月的开始。

明世宗在位四十多年，虽然也算不上一位励精图治的好皇帝，特别是他执政中后期，《明世宗宝训》中都很少有关于他处理华夷关系的记载。但是从我们可以找到的记载中，可以肯定地看出，他非常重视执行怀柔远人政策，希望用仁政的力量确保与周边少数民族的友好关系。他秉承前代君主怀柔远人的一贯政策处理华夷关系，同样反对轻易使用武力，而是认为对待外夷要以防范为主，以和为贵，能够宽宥的尽量宽宥，以维持双方的和平相处为目的。他明确表示"朕惟帝王以天下为家，欲使万物各得其所，无间遐迩"，只有"内修德政，外抚边境"，才能达到长治久安。所以他的国家安全战略选择也都集中在最为温和的方式，主张通过"内部改革，国内统治的质量"获取"国家安全"，同时也明确否定了"军事准备，使用武力"对"国家安全"的作用。

10. 明穆宗的战略思想

明穆宗朱载垕（1567—1572，年号隆庆）虽然执政时间不长，但是《明穆宗宝训》中关于他处理华夷关系的记载并不少：

（1）○隆庆元年十月乙酉

上日讲毕，问大学士徐阶等以石州陷，故谕令选将调兵加意防守。于是，户部都给事中魏时亮上言，"比者陛下因阅御史奏而忧及虏寇，又于日讲之后问辅臣以石州事，此二事仰见我皇上之加意勤政，乃安攘之大本也。愿益推此心，远法帝尧之无怠无荒，近法孝皇之召问大臣，俾司马强兵、司徒足食、宗伯教民以礼，令亲上死长，而冢宰①拣拔真才，以任群治如古六卿之职。而陛下独以神运之，则顺治威严而虏患不足平矣"。工科左给事中吴时来亦言，"圣情留意边防如此，虏已在目中。更望历召吏、

___
① 冢宰（zhǒng zǎi）：周代官名，又称太宰，为百官之首。

户、兵部问以督抚，得人若何？防守定计若何？钱粮接济若何？庶令当事者人人惕历，永保无虞"。上皆嘉纳之。（卷二 饬边防）

译文：

隆庆元年（1567年）十月，穆宗听完当日的讲读，向大学士徐阶等人问起石州沦陷的事，并且下令选将调兵加强防守。随后，户部都给事中魏时亮上奏说："早先，陛下看到御史的奏折而担心虏寇问题，又在日讲后询问辅臣石州的情况，从这两件事就可以看出圣上如此勤于政务，这正是确保国家安全的关键。希望圣上能够持之以恒，远可效法尧帝为政丝毫不懈怠，近可效法孝宗召问大臣，使司马加强兵政；司徒保证供给；宗伯传授百姓礼仪，让他们尽忠尽孝；冢宰选拔贤才，像古代的六卿①一样任用得当。如此一来，圣上只需下达指示，就能够治理有道，而虏寇也不足为患了。"工科左给事中吴时来也上奏："圣上这样关心边防事务，虏寇已经在我掌控之中。还望圣上逐一召见吏部、户部和兵部，询问督抚是否寻得贤才？是否防守有道？是否钱粮充足？希望相关人员都恪尽职守，如此才能确保永无边患。"穆宗对他们的建议都表示赞赏并接受。

明穆宗即位之初就对边境安全表示关心，其大臣也纷纷献策，认为皇帝的勤政是确保国家安全的关键，只要使官员都恪尽职守、加强边疆防御能力就可以确保国家长治久安。这都是在肯定"内部改革，国内统治的质量"与"国家安全"的正向因果关系。

（2）○隆庆元年十一月丙寅

朝鲜国权国事李昖遣陪臣沈铨入谢表贡马匹方物，因归我被

① 六卿：《周礼》把执政大臣分为六官，即天官、地官、春官、夏官、秋官、冬官，亦称六卿。后世往往称吏、户、礼、兵、刑、工六部尚书为六卿。

倭掠去人民陈满等二十余人。

上曰："李盼署国之初即效忠顺服，赐勅谕以旌之，仍赐白金百两、锦绮四匹、纻币十二表里，其获功人等赏金帛有差。"（卷二 怀远人）

译文：

隆庆元年十一月，朝鲜国权国事李盼派陪臣沈铨进京朝贡，不仅带来马匹方物，而且送回了我朝被倭寇劫掠去的百姓陈满等二十余人。

穆宗说："李盼刚刚执政就效忠顺服，朕要诏谕表彰他，并且赏赐白金百两、锦绮四匹、纻币十二表里，其他有功人员也都各自赏赐相应的金帛。"

穆宗即位之初就对进京朝贡的朝鲜国大加赏赐既是要表彰其忠诚，也是借此向世人宣告朝廷的怀柔远人政策，希望周边少数民族都明白只要与朝廷维持和平友好的朝贡关系就会得到好处。所以这也是在肯定坚持仁政对国家长治久安的作用，肯定"内部改革，国内统治的质量"与"国家安全"的正向因果关系。

（3）〇隆庆三年十二月辛酉

琉球国中山王尚元遣其臣守备由必都等归我被虏人口，守臣以闻。上嘉尚元屡效忠诚，赏银五十两，彩段四表里，仍赐勅奖励由必都等各银币有差。（卷二 怀远人）

译文：

隆庆三年（1569 年）十二月，琉球国中山王尚元派守备由必都等人送来我朝被掳掠的百姓，守臣将此事上报朝廷。穆宗为表彰尚元多次效忠朝廷，赏赐他白银五十两，彩段四表里，还下诏奖励由必都等人各自不同数量的银币。

这一记载同样反映的是穆宗通过赏赐效忠朝廷的周边少数民族而向世人表明自己的怀柔远人政策，希望借此获得更多周边少数民族的顺服，进而确保国家长治久安。所以还是在肯定"内部改革，国内统治的质量"与"国家安全"的正向因果关系。

（4）〇隆庆四年十月癸卯

虏酋俺答孙把汉那吉率其属阿力哥等十人来降。总督王崇古受令散处镇城会俺答攻略。西番闻变亟引还，约诸部兵入犯。崇古激各镇巡严兵御之……

上曰："虏首慕义来降，宜加优抚，其以把汉那吉为指挥使，阿力哥为正千户，各赏大红纻丝衣一袭……"（卷二 怀远人）

译文：

隆庆四年（1570年）十月，虏酋俺答的孙子把汉那吉率领其属下阿力哥等十人前来归降。总督王崇古受命带兵分布在镇城准备应对俺答，西番得到消息后迅速撤退并召集了各部落的军队来犯，王崇古也激励各镇巡的军队严加防范……

穆宗说："虏首仰慕道义前来归降，当然要加以优抚，现任命把汉那吉为指挥使，阿力哥为正千户，分别赏赐大红纻丝衣一袭……"

与蒙古俺答部落的关系在当时明朝的边境安全中至关重要，穆宗对俺答的孙子及其属下归降的任命与赏赐当然是想用仁政感动他们，换取他们与明朝政府的友好和平相处，这还是在强调"内部改革，国内统治的质量"对"国家安全"的积极作用。

（5）〇隆庆四年十一月丁丑

虏首俺答闻朝廷索叛人赵全等许归，把汉那吉乃令黄台吉罢兵遣使来谢，因乞封号及黄台吉官爵，求输马与中国铁锅、布帛互市……

上曰："虏首既输诚衰恨，且愿执叛来献，具见恭顺。其赏把汉那吉彩段四表里，布百匹，遣之归。封贡事，令总督镇巡官详议覆奏。"（卷二　怀远人）

译文：

隆庆四年十一月，虏酋俺答听说朝廷要回叛徒赵全等人，把汉那吉就命令黄台吉停止作战并派使臣进京，要求朝廷给予封号和黄台吉官爵，并恳请开通互市，用马匹交换中原的铁锅、布帛……

穆宗说："虏酋既然已经悔过来降，并且愿意交出叛徒，足见其恭顺。就赏赐把汉那吉彩段四表里，布百匹，送他回去吧。至于册封和朝贡的事宜，让总督镇巡官员们详细商议后再上奏。"

隆庆四年是明朝政府与北方犯边少数民族俺答部落恢复和平关系的重要一年，穆宗对把汉那吉的赏赐进一步表达了明朝政府希望和平的意愿。同时，穆宗对封贡事宜的谨慎态度还说明，通过仁政换取和平是明朝政府一以贯之的对外政策，并不随着武力防御犯边少数民族的实际效果好坏而轻率使用，是否建立朝贡关系完全取决于是否真正有助于双方的和平共处，既不是武力防范不奏效时采取的权宜措施，也不盲目追求臣服一切周边民族。这种宽容和谨慎的态度都是在肯定"内部改革，国内统治的质量"对"国家安全"的积极作用。

（6）〇隆庆五年三月己丑

封虏酋俺答为顺义王，赏大红五彩纻丝蟒衣一袭，彩段八表里，赐之勑曰："朕惟天地以好生之德，自古圣帝明王代天理物，莫不上体天心，下从民欲，包含遍覆，视华夷为一家，恒欲其并生并育于宇内也。我太祖高皇帝应天膺命，君主万方。成祖文皇帝顺天继统，镇抚九围，薄海内外，莫不臣服。适朕缵承丕绪于兹五年，钦天宪祖，爱养生灵，胡越一体，并包兼有。顷因尔孙来归，特命边臣护视，给其服食，厚加抚①纳，以礼遣还……尔能慕华内附，请命恭虔，可谓深识天道者矣。朕实嘉悦，特允所请，封尔为顺义王，尔弟尔子及诸部落头目俱授以都督等官。俾尔世居本土，逐草射猎，备安生业，同乐太平。朕代天覆帱②万国，无分彼此，照临所及，悉我黎元，仁恩惟均，无或尔遗。尔尚仰遵天道，坚守臣节，约束尔众，永笃恭顺，使老者得安，幼者得长，保境息民，世世安乐。朕国家应万年之天运，尔子孙亦保万年之福泽，岂不永有美利？……"（卷二　怀远人）

译文：

隆庆五年（1571年）三月，朝廷册封俺酋俺答为顺义王，赏赐大红五彩纻丝蟒衣一袭，彩段八表里，并诏谕说："朕知道天地都有好生之德。自古以来圣明的帝王代表天地管理万物，都是上体天心，下从民欲，恩泽遍及四海，视华夷为一家，希望他们在天地之间共同生活。我太祖高皇帝顺应天命，君临天下。成祖文皇帝继承大统，四方海内莫不臣服。自朕登基五年来，也是钦承天命效法祖宗，爱护百姓，对胡越③一视同仁。早先，你孙子主动归顺，朕特命边疆大臣予以照顾，赐给衣服和食物，优待安抚，并且根据礼仪将其送回。……你能够仰慕中华而归附于我，恳请朝廷予以册封，这说明你非常知晓天道。朕十分高兴，特恩准你的请求，册封你为顺义王，你的兄弟、子孙和各部落的头目也都授予都督等官职。让你们世代居住在当地，放牧打猎，安生乐业，永享太平之福。朕代表上天施恩于各国，不会区分彼此，凡是太阳普照到的地方都是朕的子民所在，朕都会平等对待，不会遗忘。你一定要仰遵天道，严格遵守做臣子的本分，管教好你的百姓，永远坚持恭顺，使老人都能安养天年，孩子都能健康成

---

① 抚（fǔ）：安抚。
② 覆帱（chóu）：覆盖，比喻恩泽荫庇。
③ 胡越：泛指北方和南方的少数民族。

长，既确保国家安全又让百姓休养生息，世世代代安生乐业。如此一来，不仅朕的国家可以永保天命，你的子孙也能永享福泽，岂不是好事？……"

隆庆五年，明朝政府终于顺利与蒙古俺答部落讲和，在对俺答册封和赏赐之后，穆宗又特别诏谕，重申明朝政府的怀柔远人政策，表达"华夷一家"的愿望，希望双方世代保持和平友好关系。穆宗诏谕中强调的正是推行仁政有利于国家长治久安的思想，所以也是在强调"内部改革，国内统治的质量"与"国家安全"的正向因果关系。

(7) ○隆庆五年八月乙卯

勅谕诸边镇督抚等官王崇古等曰："朕受天明命，君主万方，内夏外夷无不欲其得所。昨岁北虏款关求贡，议者纷纷，可否互异。朕方欲广并包之仁，故不责既往，纳其贡献，授官职，许为外臣。然夷狄之性叛服不常，制御之方，自治为要。近该辅臣建议请降勅谕申饬各镇文武诸臣及时整理边务，诚为安攘至计……"（卷二 饬边防）

译文：

隆庆五年八月，穆宗诏谕各边镇督抚等官员王崇古等人说："朕接受天命，君临天下，无论对华夏还是夷狄的百姓，朕都希望他们各得其所。去年北方胡虏到边关请求朝贡，人们议论纷纷，各执一词。朕则希望广施仁政，所以对他们既往不咎，接受了他们的朝贡，并且授予官职，让他们成为外臣。然而，夷狄本性叛服无常，制驭和防范他们的关键就是我们自己加强治理。最近相关辅臣建议朕诏谕各镇文武官员及时整理边务，这的确是确保边境安全和抵御夷狄侵犯的好办法……"

穆宗一方面主张"华夷一家"，对待边境少数民族要一视同仁；另一方面也强调确保国家安全的办法是提高国内统治的质量，增强防御能力。这正是明朝历代君主一直坚持的对外关系原则，都是希望通过仁政确保国家长治久安，也就是肯定"内部改革，国内统治的质量"与"国家安全"的正向因果关系。

根据上述文献，绘制综合认知图如下：

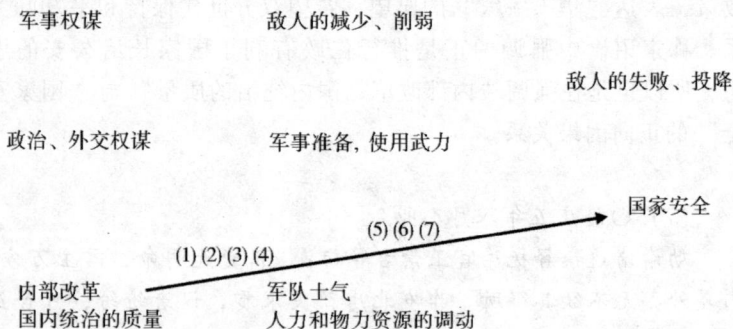

军事权谋　　　　　　　　　敌人的减少、削弱

　　　　　　　　　　　　　　　　　　　敌人的失败、投降

政治、外交权谋　　　　军事准备，使用武力

　　　　　　　　　　　　　　　　　　　　　　　国家安全

　　　　　　　　(1) (2) (3) (4)　　　(5) (6) (7)

内部改革　　　　　　军队士气
国内统治的质量　　　人力和物力资源的调动

图 5.10

明穆宗在位前后只有六年，但是他执政期间勤于政务，国家出现了一定的繁荣迹象。当时的君臣都认为这将是确保政权长治久安的关键。穆宗本人也始终坚持对夷狄采取怀柔政策，优待朝贡关系中的友好政权，安抚与明朝多年失和的蒙古部落，都表明穆宗希望通过仁政的力量换取国家安全。所以在他的战略选择中，也是肯定最为温和的方式——"内部改革，国内统治的质量"与"国家安全"的正向因果关系。

二、小结

通过本章对十部《皇明宝训》中历代君主的战略观点进行分析，可以清楚地看到明朝决策者的战略文化倾向很明显是指向和平而非战争的。基于对自身在朝贡体系中核心地位的认识，明朝决策者在处理对外事务，主要是华夷关系时，始终坚持宽仁、优恤、怀柔的政策，认为华夷本一家，理应和平相处、友好往来。他们无一例外都明确否定了使用武力对于获取国家安全的作用，坚决反对穷兵黩武，因为他们相信使用武力并不能有效解决周边少数民族入侵中原的问题，对待周边少数民族要"来不惧，去不追"，武力只能作为防范守备之用，根本上还应该坚持以和为贵、感化抚恤的原则，只有推行仁政和宽宥政策才能确保国家长治久安。这种战略观点具体可以归纳为三个方面：

第一，明代决策者认为国家长治久安的根本在于"得天下"，而"得天下"就要"得民心"，就要实施仁政。正所谓，"得天下者，得民心也。""仁义，治天下之本也。""仁义足以得天下，而威武不足以服人心。""自古人君之得天下，不在地之大小，而在德之修否。""以仁义定天下，虽迟而长久；以诈力取天下，虽易而速亡。""帝王之于天下，体天道、顺人心以为治，则国家基业自然久安。""夫圣人统驭四海而宰制万物者，仁以居之，义以行之。故贤者乐有仁义，而不肖者有所视效①焉……天之生民，治乱相继，亘万世而不易者，其惟此乎。"

第二，基于这样的安全观，历代明朝君主都对战争和武力的作用持谨慎、否定的态度，坚决反对轻率用兵和穷兵黩武。他们相信"兵易动难安，一或轻举，伤人必多。""自古帝王用兵，皆出于不得已。""国家用兵，犹医之用药。蓄药以治疾，不以无疾而服药。国家未宁，用兵以戡②定祸乱。及四方承平，只宜修甲兵，练士卒，使常有备也。盖兵能弭祸，亦能召乱耳。犹医家妄以瞑眩之药强进无病之人，纵不残躯殒命，亦伤元气。故为国者但当常讲武事，不可穷兵黩武。""黩武者，驱人于死地。有国者

---

① 效：模仿，仿效。

② 读 kān。

所当深戒也"。即使在迫不得已的情况下使用武力，他们也认为，战争胜利的根本在于"仁""智"而不是"术""力"，因为"用仁者无敌，恃术者必亡"。"夫为将必先智谋，智谋必在用士……盖得士者胜，失人者弱。苟不知此，惟力之是，尚何足以制敌？固有竭万人之力以应敌而不足，有用一人之智以制敌而有余。此用智力之殊也"。

第三，处理华夷关系是明代君主战略决策中的重要事务，十部《皇明宝训》对此方面都有记载，而且"华夷一家"是他们共同的认识，所以他们也都反对使用武力来解决双方关系中的矛盾和冲突。在他们看来，对待周边少数民族，怀柔是基本政策，武力只作防御之用，根本和长远的途径还是要依靠礼义教化使其自愿归附。在明朝君主看来，"柔远人乃治天下之大经也"。"自古圣帝明王代天理物，莫不上体天心，下从民欲，包含遍覆，视华夷为一家，恒欲其并生并育于宇内也"。故"驭夷宜宽，用兵宜审"。"蛮夷虽顽犷，然亦有信义。""夫好善恶恶，人情所同。岂间于华夷？抚人有道，未必不来。虎至暴，扰①之能使驯帖。况虏亦饥食渴饮，具人心者。何不可驯哉？但有来者，推诚待之耳。""大抵驭蛮夷之道，惟当安近以来远"。"蛮夷之人性习虽殊，然其好生恶死之心未尝不同。若抚之以安静，待之以诚意，谕之以道理，彼岂有不从化者哉？此所谓以不治治之，何事于兵也？"若"怀远以德""抚绥有道"，"使知忠孝礼义"，则"庶夷俗可变"，"使老者得安，幼者得长，保境息民，世世安乐"。"海外蛮夷之国，有为患于中国者，不可不讨；不为中国患者，不可辄自兴兵。""古今制夷狄，惟在守备。""蛮人虽常劫掠，若防守严密，安能为患？""要在边将羁縻得宜，使不敢越境为乱而已，何②

---

① 扰：驯养。
② 资料原文此处有一字因模糊无法辨认，"何"字为本书作者根据文意尝试补充。

尝以殄灭为快?""且彼蛮夷亦好生恶死,宜令……差人抚谕,使
改过自新"。"若能格心向化,不必发兵"。"若大发兵,恐首恶未
得,徒伤无辜。"治理天下"惟望时和岁丰,百姓安宁。至于外
夷,但思有以备之,必不肯自我扰之,以罢①弊生民"。

　　以上三个方面的战略偏好显然与儒家战略文化的和平倾向呈
现高度一致的特征。作为本研究基本假设第三步验证环节的这些
个案研究发现无疑是极其重要的,它们表明本研究的基本假设在
对中国明代的个案研究中得到了证实。下面就可以对该项研究进
行总结,得出结论。

---

　　①　同"疲"。

第六章

结　论

在国际关系中，"战略"主要是指在如何获取国家安全这个重大问题上，对于战争与和平这两种基本途径的意义和效用的考量。安全是事关任何国际行为体生死存亡的重大问题。战争与和平是国际关系学科成立至今永恒不变的研究主题。从这个意义上说，"战略"问题在国际关系研究中的核心地位是毋庸置疑的。事实上，对"战略"问题的研究在国关学界也的确一直是重点和热点之一。

"文化"是考量战略问题的视角，是国际关系研究的三大基本范式——权力、制度、文化——之一，主要以行为体的观念和认知为核心研究变量。"战略文化"，简单说，就是从文化的视角研究战略问题。非常明显，相比较而言，在国际关系研究的三大基本范式中，从权力和制度的视角对战略问题的研究成果更多，也更为成熟。安全问题似乎天然地就适合于具有物质主义本体论的研究范式。直到 20 世纪 90 年代中期，以卡赞斯坦主编的《国家安全的文化》① 一书为代表的一批建构主义实证性研

---

① Peter J. Kazenstein ed. , *The Culture of National Security: Norms and Identity in World Politics*, New York: Columbia University Press, 1996.

究作品①的问世，才使得国关学界在战略问题这个研究领域里也听到了"文化"视角研究者的声音。战略文化研究也因为江忆恩创立的实证主义研究模式而引起广泛关注。

江忆恩不仅发现了将实证方法与文化研究相结合的可能性与可行性，而且将这种方法运用于对战略问题的研究。本书作者充分肯定江忆恩的理论设计对于战略文化研究的重要意义，并且希望能够在其研究的基础上再取得一定的进展。

一、战略文化与文化的关系

通过对中外学者的战略文化研究成果进行梳理，本研究发现文化、战略文化、国家行为是他们研究的三个核心变量，并且双方关注的重点和所持的观点有所不同。西方学者的研究重点是论证战略文化对国家行为的影响，对于文化与战略文化的关系，他们大多认为两者之间的不一致是可能的，甚至是必然的，因为文化常常只是起到象征性话语的作用，只是一种工具。中国学者几乎一致肯定文化对战略文化，以及战略文化对国家行为的决定性影响，因此他们的研究兴趣只是集中在各国战略文化传统的具体内容和行为表现上，并不关心三个核心变量之间的实际关系。

显然，文化与战略文化的关系在中外学者的战略文化研究中都没有成为被关注的重点。那么，一国的战略文化与该国的主流文化之间究竟是否存在必然的一致性或者不一致性？在什么条件下两者会表现出一致或者不一致？本书作者认为这是一个很有意义的研究问题，不能被忽视，也不能简单地给出答案。本书肯定

---

① 例如 Peter J. Kazenstein ed. , *Culture Norms and National Security: Police and Military in Postwar Japan*, New York: Columbia University Press, 1996. Alastair Iain Johnston, *Cultural Realism: Strategic Culture and Grand Strategy in Chinese History*, Princeton: Princeton University Press, 1995.

该问题的价值，并且尝试对其作进一步的研究。

借鉴江忆恩的战略文化研究设计，本书对文化与战略文化这两个变量的关系进行了实证研究。研究建立在这样一个基本假定的基础上：战略文化是文化的一个子集，是文化的一个组成部分。如果把民族国家作为一个文化实体的话，一般意义上的一国文化也就是指该国的主流文化，即该国思想文化中对社会生活各个领域发挥了广泛、深入的主流性影响的成分。例如我们通常所说的中国文化、美国文化等，尽管它们可能是由不同的文化成分融合而成的，但是这个术语所赋予它的，一定是其最具标志性意义的独特属性，比如，中国文化被视为儒家文化的典型代表，美国文化被定义为盎格鲁—撒克逊文化。

本研究的基本假设是战略文化是否反映一国的主流文化，取决于该国决策者对其主流文化的内化程度。也就是说，主流文化是否塑造了国家决策者对于社会生活各个领域的基本认知。

"战略文化"和"主流文化"是本研究的两个核心变量，也是全书的基本概念。对这两个概念的界定都绕不开一个问题，那就是"文化"的定义。"文化"是人类学最基础的概念，也是人文社会科学中应用得最多、最广泛的术语之一。正因如此，要给"文化"下一个统一、明确的定义几乎是最困难的。但是，通过对人类学和国际关系研究现有成果中具有重要影响的"文化"定义进行考察，本书作者借鉴了其中被众多学者广泛认可，而且又符合本研究需要的成分，将"文化"定义为"某一社会共同体的成员所共同拥有的，关于社会生活各个领域的基本认知，包括社会生活的具体内容和基本行为规范"。

在"文化"定义的基础上，本研究把"战略文化"界定为"某一国家的决策者在长期历史过程中形成并且延续下来的，关于使用武力对于获取国家安全的效用的基本认知"。对这个基本概念的界定表明了本书的研究层次——国家，以及研究问题——使用武力对于获取国家安全的效用。

至于"主流文化"这个概念,是本书作者在把民族国家作为一个文化实体进行研究的前提下,对"文化"的作用范围和影响程度进行限定而产生的。它在内涵上与"文化"概念并无区别,本书只是对其外延进行了适合研究需要的限定。"主流文化"是"文化"中发挥了作用并且是主流作用的部分,具体而言,就是某一民族国家的社会思想文化中占据主流分量和发挥主流影响的成分和流派。

由于在抽象意义上界定了战略文化的概念,要对战略文化进行实证研究就必须解决概念的可操作化这个方法论问题。本书作者借鉴了江忆恩在其研究中使用的文献分析的方法,也就是选择能够反映某种文化的精神实质和核心思想的经典文献作为分析对象。这些文献记载了一个国家不同历史时期的人们的思想言行,使我们对文化的研究找到了可观察的对象和可重复的分析方法。通过分析这些文献,就可以对战略文化进行实证研究,验证本研究的基本假设。

具体验证环节包括:

第一步,从一国的主流文化传统形成时期选择能够体现该国主流文化的重要文献,分析它们对于如何获取国家安全这一重大战略问题的认知,确定其战略文化倾向。

第二步,选取该国某一具体历史时期中能够体现其核心决策者的思想的重要文献进行分析,确定这些决策者对该国主流文化的内化程度。也就是说,决策者对该国主流文化是否接受,接受的程度是否深刻而全面。

第三步,选取上述历史时期中能够体现该国核心决策者战略思想的重要文献,分析这些决策者对于如何获取国家安全这一重大战略问题的认知,确定其战略文化倾向。

如果上述文献分析表明,这些决策者对该国主流文化的内化程度高,同时又表现出与其主流文化特征一致的战略文化倾向。那么就可以断言,决策者对主流文化的内化程度高,其战略文化表现与主流文化的一致性也就高。进而本研究的基本假设也就得到了验证：战略文化是否反映一国的主流文化取决于决策者对其主流文化的内化程度。

这里还有一个重要概念需要界定，那就是文化的"内化"。由于本研究把"文化"界定为一种共有观念，观念要发挥作用就必须被行为体所接受，进而才能指导行为体的行为，于是就有了文化"内化"的概念。本研究认为，文化的内化要经过三个步骤：承认→接受→实践。具体说来，文化首先要被行为体承认，可以是承认其合法性，也可以是承认其有效性。接下来，文化要被行为体接受，也就是行为体从思想意识上认同了文化，这时文化的基本成分已经明确或者暗含的体现在行为体的认知中。最后，行为体要自觉地使用业已接受的文化来指导自己的行为，换句话说，就是将接受的文化观念成分付诸实践。本研究认为，以上三个步骤之间是一种层层递进的关系，可以通过考察行为体的思想言行，分别对三个步骤进行验证与核实，从而判断文化内化的程度。

为了检验上述理论设计，本书选择了中国明代作为研究个案。作者首先假定中国传统社会的主流文化是儒家文化。通过对儒家文化形成时期的三部经典文献——《论语》《孟子》《荀子》进行分析，本研究发现中国主流文化传统中蕴涵的战略文化倾向非常明显是指向和平的。中国的思想家主张向内求取安全，也就是通过施行仁义礼教和提高统治质量来达到固国安邦的目的。中国主流文化是坚决反对使用武力和战争手段来谋求国家安全的，并且认为使用武力不仅无法达到安全的目的，反而是导致国家走向危亡的原因。

具体到明代这个历史时期，本研究选择的是记载明朝历代君主思想言行的官修史料长编《明实录》之《皇明宝训》。通过分析，作者发现中国明代的国家决策者对儒家文化的接受是全面而深刻的，这种接受不是仅仅停留在宣传口号的层面，而是渗透在明代君主关于大小国事的各项重要决策中。这说明中国明代决策者已经高度内化了儒家文化，而且他们关于如何获取国家安全这个重大战略问题的认知，也明显与儒家经典文献中的观点一致，儒家文化已经成为明代君主评价自身执政水平的标准。

这一验证结果表明，本研究的基本假设属真。全书研究的基本结论就是，一国的战略文化是否反映该国的主流文化取决于国家决策者对其主流文化的内化程度。如果内化程度高，就是说，决策者对主流文化的接受全面而深刻，他们所表现出来的战略文化倾向与其主流文化特征的一致性也就高。

对中国战略文化传统的关注，无论在史学界还是国际关系学界，都不占少数。但是选择中国的文化典籍作为分析对象，通过细致的文献分析来得出结论的研究却不是很多①。本书作者在这种初步的研究尝试中，对中国战略文化传统的认识也有了一定的深入和提升，希望在全书的结尾，对中国文化中的战略观点及其起源再进一步作些粗浅的探讨，以回应包括江忆恩在内的有些美国学者②对中国战略文化传统做出的褊狭判断。

二、中国的战略文化传统

"战略文化"问题，简单说，就是如何认识战争对于获取国

---

① 2007年美国犹他州立大学政治学系讲师冯惠云出版了她的博士论文，也是用实证的方法，借助计算机数据模型，通过对新中国几代领导人战略观点的分析，对江忆恩的研究进行了回应与反驳，认为不能对中国领导人的战略文化倾向一概而论，在不同的时空条件下，几位领导人的战略文化表现也有不同。详见：Huiyun Feng, *Chinese Strategic Culture and Foreign Policy Decision – making*: *Confucianism*, *leadership and war*, New York: Routledge 2007.

② 其中，安德鲁·斯科贝尔把中国战略文化定性为仅仅是一种"防御的崇拜(The Chinese Cult of Defense)"，实则毫不犹豫地使用武力，这种观点在美国学界也有广泛影响。详见：Andrew Scobell, *China's Use of Military Force*: *Beyond the Great Wall and the Long March*, Cambridge University Press, 2003.

家安全的效用的问题，因此，了解中国的战略文化传统，其实就是要发掘中国人对于安全和战争这两个重大战略问题的基本认知。

1. 中国人的安全观

"安全"是国际关系研究的基本概念之一，具有主观和客观两层涵义，既指不被外部危险所威胁的客观状态，也指对于是否存在外部危险的主观感知。因此，研究"安全"就必然涉及一个如何区分和认识"内"与"外"的问题。要厘清中国文化对于如何获取国家安全这个重大战略问题的认知，不能不首先了解中国文化关于自我与外部世界关系的基本看法。

从某种意义上说，这是一个哲学问题。"中国历史正因为数千年来常在一个大一统的和平局面下，因此他的对外问题常没有像他对内问题那般的重要。中国人的态度，常常是反身向著内看的。所谓向内看，是指看一切东西都在他自己的里面。"① "中国的基本精神在于'化'，并且关键是要以己化他而达到化他为己"，"中国的思想假定的是，对于任何他者，都存在某种方法能够将它化为和谐的存在；或者说，任何不和的关系都可以化成和谐的关系，任何在外的存在都是可以'化'的对象而决不是要征服的对象。"②

中国人习惯于以"天下"而不是"国家"的眼光来看待自我与外部世界的关系问题，倾向于认同世界的一体性与相互依存性，认同于行为体之间的和平共处和良性互动，这是中国人处理对外关系的世界观基础。"天下"体系与"国家"体系的不同在

---

① 钱穆著：《中国文化史导论（修订本）》，北京：商务印书馆，1994年版，第14页。

② 赵汀阳著：《天下体系：世界制度哲学导论》，南京：江苏教育出版社，2005年版，第13、15页。

于："天下"是一种等级秩序的组合体，是国内伦理等级秩序在对外关系领域的逻辑延伸，体系中的权威天然地属于核心国家，核心与外围之间不存在平等的地位。而"国家"是一种地位平等、利益独立的个体，彼此之间的竞争和冲突关系具有合法性。所以在这两种体系中，行为体之间的交往原则是不一样的。

在中国古代文化中，"中国"与周边国家是共处于"天下"的关系。这不仅仅是一种地缘关系，而更重要的是一种文化关系。古代的中国人认为，区分"中国"与外部世界的并不是自然的和地理的边界，而是文化。这种以文化区分的内与外，其实并没有严格的界限，中国与外部世界之间并不是尖锐对立的敌我关系，而只是一种亲疏远近的区别，亲近抑或疏远只是友好程度的差异，并不以此划分敌我，疏远的未必就是敌人，因此也不必然地构成安全威胁。

根据中国文化建立的理想化的国际体系——"天下"，是一种"同心圆式"的分成等级的世界体制，[①] 在这个体制中，核心是中华文明的统一秩序，外围是中央王朝的藩属国。不论多么遥远的国家，只要愿意与中华帝国保持往来，都可以被纳入这个世界体制中。"普天之下，莫非王土；率土之滨，莫非王臣"，所有的土地和人民天然地就属于中国，根本不需要夺取，自然也不需要使用武力。统治者关心的只是王朝在时间意义上的延续与再生，而不是空间意义上的征服与扩张。在他们看来，对政权的威胁主要在于内部统治的稳定与否，而不是外来的侵扰。所以，在古代中国，历史的主题就是"天下"兴衰。战略问题的核心是围绕着普遍王权的更迭展开的。在普遍王权的更迭面前，无论是对于旧的王朝还是新的王朝来说，首先需要解决的不是地域的广狭问题，而是政权的合法性问题。正所谓"得民心者得天下"，执

政者为自己的权力地位取得合法性基础才是最重要的，统治的范围大小并不是关键，甚至根本不是需要过多考虑的问题。对于执政者来说，维持统治更多地是一个内部整合而不是外部扩张的过程。

这种国际关系理念的具体实践就是朝贡体系。朝贡体系发端于先秦，壮大于汉唐，成熟于明清，历经两千年之久，是中国古代对外交往的基本模式。① 在朝贡关系中，中原王朝看重的是文化认同和朝贡带来的权威，周边民族看重的是经济实惠和安全保证。双方各取所需，并不存在利益冲突，因此也不需要使用武力这种极端的交往手段。而且，由于中原王朝在政治制度、经济水平、科学技术、教育文化等方面都远比周边民族先进，对后者产生了强大的吸引力，所以周边民族多数都是主动自愿地加入这一国际体系的。中原王朝在处理与周边民族的关系时，绝大多数情况是采取"和"的立场，比如通好、互市、和亲、册封、内迁安置等。"德化"是中原王朝处理对外关系的基本原则。在双方的交往中，"和则两利，战则俱伤"的观念已经深刻内化在彼此的意识中。

这种文化主义的"天下"观在中国古代文明的发展过程中所起的作用是至关重要的。一方面，从华夏中央王朝来看，基本上沿袭的是一种"恩威并行"和以"恩"为本的处理与周边民族关系的模式；另一方面，从周边少数民族的发展来看，则基本上沿袭了一条接受、学习中华文明并最终融入中华民族的道路。这样两个方面总和起来，构成了中国古代文明发展的一个基本特点，即以和平主义为主要模式的民族融合。②

---

① 李少军主编：《国际战略报告：理论体系、现实挑战与中国的选择》，北京：中国社会科学出版社，2005 年版，第 545 页。

② 李少军：《国际政治学概论（第二版）》，上海人民出版社，2005 年版，第570—571 页。

　　如果说，"天下"表明了中国文化对于国家安全内涵的认识，那么"道德"则是中国文化中实现国家安全的基本途径。对于一个国家来说，安全环境的获得可以是强制性的，是向外武力征服的结果；也可以是非强制性的，是周边国家出于自己的需要而主动接受和肯定的结果。中国文化倾向于后者，主张以文明的吸引为纽带，以经济的交流为基础，以有限的军事手段为辅助塑造安全环境，这体现了中华文明独特的生存智慧与文化追求。①

　　在以儒家文化为主流的中国文化中，战略问题从本质上说也是一个道德问题，或者说是最终依托于道德修养的问题，战略行为成了以个人的品性和道德修养为起点和支点的行为。于是就有了"修身、齐家、治国、平天下"的战略目标实现路径。儒家文化把内心的道德修养与外在的政治实践融为一体，形成了一种独特的道德—政治哲学，即"内圣外王"。"内圣"是主体心性修养方面的要求，以达到仁、圣境界为目标；"外王"是社会政治教化方面的要求，以实现王道、仁政为目标。

　　孔子提倡"为己之学"，包含"修己"与"安人"两方面。"修己"即加强自身的道德修养，属于"内圣"的功夫；"安人"即治国安民，属于"外王"的事业。孔子认为，要想成为"君子"，就必须把"修己"与"安人"有机地结合起来。"修己"是培养主体内心的"仁"，其最高境界是"圣"。而主体一旦达到仁、圣的精神境界，必然要释放出巨大的精神力量，见之于政治实践，成就"外王"事业，这也是儒家文化最高的政治理想。

　　孟子继孔子之后，进一步发展了"内圣外王"的思想，提出性善论和仁政学说。就"内圣"而言，孟子明确提出人性本善。"恻隐之心，仁之端也；羞恶之心，义之端也；辞让之心，礼之端也；是非之心，智之端也。人之有是四端也，犹其有四体也。"

---

①　吴如嵩、宫玉振：《中国历史上国家安全问题的基本启示》，载《中国军事科学》，2004年第4期，第117页。

（《孟子·公孙丑上》）就"外王"而言，孟子在性善论的基础上提出仁政学说，认为"人皆有不忍人之心。先王有不忍人之心，斯有不忍人之政矣。以不忍人之心，行不忍人之政，治天下可运之于掌上"。（《孟子·公孙丑上》）

荀子的"内圣外王"之说，更是一种"圣王合一"论。在他看来，"天下者，至重也，非至强莫之能任；至大也，非至辨莫之能分；至众也，非至明莫之能和。此三至者，非圣人莫之能尽。故非圣人莫之能王。圣人备道全美者也，是悬天下之权称也。"（《荀子 正论》）

在儒家文化中，国家关系就是个人关系的延伸，因此实现"平天下"的最高政治理想，根本的要求还是修身养性。"古之欲明明德于天下者，先治其国；欲治其国者，先齐其家；欲齐其家者，先修其身；欲修其身者，先正其心；欲正其心者，先诚其意；欲诚其意者，先致其知。致知在格物。物格而后知至，知至而后意诚，意诚而后心正，心正而后身修，身修而后家齐，家齐而后国治，国治而后天下平。"[1] "修身、齐家、治国、平天下"是一个由内圣而外王，不断放大的道德实践过程，并不需要武力或者扩张。而且，中国文化素有宽容的性格，乐于接受和融合外来的因素，相信可以"万物并育而不相害，道并行而不相悖"[2]，因为世界上并不存在什么根本不可调和的矛盾，所以无论个人还是国家的交往，都要秉承"和为贵"的原则。

当然，除了思维方式上的根源，社会经济基础也是影响中国文化独特安全观念的一个重要因素。中华民族是一个以农耕经济为主体的民族。农耕经济是一种和平自守的经济，由此派生出的民族心理必然是防守型的。[3] 长城就是最能体现中华民族注重防

---

[1] 出自儒家文化经典"四书"之《大学》一书。
[2] 出自儒家文化经典"四书"之《中庸》一书。
[3] 冯天瑜：《中华文化史》，上海人民出版社，1990年版，第120页。

御思想的物化标志，集中反映了历代王朝在国家安全观念上的价值取向。

另外，与其他文明相比，农耕文明更需要一个长久的安全环境。因此，创造一个理想的安全环境一直是中国历史上中原王朝国家安全政策的不懈追求，以中国为中心的东亚朝贡体系正是这种追求的产物。这是一种建立在互信互利基础上的安全体系，虽然包含了中国中心主义的色彩，但是它以相互安全为追求，能够给朝贡双方都带来安全保证。"中国军事上的强大也对塑造大国形象起了作用，但这个因素的重要性在多数中国人的心目中只占第二位。中国产生以它为中心的国际观，主要不是因为它能在军事上控制邻国，事实上它也没有凭借此能力这么做。""多数稳定而又强大的汉人皇朝倾向于维持这些地区的有机整体，在安全方面采取了不太好战的方针。特别是在没有极端不敬或侵略性的周边国家挑动使用武力的情况下，汉人皇朝主要采取静态防御和保持宗主—附庸关系与贸易关系的方法来达到它们的安全目的。"①

总之，对和平的热切追求和对安定生活的真诚向往，始终是中华民族深层心理中的普遍认同。在这种文化氛围中形成的安全战略，自然具有注重防御的特色，即守成大于进取，守土重于拓疆，防御先于进攻，重谋贵于力战。中国人的安全战略观念，素来坚持以施展文化、政治影响力为主流，以动用有限的军事手段为辅助，以争取周边民族的自愿归附为目标。与这种安全观相联系的战争观也必然是慎战，而非黩武的。

2. 中国人的战争观

战争不是一种孤立的现象。战争观的形成也会受到经济、地理、思想文化等诸多因素的制约。

---

① 【美】迈克尔·斯温、阿什利·特利斯：《中国大战略》（洪允息、蔡焰译），北京：新华出版社，2001年版，第16、61页。

从经济状况来看，中华民族是以农耕文明为主体的文明形态。以种植业为主的农业生产方式的特殊要求决定了其对战争的厌恶和摒弃态度。首先，要保证农作物按时播种与收获，一个重要的前提条件就是社会环境的安宁和稳定，战争显然会破坏社会正常的生产和生活秩序。其次，中国古代的农业是以个体小生产方式进行的，要依靠大量的劳动力来满足生产的需要。战争则迫使大量的青壮年农民离开土地，造成熟练农业劳动力的匮乏。加之大规模战争所带来的人员伤亡，往往造成生产萧条与人口凋零。最后，提倡节俭，反对奢华，是中华民族的优良传统，也是中国古代小农经济的生产规模和效率提出的必然要求。战争带来的巨大消耗与这种社会要求完全背道而驰。① 正因如此，长期以来，中华民族在维护农业生产和民族生存的不懈努力中养成了具有鲜明和平主义倾向的战略文化传统。

从地理条件上分析，由于中国处在一个广大而相对独立的生存空间之内，以及中国人固有的家族意识和故土观念，使得中国人的战争观始终把战争的立足点放在保国安民而不是对外扩张上，其着眼点在内而不在外。应该说，中华民族开发海洋的历史并不比西方国家逊色，中国明代的航海能力在当时世界的领先地位已经得到中外史学界的广泛肯定。但是中华民族只是满足于以海洋作为天然屏障，保证陆地农耕生产的安全和生活的稳定，并不追求海外扩张。

从思想文化上说，中国文化崇尚智慧和道德，而不是勇力和技术。中国哲学相信存在"天人合一"的理想境界，因此只是关注个人内在的道德修养，而不是对外部世界的思考和征服。在中国人的哲学思维中，只要个人修养达到"仁""圣"的水平，外界事物自然会服务和服从于人的需求，彼此之间并不存在不可调

---

① 任力：《农耕文明对中国传统军事思想的影响》，载《中国军事科学》，1997年第4期，第83页。

和的矛盾和冲突，因此也不需要借助强制性手段来征服外部世界。中国文化中"推己及人"，"己所不欲，勿施于人"的人际关系准则同样适用于国家行为，因为国家关系不过是人际关系的延伸。

中华民族是一个具有辩证思维传统的民族，从不单纯地肯定或者否定某一事物，而是采取分析的态度。在战争观上，这一特征同样得到体现。中国的思想家并不把战争看成是绝对好或者绝对坏的东西，而是区分它的性质，支持正义战争，反对非正义战争，尤其反对穷兵黩武。中国人讲战争总是和道德联系在一起，把战争放在道德层次上加以论述，力图把善的目的和善的手段统一起来。崇尚仁义道德，对战争有明确的是非观念，是中国战略文化的一大特点。它相信有德者无往不胜，要显威必先立德，只有在立德的基础上才能获得战争的胜利。道德独立于武力之外，并且在价值上高于武力，武力的使用不得不始终要面对着道德的评判，这对于武力来说无疑形成了一种强有力的文化规范。[①]

具体到中国文化的范畴来考察，是否使用武力或者战争的手段来获取国家安全，首先是一个军事问题，所以要从中国传统兵学的视角来探讨。同时这也是一个事关国家生死存亡的战略问题，因此还要从中国主流文化——儒学的角度寻找答案。但是无论兵学还是儒学，中国文化对这个问题的回答都是指向和平的。

以孙子兵法为代表的中国传统兵学，向来注重从政治和道德的角度来统驭战争，形成了崇和止战、奉行防御和注重人道的战略文化传统。它主张，非暴力途径是解决利益冲突和政治矛盾的首选；武装力量是最后的手段，是迫不得已的选择，目的是以战止战、以战促和。《孙子》的主要内容可以归纳为两大方面：一是慎战思想，力求避免战争；二是在战争不可避免而爆发时，如何克敌制胜。可以说，"慎战"是孙子军事理论中层次最高的战

---

① 宫玉振：《中国战略文化解析》，第 69 页。

争决策思想。《孙子》开篇就明确提出："兵者，国之大事，死生之地，存亡之道，不可不察也。"《火攻篇》又进一步指出："非利不动，非得不用，非危不战。主不可以怒而兴师，将不可以愠而致战。合于利而动，不合于利而止。怒可以复喜，愠可以复悦，亡国不可以复存，死者不可以复生。故明君慎之，良将警之，此安国全军之道也。"

更为意义重大的是，自从儒家文化在中国宋代占据思想领域的绝对统治地位后，其思想观念、价值取向、行为模式和思维方式迅速渗透于社会生活的各个层面、各个领域。于是，儒学对兵学的整合进程在中央政府的大力推动下深入展开。以儒统兵的目的直接就是要使兵学成为儒学的一部分，服从和服务于儒学的政治伦理学说。宋代《武经七书》的颁行，在确立兵书在中国封建社会的正统地位的同时，也标志着中国古代兵学儒学化的基本完成。儒家文化的义利、天人、礼法、大一统等基本思想，在《武经七书》中都有不同程度的体现，该书通过制度权威的作用长期居于兵学经典的地位，儒家文化对兵家思想、军事教育以及兵书撰写等各个层面的控制地位也就更加明朗化和直观化。例如在本书选作个案研究的中国明代，军事教育的两大基本内容就是《武经七书》和儒家文化的经典文献《论语》《孟子》《大学》《中庸》和《春秋左传》等，接受这种教育成长起来的军事家、战略家自然是以儒家文化的思维方式和价值标准来对战争问题进行评判和决策的。

可以说，儒学对兵学的整合是中国传统文化发展的内在要求，儒学与兵学的对立互补，形成了中国传统兵学既重战又慎战的理性主义精神，[①] 也奠定了中国战略文化的和平主义传统。"仁义"和"礼治"是儒家文化政治哲学思想的主干；"中庸"是儒

---

① 高润浩：《以儒统兵：儒学对传统兵学的整合》，载《中国军事科学》，2003年第1期，第128页。

家文化体系的哲学基础和基本思维方式；"小康"和"大同"是儒家文化的历史观念和社会政治理想。这种思想文化体系衍生出的战略文化传统必然是倾向于和平主义的。它不把战争视为人类的自然现象，而是赋予其更多的政治色彩和道德意义。战争被视为一种政治手段，其本身不是目的。战争的目的在于制止战争，战争本身是一种不得已的行为，评判战争的标准并不在于简单的胜负之间，而要看它是否能够使天下达到真正的和平。① 即使迫不得已卷入战争，中国儒家文化也始终把民心向背视为决定战争胜负的首要条件，强调只要赢得民心，便可以无敌于天下，而争取民心的关键就在推行"仁政"和"礼乐"。"王如施仁政于民，省刑罚，薄税敛，深耕易耨，壮者以暇日修其孝悌忠信，入以事其父兄，出以事其长上，可使制梃以挞秦楚之坚甲利兵矣。"（《孟子·梁惠王上》）

非常明显，中国古代战略首先强调的是"不争"和"不武"，主张以"礼"、"义"等手段来化解"争"，同时也承认"正义之争"，主张以"义战"、"慎战"来解决"合理之争"。② "不战而屈人之兵"是中国战略中用兵的最高境界。大凡明智的将帅，总要寻求不动用武力而实现战争目的的最佳途径。他们极为重视发挥军事力量的威慑作用而不是直接杀伤效果，能避免的战争尽力避免，不能避免的战争也都尽力控制在有限的时间和空间范围内。

以上通过对中国人的安全观和战争观作简要的分析，本研究可以肯定地指出，突出的天下情怀和鲜明的道德意识是中国战略文化传统的核心内涵，慎战恶杀、追求和平是中国战略文化的基本价值取向。

---

① 刘志光：《东方和平主义：源起、流变及走向》，长沙：湖南出版社，1992年版，第13—14页。

② 杨新：《论中国古代的战略本质观》，载《南京政治学院学报》，2005年第2期，第96页。

三、中国方式的独特性

与有些西方学者的战略文化研究得出结论认为中国具有好武的传统不同，本研究得出了中国战略文化更倾向于和平的结论。于是，又有一些反驳者可能质疑：凭什么就说中华民族爱好和平？提出这个观点，我们当然不是空喊口号，在对中国独特战略文化传统的研究和思考中，我们强烈地感觉到，这种战略文化传统和国家安全观念与中国人独特的思维和行为方式有很大关系。中国人在面对安全威胁时通常不会优先选择使用武力，可能因为中国文化独有的思维和方式不是直线型的从 A 到 B 有且只有一条途径 AB。面对问题时，中国人并不认为，要实现目标 B 就必须扫清从 A 到 B 唯一路径中所有的障碍。中国人更相信"否极泰来"、"物极必反"等辩证的事物发展规律，因此，弧线型的 AB、BA 或许可以更好地维持事态的平衡。要达到目标 B，其实不用必须清除直线路径上的障碍，可以尽可能照顾到所有关系方的利益，从曲线的 AB 路径去满足所有关系方的需求，甚至可以更长远地借助 B 对 A 的作用和影响，进而达到系统的整体平衡。这种思维方式在信奉唯一真理的自然科学领域可能不太可行，但是在处理各种复杂关系的社会科学领域往往能够奏效。

中国人关于"强"和"弱"的认知一直是基于"道义"而不是"力量"。比如，孩子小时候，无论他们身强还是体弱，父母都教育他们不要欺负别人，欺负人是不对的，如果自己的孩子欺负了别人，家长要批评孩子，还要向受欺负的孩子及其父母道歉。如果自己的孩子被人欺负了，要"告诉老师"，要"找他们家长"，目的是要求"正义"而不是"以牙还牙"。只要不是道德丧失或者心理阴暗，基本上，没有父母会因为自己的孩子强壮，就唆使他们去欺负弱小，也没有父母教给弱小的孩子用阴谋诡计打败强者。家长教育给孩子的都是"讲道理"，在"道义"上占优才是真正的强者。

再比如，中国的武术。在中国，学武要讲究武德，学习武术的目的不是"打败天下无敌手"，而是"修身养性""强身健体"，目的是实现自我的身心健康，而不是打败别人。在中国武术和西洋拳击的对决中，中国武术从来不可能靠身强体壮打败对手，只能是"以柔克刚"。而西洋拳击就是直来直去地用"力量"打倒对手，同时也避免被对手打到。换句话说，如果是拼"力量"，中国武术几乎没有胜利的任何希望。它传递给人的理念是，无论你强弱与否，只要你坚持练习，起码你能"强身健体"，有天赋和毅力的话，你就可能成为一代宗师。但是，无论你达到什么水平，你都不能欺负弱小，而且最好还要"惩奸除恶"、"行侠仗义"。就是说，功夫好不好，评价的最根本落脚点仍然是"德"而不是"力"。

当年作为"朝贡体系"的核心和领导者，中国也是靠"以德服人"维持秩序，而不是用拳头说话。就好比一个大家庭里的大哥，未必是最身强体壮的，兄弟们服从他，是敬重他的品格，并不是害怕他的拳头。如果大哥不主持公道，兄弟们当然不会信服他的指令。单就武力而言，中国未必一定强于周边小国，镇压叛乱的战斗中屡吃败仗在中国历朝历代都不罕见。中华民族从来不是尚武的民族，如果仅靠打仗维持地位，恐怕中国的版图早已经大大缩水了。"朝贡体系"主要是靠贸易和文化来维持,武力的作用是把来犯者挡在家门外。这种观念一直延续到1840年以后,清政府发现武力挡不住西方殖民者,割地赔款也不能满足强盗的胃口,随后的中华民族就陷入黑暗的历史,不仅本土被践踏,原来平静的大家庭也关系破裂。中国已然自身难保,更不用说保护周边小国了。

在经过一百多年的沉浮后,中国艰难地站起来,发现自己已经不再是东亚家庭里的大哥。新的家庭关系复杂,交往规则也很陌生。"力量"是最高甚至是唯一规则,规则的制定者和执行者根本不考虑其他成员的诉求。这种价值观与中国坚持了几百年的"道义"原则严重冲突,中国也是第一次从大国的高位上跌落下来,完全丧失了话语权,根本无力质疑交往规则,更别说改变规则。

新中国一边收拾着破烂不堪的家,一边学习如何与新家庭关系里的强者打交道,同时也要学习如何与诸多的家庭成员相处,其中既有与自己实力相当的国家,也有比自己落后的国家,既有对自己友好的国家,也有对自己冷漠的国家。总之,原来的中国自认为是国际体系的核心,中国只需要与一类国家打交道,就是比自己弱的国家。而现在,中国仅仅是一个庞大家庭中的一员,对于如何与各类国家相处,中国完全没有经验。更何况,这个时候的国际社会充斥着意识形态的因素,资本主义与社会主义的水火不容影响着所有的国际交往,中国所处的又是数量上不占优势的社会主义阵营。所以,这个时期的中国外交空间十分有限,安全压力也十分突出。有压力必然有抗争,中华民族从来不是畏惧压力的民族,压力越大,民族气节越是高涨。这可以说是当时中国战略文化表现出强硬特点的内在动因。另外,从国际上看,这也是作为新生事物的社会主义实践获得成功并蓬勃发展的时期,"新事物必然战胜旧事物"的信念又强化了中国人反抗压力的信心。于是,一切打压中国生存空间的外来压力,不管是"美帝"

还是"苏修",都是我们抗争的对手。中国人爱好和平,但是从来不畏惧战争。这句话非常贴切地反映了当时中国的战略文化特征。

事实上,中国的国际交往理念与西方社会宣扬的"民主""平等"价值观并无冲突,中国追求的是承认各国实力大小差异基础上的国格平等,基本权利平等。少数主流国际体系的西方大国却在国际交往中倚仗超强的实力把持资源和规则,甚至用战争和武力这种最不民主的方式推行他们的西式民主。我们不想评价这两种战略文化孰优孰劣,但是它们的实际效果已经得到证明,中国主流的朝贡体系维持了东亚国际社会几百年的和平稳定,二战后形成的国际体系只经历了半个多世纪,现在已经进退两难,"改革势在必行"。

当然,时代发展变化了,目前的国际关系无论是实力还是价值观都更加多元,我们并不认为照搬朝贡体系的方式就能够有效维持当前国际体系的和平稳定,但是,正是因为实力和价值观更加多元,家庭成员关系更加复杂,才更加需要推行中国坚持的"平等协商"、"和平共处"原则来减少摩擦和冲突,而不是一切事务由少数几个大国说了算。正是由于实力和价值观的多元,才不能简单用加减法评价一国的大小强弱。拳头大未必处处通行,"四两拨千斤"的事情在国际关系中也不乏其例。

进入 21 世纪,中国的迅速发展越来越受到全世界的关注,中国作为大国的国际影响力也在逐渐恢复。但是,中国积极发展国力并不代表中国有领导世界和对外扩张的野心。对于拥有 960 万平方公里国土和 13 亿国民的中国来说,发展经济、增强实力是必然选择。历史上,中国武术被西洋拳击打倒并不奇怪,如果这个世界遵循的是弱肉强食的丛林法则,中国可能真的没有机会重回大国的行列。然而事实不是这样,向往和平是人类的天性,所以无论人际交往还是国际交往,终极的规则还是"讲理"而不是"拼力"。"以仁义定天下,虽迟而长久;以诈力取天下,虽易而速亡。"朱元璋早在 600 多年前就阐明了中国战略文化的精髓。历史也在不断印证着这条规律，从罗马帝国到中国元代，无一例外。

细数历史上的强国：西班牙、英吉利、法兰西、德意志、俄罗斯、美利坚，几乎每个国家都有强大而不可一世的辉煌。而中国即使是在海军实力强大的明代有过郑和下西洋的壮举，其远洋也没有为中国扩大一寸疆土，远洋的目的还被怀疑为完全是宫廷内部斗争使然，根本与战略扩张无关。也就是说，有没有实力不是判断一个国家是否表现出扩张性战略文化的标准，关键在于这个国家如何看待和运用实力，这才是战略文化存在的价值。如果有实力必然导致扩张，那战略文化就没有任何作用了，当然也就没有研究的必要。

我们常常赞叹中国文化源远流长，中华民族充满智慧。其实这种智慧并不是什么深奥神秘的东西，而是一种宽容平和的大智慧。"天人合一"、"仁者爱人"，无论对物还是对人，都不是用强力去征服，而是和平相处，达成和谐。正是凭借这种宽容平和的大智慧，中华民族经历了无数沧桑劫难，依然坚强屹立于世界民族之林。

渗透着中国特有思维方式的中国战略文化绝非进攻性，而是防御性的。防御性当然意味着不是被动挨打，我们相信世界上任何一个民族国家在面临安全威胁时都不可能忍气吞声地被动挨打，但是武力是不是优先的、甚至是唯一的选择？对这个问题的回答能够反映出各个国家之间战略文化的差异，如果像有些学者的研究最终证明所有国家面对威胁时都无一例外地首选使用武力，我想这其实也就推翻了战略文化研究存在的必要性和可能性，因为既然一切都可以归于使用武力去解释，文化变量的存在也就毫无意义了。

当然，我们不是宣称中国的方式就好，西方的做法就不好，只是希望揭示中国方式的不同。① 找到这种不同不仅可以有利于双方的沟通和理解，同时也能为解决当今国际舞台上诸多复杂问题多贡献一种可能的途径。把复杂的问题变简单固然可以提高效率，但是在相互依存程度如此之高的当今世界，几乎没有哪一件国际事务可以用简单的方法去处理，也很难一劳永逸地去解决。超级大国的武力深陷地区小国的泥潭已经再次证明了使用武力的局限性，为什么不尝试一下其他的途径呢？

---

① 考察不同国家和地区的不同战略思维方式也是战略文化研究中非常重要的课题之一，有助于解释学者们对各国战略文化特征存在的观点差异和争论。米歇尔·威廉姆斯的研究是这类成果的典型代表，他把美国与欧洲之间的战略文化差异形容为好像来自火星和水星一样截然不同。详见：Michal J. Williams, *On Mars and Venus: Strategic Culture as an Intervening Variable in US and European Foreign Policy*, LIT VERLAG 2005.

后　记

　　书稿即将付梓之际，心中不免颇多感慨。回首该书从选题到最终完成的这五年多时间，也正是我在国际关系这个学科领域追求学问逐渐迈上一个台阶的时期。能够迈上这个台阶，当然离不开恩师秦亚青教授的扶持和母校外交学院的培养。

　　2004年秋天，我带着对导师学问的敬仰和对国际关系学科的执著热爱来到外交学院攻读博士学位。从一部部经典原著的啃读到多种研究方法的系统训练，从一篇篇读书报告的讨论到一次次学术会议的交流，导师的严格要求和悉心指导帮助我打下了扎实的研究基础。专业学习之外，导师还以他高尚的品格，为人的宽容，处事的大度深深影响着我对人生和学问的态度。无数次静心思考时，我常常感慨自己何等幸运成为导师的学生，不断收获着受益终生的财富。

　　在外交学院读书的日子，回忆起来格外美好。校园虽然不大，但是足以让我远离闹市的喧嚣，独享书海畅游的乐趣。师生虽然不多，但是良师益友满座，时时都能感受思想的交锋和智慧的灵光。正是在外交学院攻读博士学位的三年里，我系统阅读了国内外战略文化研究的资料和书籍，对这个课题产生了浓厚的兴趣，并且开始了初步的研究。

　　2007年秋天，我开始了在中国政法大学执教的生涯，一面完成着从学生到教师身份的转变，一面适应着新的学术环境。这是一个充满活力的集体，单位的领导和同事们对我的专业教学和研究非常支持，我的战略文化研究方向在学科建设和发展中获得独立的空间，不仅有相关成果陆续发表，而且受到资助与国内外高校和研究机构展开学术交流。这个新的开始更加坚定了我继续深入思考该课题的信心。

332

　　当然，战略文化研究是一个系统复杂的课题，选择不同的历史时期、不同的研究对象、不同的观察视角，都会涉及不同的研究问题和方法。本书的出版，仅仅是我研究该课题的一个阶段性成果，很多问题可能还没有想透彻，说清楚。但是，我希望这本书能够成为与同行和读者交流的一个平台，如果有更多的人因为看到这本书而开始了对战略文化问题，特别是中国战略文化的思考，我将备感荣幸。

李晓燕

2011 年 1 月 6 日

图书在版编目（CIP）数据

中国主流文化的战略导向:明代个案研究/李晓燕
著.一北京:世界知识出版社,2011.3

ISBN 978－7－5012－4044－9

Ⅰ.①中… Ⅱ.①李… Ⅲ.①文化—研究—中国
Ⅳ.①G12

中国版本图书馆 CIP 数据核字（2011）第 036976 号

责任编辑	罗养毅
责任出版	赵　玥
责任校对	张　琨

书　　名	中国主流文化的战略导向——明代个案研究
	Zhongguo Zhuliu Wenhua de Zhanlue Daoxiang ——Mingdai Gean Yanjiu
作　　者	李晓燕
出版发行	世界知识出版社
地址邮编	北京市东城区干面胡同 51 号（100010）
网　　址	www.wap1934.com
印　　刷	北京京晟纪元印刷有限公司
经　　销	新华书店
开本印张	880×1230 毫米　1/32　10⅝ 印张
字　　数	280 千字
版次印次	2011 年 5 月第一版　2011 年 5 月第一次印刷
标准书号	ISBN 978－7－5012－4044－9
定　　价	28.00 元